PRESENZE VIVE
9

Collana *Presenze vive*

1. *Karl-Heinz Fleckenstein*
Una stella d'Oriente.
La beata Maria di Gesù Crocifisso (Mirjam Baouardy)
2. *Stefano Giuseppe Piat*
Storia di una famiglia.
Una scuola di santità
3. *Giancarlo Licitra*
Mistica dell'Eucaristia.
Madre Maria Candida dell'Eucaristia
4. *Amédée Brunot*
La piccola Araba.
Maria di Gesù Crocifisso (Mirjam Baouardy)
5. *Giorgio Papàsogli*
Fuoco in Castiglia.
Vita di Teresa d'Avila
6. *Giuseppe Biscotti*
Fra Immacolato Brienza carmelitano scalzo
7. *Alessandro Brezzi*
Fino al Cuore trafitto.
Spiritualità di santaTeresa di Los Andes
8. *Vincenzo Caiffa*
Totalmente offerta.
La spiritualità della croce nella vita di suor Maria Giuseppina di Gesù Crocifisso carmelitana scalza
9 *P. Marcello della Vergine del Carmelo*
Con Maria alla scoperta dell'Amore.
Vita ed autobiografia

P. Marcello della Vergine del Carmelo

Con Maria alla scoperta dell'Amore

Vita ed autobiografia

(1887-1966)

A cura di Rafael Bakos, ocd

Edizioni OCD

Traduzione di padre Rafael Bakos, ocd.

ISBN 978-88-7229-419-2

Via Anagnina 662/b - 00118 ROMA MORENA
Tel. 06.79.89.08.1 - Fax 06.79.89.08.40
info@ocd.it - www.edizioniocd.it

In ossequio alle Costituzioni di Urbano VIII,
ai fatti narrati in questo volume va prestata soltanto
la fede voluta dalle testimonianze addotte, non si intende
prevenire in alcun modo il giudizio che la Chiesa darà
sul personaggio principale di questo libro
e sui fatti che lo riguardano.

Ringraziamo
i frati e le monache
del Carmelo Teresiano Italiano
che in un modo o nell'altro
ci hanno aiutato a pubblicare il presente volume.

PREFAZIONE

Mi è molto gradito e mi sento onorato presentare questa prima traduzione italiana dello scritto autobiografico e della biografia di padre Marcello della Vergine del Carmelo, al secolo Boldizsár Marton. Il mio insigne confratello è una figura di rilievo sia della Chiesa ungherese che del Carmelo Teresiano del XX secolo. Docente di letteratura prima, religioso carmelitano poi, padre spirituale di moltissime persone, tra le quali spicca il cardinale Mindszenty, primate d'Ungheria. La sua vita si concluse in condizioni di estrema povertà e, assalito da gravi malattie, si consumò nel silenzio, sotto una dura persecuzione religiosa. E tutto ciò nella ferma speranza di contribuire così, insieme a Cristo Crocifisso, alla santità della Chiesa e alla salvezza del mondo.

Padre Marcello fece, per disegno della Provvidenza divina, un'esperienza di vita singolarmente poliedrica. Si può dire che era un contemplativo sin dall'adolescenza, cioè da quando era ancora al liceo. Nonostante però la sua straordinaria predisposizione al senso del soprannaturale, fu per ben venti anni vittima della vigente mentalità laicista. Ufficiale dell'esercito della Monarchia alla Prima Guerra Mondiale, s'interessò ad una cultura molto diversa dalla sua e coltivò una compassione profonda verso tutti coloro che soffrivano al fronte albanese. Da giovane professore, ben preparato e molto apprezzato, s'impegnò con successo nella formazione letteraria e umana dei suoi studenti e prese attivamente parte alla vita sociale. Per soddisfare alla sua ardente sete di cultura più universale affrontò lunghi viaggi in diversi paesi dell'Europa. Quando sentì la chiamata al Carmelo rinunciò, dopo una profonda conversione, a tutte le ricchezze e le bellezze del mondo. Per nascondersi con Cristo povero e obbediente, trovò nella Vergine Maria la sua guida, la sposa e la madre che lo tenne unito a Gesù. Cercò di vivere la gioiosa intimità con Gesù e Maria nella preghiera. E così, come il Buon Pastore, andando in ricerca della pecorella smarrita, padre Marcello svolse una intensa attività apostolica in tutta l'Ungheria. Annunciò la buona novella ed accolse tutte le persone, provenienti da ogni dove, nel confessionale. Costretto a vivere nel mondo a causa della soppressione degli ordini religiosi da parte del regime comunista, dovette rinunciare, suo malgrado, anche alla vita religiosa. Condivise così, per lunghi anni, la sorte amara di una Chiesa perseguitata. Ciò nonostante egli rimase, anche senza l'abito religioso, un segno vivente della forza e della gioia del suo essere cristiano: padre Marcello sperò contro ogni speranza umana, amando tutti, anche i propri nemici.

Dovendo, verso la fine della sua vita, vivere e operare in un ambiente sempre più ristretto, il fatto di essere limitato nel ministero sacerdotale e sempre più debole a causa delle sue varie malattie, non poté opporre più ostacoli al suo cuore, sempre più dilatato dall'amore trinitario. Non si sentì mai solo perché proprio attraverso la sofferenza aveva scoperto la vera felicità, il senso più profondo della vita e la possibilità di essere vicino a tante anime, dimostrando così che «non è lo scansare la sofferenza, la fuga davanti al dolore, che guarisce l'uomo, ma la capacità di accettare la tribolazione e in essa di maturare, di trovare senso mediante l'unione con Cristo, che ha sofferto con infinito amore».[1] Nonostante la paura disseminata dal regime, la lontananza e i confini socio-politici, volgendo lo sguardo verso orizzonti sempre più ampi, visse in unione e comunione con Chiesa universale. Reagì con vivace interesse ad ogni notizia della storia del suo tempo, particolarmente sensibile alle riforme introdotte dal Concilio Vaticano II, che giunse attra-

[1] Benedetto XVI, *Spe salvi*, n. 37.

verso la cortina di ferro. Alcuni giorni prima di morire, affermò di abbracciare dentro di sé tutti i continenti della terra.

Pubblichiamo questo scritto autobiografico e biografico di padre Marcello, convinti che il suo messaggio, in esso veicolato, possa raggiungere gli uomini del nostro tempo, perché capace di «suscitare nel mondo un rinnovato dinamismo di impegno nella risposta umana all'amore divino»[2] e di motivare – attraverso la scoperta della presenza materna di Maria nella nostra vita e il risveglio della fiducia filiale verso di Lei – quella «grande speranza che sorregge tutta la vita», speranza che resiste nonostante tutte le delusioni, e che «può essere solo Dio».[3]

Padre Bonifacio Honings, ocd
Vicepostulatore
Professore emerito delle Pontificie
Università Lateranense e Urbaniana

---

[2] Id., *Deus caritas est,* n. 1.
[3] Cfr. Id., *Spe salvi,* n. 27.

INTRODUZIONE

Nella presente edizione viene pubblicato per la prima volta in italiano lo scritto autobiografico del Servo di Dio padre Marcello Marton (1887-1966), carmelitano ungherese, la cui causa di beatificazione è in corso. L'opera con il titolo *Il Bell'Amore* che ha come sottotitolo *Ricordi della mia vita in Maria*, fu scritta dall'autore in un solo mese, quello del maggio 1950 per obbedienza esplicita del padre Provinciale secondo il quale padre Marcello doveva raccontare la sua vita fino all'ingresso al Carmelo (avvenuto all'età di trentotto anni), ricordando la presenza e l'influsso esercitati da Maria nella sua vita spirituale. Il motivo che suscitò una simile obbedienza così esplicita può essere dato dalla grande fecondità spirituale dell'amore ardente di padre Marcello verso la Vergine Maria che produsse molti frutti, sia dentro che fuori dell'Ordine e lo spinse ad una attività sacerdotale instancabile. L'obbedienza del superiore fu provvidenziale anche nel senso che, subito dopo la redazione dell'opera, ebbe inizio la soppressione degli ordini religiosi in Ungheria, fra cui anche quella del Carmelo.

Quando l'autore dell'opera si mise a scrivere, era ormai all'apice della sua maturità umana e spirituale: aveva sessantatré anni, di cui venticinque di vita religiosa e tredici come maestro dei novizi. Svolgeva all'epoca un'attività sacerdotale intensa in tutta l'Ungheria: confessore e direttore spirituale ricercato da religiosi e religiose, da sacerdoti ed anche da una grande folla di fedeli. Fu consigliere dei vescovi in questioni di vita spirituale e talvolta anche a livello nazionale. Fra questi vescovi fu anche il beato Vilmos Apor, vescovo martire di Győr e il cardinale Mindszenty, Primate d'Ungheria.

L'autore non scrive una narrazione semplice degli avvenimenti accaduti durante la sua vita, ma – seguendo l'esempio dei grandi Dottori del Carmelo, come santa Teresa d'Avila e santa Teresa di Lisieux – ne fa una profonda rilettura teologica. L'originalità dello scritto autobiografico di padre Marcello consiste nel fatto che, come viene dimostrato dallo stesso sottotitolo dell'opera, nella sua rilettura fa emergere la figura della Beata Vergine Maria in modo da coinvolgere il lettore nella sua profonda convinzione sulla necessità del ruolo della Vergine Madre nell'adesione al mistero di Cristo. Infatti, è proprio tramite Lei che padre Marcello fu introdotto nell'amore trinitario che lo aveva afferrato, lo aveva pervaso e lo aveva elevato fino a fargli condividere la stessa vita d'amore.

Padre Marcello diede il titolo de *Il Bell'Amore* al suo scritto autobiografico, un termine che proviene dal libro del *Siracide* della traduzione ufficiale latina della *Bibbia*, chiamata *Vulgata*, adottato nel discorso della Sapienza personificata in cui essa assume i lineamenti di una madre che chiama a sé i suoi figli, offrendo loro i suoi frutti abbondanti e definendosi come un alimento che nutre e come l'acqua che estingue la sete. La liturgia della Chiesa ha applicato con predilezione questo brano alla Vergine Maria, Madre della Sapienza incarnata, aggiungendo anche il versetto che si trova in alcune versioni greche e latine del testo e che contiene il termine «il bell'amore»: «Io sono la madre del bell'amore, del timore, della conoscenza e della santa speranza».[4] Nelle diverse lingue questo termine viene tradotto con l'espressione «il bell'amore» o «il puro amore». Esso venne adottato anche da alcuni autori spirituali per indicare l'*àgape*, l'amore divino, per distinguerlo dalla molteplicità di significati che si attribuiscono nel linguaggio comune alla parola «amore», mentre l'espressione «la madre del bell'amore» venne applicato alla Vergine Maria per mettere in evidenza il suo particolare

[4] Sir 24,24 secondo la *Vulgata*. La *Bibbia di Gerusalemme* inserisce questo versetto nella nota in calce, riferendosi a Sir 24,17 con la seguente traduzione: «Io sono la madre del puro amore, del timore, della conoscenza e della degna speranza».

ruolo materno nell'accoglienza dell'amore divino da parte dell'anima.[5]

---

[5] Così per esempio Guerrico d'Igny (1075 ca.-1157), abate del monastero dei cistercensi d'Igny che, assieme a san Bernardo di Chiaravalle, Guglielmo di Sant-Thierry e Aelredo di Rievaux viene definito «uno dei quattro evangelisti di Cîteaux», in uno dei suoi cinquantaquattro sermoni molto sostanziosi pronunciato per la natività della Beata Maria, riferendosi proprio a Sir 24,24 della *Vulgata*, esplicita in questo modo il significato dell'espressione «il bell'amore», identificandolo con l'amore di Gesù e distinguendolo da tutti quei significati che s'intendono nel mondo sulla parola «amore»: «Bello e appropriato che l'amore venga chiamato "bello", dal momento che la carità è Dio e per questo è somma bellezza, e dal momento che questa virtù è quasi tutta la bellezza della Chiesa che, come si scopre nel cantico dell'amore, proprio il suo Sposo così tanto e così tante volte ammira e glorifica. Proprio bello è l'amore che proviene da un cuore puro e da una buona coscienza e da una fede non finta. [...] Bisognava anche distinguere con questo nome il ben volere dei santi dall'amore degli uomini, sia quello turpe che non bisogna nemmeno nominare tra i fedeli, sia quello naturale con cui vengono amati i parenti, sia quello del secolo con cui si amano vicendevolmente a causa delle necessità o dei desideri del mondo. Stia lontano dunque, stia lontano, anzi non stia in nessun luogo sotto gli occhi di Dio l'amore turpe; che sia messo da parte in questo mondo l'amore della parentela; e regni solo l'amore dell'interna ed eterna bellezza, con cui coloro che sono veramente belli amano solo Dio o a motivo di Dio. Tu, o beato Gesù, bellezza dei santi, bello di forma più dei figli degli uomini [Sal 44,3], ma anche più delle virtù dei cieli, per il tuo splendore e la tua bellezza, va', avanza con successo e regna [Sal 44,5]; il tuo bell'amore regni in modo tanto esteso, da mettere in rotta ed eliminare l'amore turpe dai confini della creazione, da convertire e inclinare a sé quello mondano e da governare e ordinare sotto di sé quello naturale, così che il mondo ti ami con quell'amore bello e vero, con cui hai amato il mondo [cfr. Gv 3,16], o Salvatore del mondo, che vivi e regni come Dio per tutti i secoli dei secoli» (G. D'IGNY, *Sermoni,* Ed. Qiqajon, Comunità di Bose, 2001, pp. 608-609; vedi anche: PL 185, pp. 203-206). San Luigi Maria Grignion de Montfort (1673-1716) nel suo *Trattato della vera devozione a Maria,* riferendosi a Sir 24,24 della *Vulgata*, sul termine «il bell'amore» intende quel «puro amore» in cui gli ostacoli del cammino spirituale – ansie, dubbi, scrupoli, paure – possono essere superati e che Maria condivide con tutti coloro che sono veramente devoti a Lei, per educarli all'atteggiamento dei figli di fronte a Dio-Amore: «Questa Madre del bell'amore toglierà dal tuo cuore ogni scrupolo e timore servile disordinato: lo aprirà e dilaterà per correre sulla via dei comandamenti del Figlio suo, nella santa libertà dei figli di Dio e per introdurvi il puro amore, di cui Ella possiede il tesoro; così non agirai più per timore, di fronte a Dio-amore, come hai fatto tante volte, ma per puro amore. Lo vedrai come il tuo Padre buono, al quale cercherai sempre di piacere, con il quale converserai con fiducia, come un bambino con il suo buon padre. Se per disgrazia ti capitasse di offenderlo, saprai subito umiliarti davanti a lui, domandargli perdono con sincerità e tendergli la mano con semplicità; sarai capace di rialzarti serenamente, senza turbamento né ansia e continuare il cammino verso di lui senza scoraggiamento» (LUIGI MARIA GRIGNON DE MONFORT, *Trattato della vera devozione a Maria,* Edizioni Monfortane, Roma 2000, n. 215).

Padre Marcello usa con predilezione il termine «il Bell'Amore» che adotta nei suoi scritti riferendosi sia all'amore di Dio, rivelatosi pienamente in Cristo Gesù[6] e sia alla risposta di amore suscitata da questo amore nell'uomo. Con l'espressione «il Bell'Amore» indica primariamente quell'amore gratuito e benevolente proveniente dall'alto che egli percepì per la prima volta attraverso l'amore della sua madre terrena[7], ma che ha come sorgente la vita stessa della Trinità[8], che gli viene effuso dallo Spirito Santo[9] e che egli incontrò, tramite la mediazione materna della Vergine Madre[10], nell'autodonazione di Gesù Cristo nella santa Comunione quotidiana[11]. «Il Bell'Amore» nello stesso tempo indica anche la sua risposta di dono completo di sé[12] (l'atteggiamento che egli fa proprio progressivamente alla scuola di Maria[13], diventando egli stesso «il figlio del Bell'Amore»[14]) all'amore ricevuto da Dio che lo rende capace di amare la Vergine Madre con lo stesso amore di Gesù[15] e nel suo Spirito[16], e di amare tutti gli uomini senza distinzioni[17].

Padre Marcello ebbe la grazia di incontrarsi con «il Bell'Amore» già da ragazzo al liceo, poi divenne infedele ad esso per un periodo di quasi due decenni e soltanto dopo una lunga ricerca, nella quale sperimentò delle delusioni amare ed insieme delle scoperte sorprendenti e gioiose, riuscì a convincersi che «l'amore di Dio per noi è questione fondamentale per la vita e pone domande decisive su chi è Dio e su chi siamo noi».[18] È

---

[6] *Il Bell'Amore,* 10, 38, 73, 80, 159, 164.
[7] *Ibid.,*5-6, 27.
[8] *Ibid.,*12, 73, 120.
[9] *Ibid.,*55, 83, 99, 107, 115, 152.
[10] *Ibid.,*10, 34, 38, 73.
[11] *Ibid.,*10, 105.
[12] *Ibid.,*105.
[13] *Ibid.,*9, 39, 147-148.
[14] *Ibid.,*38.
[15] *Ibid.,*159, 160, 164.
[16] *Ibid.,*164.
[17] *Ibid.,*11, 53, 73, 110.
[18] BENEDETTO XVI, *Deus caritas est,* n. 2.

in Cristo crocifisso che egli riconobbe la rivelazione dell'amore di Dio e la chiamata in Lui all'unione con Dio, realizzata in una mutua donazione completa, e questo fatto lo spinse ad una ricerca sulla risposta adatta all'amore riconosciuto da parte dell'uomo: «Gesù mi ha comprato a prezzo del Suo Sangue Preziosissimo. Era questo grande, inaudito prezzo che Egli ha pagato per me. E io come avrei dovuto acquistarLo? Come Lui sarebbe divenuto totalmente mio? Quale prezzo avrei dovuto pagare?...».[19]

Padre Marcello aveva seguito la scoperta di santa Teresa di Lisieux, che aveva capito che l'autentico atteggiamento dell'uomo di fronte all'autorivelazione di Dio-Amore deve essere l'abbandono del bambino, «il quale si addormenta senza paura tra le braccia di suo Padre».[20] Proprio in questo atteggiamento illustrato dall'immagine del bambino di fronte all'amore ricevuto padre Marcello aveva riconosciuto il segreto dell'accoglienza de «il Bell'Amore» e della vita in esso. Scrisse così a questo riguardo in uno degli appunti del suo *Diario,* un anno prima della sua morte: «Il bambino si dà così come è; anzi, si consegna, in modo innocente. Non sa fare altro che amare. Non analizza il suo amore, non lo esamina, tutto il suo essere è penetrato dal sentimento del bisogno della mamma. Insomma quello che nella vita spirituale chiamiamo con l'espressione specifica "dono di sé" è la caratteristica più propria del piccolo bambino. È questo il suo modo di farsi amare. Ed è in questo che consiste la sua graziosità. Pure Dio ama particolarmente questo dono di sé nell'anima umana: è in questo modo che l'anima si getta nelle

---

[19] *Il Bell'Amore,* 102.

[20] Santa Teresa di Gesù Bambino, *Opere complete, Manoscritti autobiografici B,* 1 r°, Libreria Editrice Vaticana – Edizioni OCD, Roma 1997. Questa scoperta di Teresa di Gesù Bambino, illustrata con l'immagine del bambino e riassunta da madre Agnese di Gesù, sua priora e sorella di sangue, con l'espressione «infanzia spirituale» è profondamente radicata nell'insegnamento del Vangelo. Il contenuto di questa scoperta è presente, anche se elaborato precisamente a partire dall'esperienza della Santa di Lisieux, in tutto il percorso della spiritualità cristiana. Il carattere fondamentale dell'«infanzia spirituale» è giustificato dal fatto che siamo figli adottivi di Dio; in tale adozione filiale l'infanzia spirituale affonda le sue radici profonde e feconde.

braccia di Dio. Da quel momento in poi Dio potrà fare con lei tutto quello che vorrà! Potrà inviarla perfino sul cammino della Croce, sul Golgota, addossandole delle croci e quest'anima infantile non avrà altra preoccupazione che accettare, costantemente rendere grazie e cantare le misericordie del Signore! È tanto bello e tanto grazioso questo spirito di bambino! Dio se ne innamora e anche noi. È questo amore il Bell'Amore. A colui che ama Dio e il prossimo con questo Bell'Amore, anche "l'inferno" terreno diventa Cielo».[21]

Non ci si deve lasciar traviare dall'immagine graziosa del bambino, controbilanciata peraltro anche dall'allusione al Golgota nella citazione soprascritta: non si tratta infatti di un sentimentalismo infantile[22], ma dell'unica risposta autentica, di quella del dono completo di sé, data all'autodonazione di Dio in Cristo, chiamato con predilezione da padre Marcello «il Bell'Amore». Come egli afferma in una sua opera di due volumi, scritta sulla formazione dei novizi carmelitani già più di un decennio prima della stesura de *Il Bell'Amore*: «L'amore significa una donazione completa a colui che è amato. Gesù a me e io a Gesù».[23] La stessa affermazione è confermata anche da santa Teresa di Lisieux, dalla quale viene espressa in questo modo nella sua ultima poesia, scritta a Maria: «Amare è dare tutto e dare anche se stesso».[24] Come il carattere profondamente mariano

---

[21] MARCELLO DELLA VERGINE DEL CARMELO, *Diario,* 9 maggio 1965.

[22] «Diventare bambino nel senso di Dio è sinonimo di maturità cristiana» (R. GUARDINI, *Il Signore,* Vita e pensiero, Milano 1950, p. 248).

[23] *Kolostori iskola a Kármelen - La scuola monastica sul Carmelo,* volume I, cap. 22.

[24] SANTA TERESA DI GESÙ BAMBINO, *Le mie poesie*, «Perché ti amo, Maria!», str. 22, Mimep-Docete, Milano 2000. Il dono di sé non è un semplice proposito di santificazione, ma è la massima espressione dell'amore cristiano, è il vertice di ogni virtù e dell'intera esistenza. L'importanza della realizzazione perfetta del dono di sé viene ripetutamente accentuata nelle opere di santa Teresa d'Avila, Maestra del Carmelo ed è in essa che tutta l'ascesi contenuta del *Cammino di perfezione* viene riassunta: «I consigli che vi ho dato in questo libro non hanno altro scopo che d'indurre a darci del tutto (*darnos del todo*) al Creatore» (*CV* 32, 9). Padre Maria Eugenio di Gesù Bambino (1894-1967), l'autore dell'opera intitolata *Voglio vedere Dio,* grande sintesi della dottrina dei tre Dottori del Carmelo in cui viene messa in rilievo il ruolo fondamentale del dono di sé nella vita spirituale, scrive in questo modo: «Il dono di sé è un bisogno dell'amore e il suo

di questa poesia mette in evidenza, anche santa Teresa imparò alla scuola di Maria la risposta autentica del dono completo di sé a Dio-Amore. Lo stesso papa Benedetto XVI afferma nella sua enciclica *Deus caritas est* che «Maria, la Vergine, la Madre, ci mostra che cos'è l'amore e da dove esso trae la sua origine, la sua forza sempre rinnovata».[25] Come non alludere poi al suo predecessore, Giovanni Paolo II che, nel suo motto episcopale, ispirato da san Luigi Maria Grignion de Montfort – *«Totus tuus»* –, e attraverso la propria vita ha dimostrato chiaramente quanto possa essere fruttuoso per se stessi e per la Chiesa il dono completo di sé del cristiano a Gesù, vissuto attraverso Maria.

Con l'atteggiamento fiducioso del bambino, che affida tutto se stesso alla Vergine Madre e vive in tutte le circostanze unito a Lei, padre Marcello pratica proprio questo dono di sé completo attraverso Maria come egli stesso afferma: «La vita mariana è la via della fiducia. E che cosa è questo se non il completo dono di sé?».[26] La testimonianza di padre Marcello mette in evidenza che lo spirito dell'infanzia spirituale che conduce all'Amore, vissuto nella fiducia e nell'amore[27], è strettamente connesso con l'accettazione cosciente del ruolo materno di Maria: «Bisogna diventare un vero bambino, come il nostro Gesù vuole e insegna nel Vangelo. Evviva dunque l'infanzia spirituale e il suo duplice motto proveniente dalla piccola Teresa: "La fiducia fa miracoli" e "Solo l'amore conta". E sopra tutto viva *in noi* la Vergine Madre che sola è in grado di renderci *bambini*! Ella è la Vergine Potentissima!».[28]

---

atto più perfetto. (...) Disposizione fondamentale del Cristo, il dono completo di sé è una disposizione fondamentalmente cristiana. Identifica al Cristo nelle profondità e senza di essa ogni imitazione di Gesù sarebbe solo superficiale e forse un vano formalismo esteriore» (*Voglio vedere Dio,* Edizioni Ancora, Milano 1955, p. 337 e p. 341).

[25] Benedetto XVI, *Deus caritas est,* n. 42.

[26] Marcello della Vergine del Carmelo, *Il Bell'Amore,* 148.

[27] Santa Teresa di Gesù Bambino riassume in questo modo la sua «piccola via»: «La mia strada è una strada tutta di fiducia e d'amore» (Lettera a padre Roulland, 9 maggio 1897, LT 226).

[28] Marcello della Vergine del Carmelo, *Il Bell'Amore,* 135.

L'originalità di padre Marcello consiste nel fatto che quando riferisce l'appropriarsi di questo spirito del dono completo di sé, non soltanto afferma la necessità della presenza di Maria, ma descrive ed anche illustra attraverso il racconto della propria vita l'accoglienza progressiva dell'amore di Dio sotto la pedagogia materna della Vergine Madre. Ha infatti quella convinzione profonda che mediante la propria vocazione carmelitana Dio gli ha concesso una particolare missione personale, nella quale egli è chiamato a mettere in evidenza la mediazione di Maria: «Egli mi aveva scelto per una missione che avrei dovuto compiere in seno al Carmelo. E questa missione – che mi sia permesso dire con la gratitudine più umile – sarebbe stata la lode della Vergine Madre».[29]

Ci furono diversi fattori a predisporre padre Marcello al compimento di questa sua missione di carattere mariano: le grazie a lui concesse per le quali fin dalla sua giovane età contemplava l'unità esistente fra Gesù e Maria come quella di due realtà distinte ma correlative, da non poter conoscere e amare l'una senza l'altra; l'ambiente del Carmelo profondamente permeato della presenza di Maria; il fatto di essere nato in una nazione che fu affidata fin dalla sua nascita dal suo primo re alla Nostra Signora degli ungheresi[30], chiamata da loro con predilezione «Patrona Hungariae».

Attraverso una lunga maturazione nella fede e una pratica dell'intimità amorosa con Maria, padre Marcello divenne capace di trovare in Lei l'unica stella della propria vita, capace di indicargli la strada che porta a Gesù e alla Santissima Trinità[31] e quello specchio vivente, nella cui bellezza egli si innamorò perché «nulla le manca, cioè che riflette, dona ed offre la bellezza di Dio, di Gesù, della Santissima Trinità e immerge in essa. La bellezza, nei suoi dettagli ormai non mi appagava più; non mi avrebbe reso più schiavo la bellezza delle arti più presti-

---

[29] *Ibid.*, 52.

[30] Cfr. Marcello della Vergine del Carmelo, *Il Bell'Amore,* 9.

[31] Cfr. Benedetto XVI, *Spe salvi,* 49.

giose, perché anch'essa come me, doveva onorare Lei: la tutta Integra, la Bellezza assoluta e perfetta».[32] Le parole di Giovanni Paolo II, ispirate dall'insegnamento del Concilio Vaticano II e scritte nella sua enciclica mariana *Redemptoris Mater*, possono illuminare meglio il segreto dell'influsso della bellezza scoperta da padre Marcello sulla figura di Maria che, invece di rendere l'uomo schiavo come avviene nel caso delle bellezze fisiche naturali, lo libera e lo apre alla contemplazione della Bellezza assoluta, ma invisibile di Dio stesso: «"Maria... per la sua intima partecipazione alla storia della salvezza, riunisce per così dire e riverbera i massimi dati della fede" (*Lumen gentium,* 65). Tra tutti i credenti Ella è come uno "specchio", in cui si riflettono nel modo più profondo e più limpido "le grandi opere di Dio" (At 2,11)».[33] Nella luce di ciò si intende in modo giusto perché Maria divenne l'unico amore di padre Marcello, nella quale egli ha trovato tutto di cui aveva veramente bisogno: «Ella contiene tutto. In Lei io ricevo e diviene mio Colui che è Tutto: Gesù! Con Lei vengono in me le Tre Persone della Trinità: il Padre Creatore, la Sapienza in persona: il Figlio, l'Amore personale: lo Spirito Santo».[34]

***

La traduzione qui riportata dello scritto autobiografico di padre Marcello è stata fatta in base alla prima edizione critica ungherese. Essa viene completata con l'indicazione dell'impaginazione originale del manoscritto ungherese e con abbondanti note in calce, offrendo alcune chiarificazioni sulla storia della nazione ungherese e sui luoghi geografici, sui personaggi della vita politica e della letteratura che vengono menzionati nel racconto, sulla redazione stessa del manoscritto, sugli eventi raccontati come anche su alcuni temi spirituali che emergono

---

[32] Marcello della Vergine del Carmelo, *Il Bell'Amore,* 122.

[33] Giovanni Paolo II, *Redemptoris Mater,* n. 25.

[34] Marcello della Vergine del Carmelo, *Il Bell'Amore,* 120.

e che illuminano l'esperienza spirituale di padre Marcello e la rendono più accessibile. Le note mettono in evidenza anche quei riferimenti biblici che l'autore non ha indicato nel suo manoscritto. (L'indicazione dei riferimenti inseriti dall'autore nel testo seguono la numerazione della *Vulgata* che era in uso a quei tempi). Il ruolo delle citazioni e dei riferimenti biblici sembra essere importante nell'opera perché fu primariamente alla luce della parola di Dio che padre Marcello trovò il modo più adatto per descrivere ed esprimere la propria esperienza spirituale. Le parole sottolineate dall'autore nel testo del manoscritto sono evidenziate in corsivo. Anche le virgolette ("...") adattate dall'autore vengono rispettate e riportate nel testo allo stesso modo, mentre quelle inserite dal traduttore vengono indicate nel testo, per mettere in evidenza la differenza, con i caporali («...»).

La migliore comprensione dell'opera viene supportata anche da due brevi studi, inseriti nella prima parte del volume, che sono stati scritti da competenti specialisti carmelitani: da padre Luigi Borriello, professore di mistica e da padre François-Marie Léthel, professore specializzato in modo particolare in «teologia dei santi». Una biografia completa permette al lettore di poter seguire la vita intera di padre Marcello, particolarmente di quell'ultimo periodo le cui vicende sarebbero accadute ormai dopo il termine della stesura de *Il Bell'Amore.* L'importanza della conoscenza di quest'ultimo periodo della sua vita proviene anche dal fatto che fu durante quest'intervallo relativamente lungo di sedici anni, in seguito alla soppressione degli Ordini religiosi, che padre Marcello giunse al massimo grado della sua maturità spirituale, dando testimonianza dell'autenticità di quei suoi desideri e dell'eroicità di quelle sue virtù che emergono nel suo scritto autobiografico. Per una lettura fruttuosa de il *Bell'Amore* occorre però, oltre la conoscenza di tutto ciò, l'umiltà e l'atteggiamento di apertura dei piccoli, mentalità opposta a coloro che si credono dotti e sapienti, elementi oltremodo necessari ogni volta che l'uomo desidera penetrare i segreti del regno di Dio (cfr. Mt 11,25-27; Lc 10,21-22).

***

Pubblichiamo lo scritto autobiografico di padre Marcello nella speranza di poter contribuire, attraverso di esso, al compimento dello stesso desiderio che ispirò anche il Santo Padre Benedetto XVI quando scrisse la sua lettera enciclica *Deus caritas est*: «per suscitare nel mondo un rinnovato dinamismo di impegno nella risposta umana all'amore divino».[35] *Il Bell'Amore* ci sembra essere adatto per questo scopo anche per il fatto di non essere un trattato astratto, ma una testimonianza viva e sincera di chi ha imparato attraverso le proprie delusioni e le proprie scoperte sorprendenti che il segreto della felicità dell'uomo consiste nel riconoscere ed accogliere l'amore che Dio ha per noi. La sua narrazione tessuta dalla propria esperienza personale profonda, riletta nella luce della Parola di Dio, trasmette quella convinzione ferma e ben maturata di padre Marcello che l'amore di Dio rivelatosi in Cristo Gesù, effuso nello Spirito Santo e riflesso pienamente nell'umano sulla figura di Maria, specchio vivente della bellezza dell'amore divino, è l'unica vera forza, capace di liberare l'uomo dal potere del male e della morte e di renderlo felice per l'eternità, immergendolo nella propria vita d'amore: «Che cosa è l'amore? La sua misteriosa maestà da dove proviene? Perché è più forte della morte, più tenace dell'inferno e più attraente della calamita? Perché ci rende felici? Da dove il suo fascino? Perché ci affascina? Che cosa è mai? – L'amore è Dio. Perché Dio è amore e solo Lui è l'amore».[36]

Padre Rafael Bakos, ocd
curatore dell'opera

[35] BENEDETTO XVI, *Deus caritas est,* n. 1.

[36] P. MARCELLO MARTON, *Kolostori iskola a Kármelen – La scuola monastica sul Carmelo,* volume I, cap. 7.

BIOGRAFIA DI PADRE MARCELLO DELLA VERGINE DEL CARMELO

(1887-1966)

Nel suo penultimo anno di vita, padre Marcello, carmelitano scalzo ungherese, sentendosi vicino alla morte, mise per iscritto un breve resoconto della sua vita, che poi inserì nel suo *Diario*:

> «11 febbraio 1965: Dolce presa di coscienza della "Fine". (...)
> L'acqua profonda del piccolo torrente della mia vita scorre tranquillamente e in pace: pronta a "sfociare".
> Dove sono le tappe?
> Quattordici anni a Kiskomárom – Keszthely : bambino.
> Quattro anni a Nagyszombat: la Vergine Madre.
> Per venti anni: Ade – il Sottomondo.
> Per quaranta anni: il Paradiso Terrestre; in lotta per Dio!
> Sono nel settantottesimo anno. Ebbene! Che cosa seguirà?... Cercavo la felicità. In tutto. Non l'ho trovata. Anche nell'ideale femminile. (...)
> Non c'era da nessuna parte! Poi l'ho trovata. Essendo ancora molto giovane, mi sono innamorato di Lei. Fu un amore celeste. L'ho abbandonata. Ma l'ho cercata fino a quando non l'ho ritrovata. Da allora sono molto felice. Chi è il mio amore? L'Immacolata!
> Perché sono beato? Perché ho una Madre, che è Beata! Anche il figlio suo è beato. Sono bambino. Sono diventato di nuovo bambino. (...)
> Lei è il segreto della mia felicità!».[37]

Sono poche righe che riassumono una vita intera, trascorsa nella ricerca della felicità. Come padre Marcello ci riferisce:

---

[37] *Diario,* nota del 11 febbraio 1965.

da adolescente, senza cercarla, l'ebbe in dono. Così potè sperimentarla con un amore che egli definisce celeste. Questa felicità però non durò a lungo: dopo averla trovata, la perdette. Ma segnato dall'esperienza di quell'amore, non la dimenticò più, e si sentì spinto in una ricerca instancabile per riprovare la felicità gustata una volta. Alla fine l'ha ritrovata. Le righe del suo sommario lo dimostrano con evidenza.

Mentre padre Marcello descrive questo suo cammino interiore, la sua situazione quotidiana avrebbe certamente spinto qualche suo visitatore a supporre la presenza di ben altri stati d'animo o sentimenti. Infatti padre Marcello, quando accenna alla ritrovata felicità, si trova in circostanze particolarmente difficili e dolorose: da quindici anni vive nel mondo, come in esilio, essendo stato costretto a lasciare il convento a causa della persecuzione religiosa di cui non vede la fine; è alloggiato in una specie di ripostiglio, dietro la chiesa carmelitana di Budapest; è in una grande miseria; soffre molto e da anni, a causa di varie gravi infermità; sperimenta la incapacità di poter provvedere a se stesso; deve dipendere ed essere accudito da estranei; soprattutto ha l'incomprensione di alcuni confratelli che, anche se fisicamente vivono lì accanto, non lo accettano e non lo stimano; e poi si sente ormai vicino alla fine. È una situazione veramente penosa e miserevole. Ma in tutto questo padre Marcello vive e approfondisce non tanto la rassegnazione e la serenità, quanto la felicità, quella propria del bambino che si sente amato o del giovane sposo che vive con la propria amata.

Comparando i sentimenti espressi da padre Marcello nelle parole sopra riportate con quelli che una situazione simile ordinariamente suscitano nella psiche umana, si deve ragionevolmente dedurre, che ci si trova di fronte ad un uomo fuori del comune. Se poi si esamina la sua vita alla luce della fede, si può costatare che si tratta di una incarnazione concreta dello spirito delle Beatitudini. Padre Marcello fu sedotto dalla Bellezza dell'Amore riflessa sulla Vergine Immacolata. Come avvenne tutto questo? – Andiamo a vedere, seguendo le tappe della sua vita da lui stesso stabilite.

1. Da laico nel mondo (1887-1925)

1.1. *Quattordici anni a Kiskomárom-Keszthely (1887-1901): bambino*

Padre Marcello, al secolo Boldizsár Marton, fu un uomo di grandi qualità umane e spirituali, con una profonda sensibilità per la bellezza e con una immensa sete per la vera felicità proveniente dall'amore. Nacque il 9 settembre 1887, il giorno dopo quello della Natività di Maria. Ella rappresentò per lui, come egli stesso avrebbe confessato nella sua autobiografia, il grande amore della sua vita, la stella che l'avrebbe guidato e avrebbe illuminato il pellegrinaggio della sua vita terrena. Tuttavia, egli allora non ne sapeva ancora nulla. L'epoca e l'ambiente in cui nacque furono tutt'altro che di spirito cristiano. Così egli li presenta:

> «Sono nato nel 1887, sul finire dell'Ottocento. Quell'epoca, ai tempi delle feste del Millenario[38], non era devota. In quella regione la gente adorava la terra, il denaro, la ricchezza. Non si parlava di Dio, se non raramente... Mi correggo: se ne parlava, ma dicendo che Dio non esiste».[39]

La famiglia Marton non era povera, ma neanche apparteneva alla cerchia dei proprietari benestanti. Gente semplice, ma non comune. Anche nella parentela di Boldizsár Marton si poteva incontrare l'ateismo:

---

[38] Nell'anno della nascita di Boldizsár Marton, già ferveva il fuoco dei preparativi del Millennio della nazione ungherese, celebrato nel 1896. Erano trascorsi vent'anni dal Compromesso contratto nel 1867 fra il governo imperiale asburgico ed il regno ungherese; ne mancavano meno di trenta allo scoppio della Prima Guerra Mondiale. I valori tradizionali della rivoluzione nazionale del 1848 erano ormai impalliditi, lasciando posto alla formazione di una falsa coscienza nazionale. Fu durante questi anni di pace, gravati di contraddizioni interne, che vide la luce il secondogenito della famiglia Marton a Kiskomárom, nella parte sud-ovest dell'Ungheria.

[39] *Il Bell'Amore*, 2.

«Mio nonno materno non solo era ateo, ma aveva abbandonato la Chiesa ed era diventato privo do ogni pratica religiosa. Si era procurato la traduzione del libro di Renan e lo aveva divulgato fra la gente del paese, con una arte oratoria senza pari. (...) Il nonno non ebbe una diretta influenza su di me, ma quando si parlava di lui, il mio cuore di bambino si raggelava. I miei genitori non mi lasciavano andare da lui. Mio zio, fratello di mia madre, imitava il suo odio contro i preti, anzi contro Dio. La sua altissima statura e il suo grandissimo ingegno, il suo straordinario talento oratorio infiammava in molti abitanti del nostro paese l'avversione alla Chiesa».[40]

Evocando la memoria dei suoi genitori, non è la loro religiosità che egli mette in risalto. Riconosce però il profondo influsso che essi esercitarono sulla sua vita: confessa di essere stato colpito dall'onestà e saggezza del padre e dall'amore della madre:

«Credo di essere stato l'unico tesoro della sua vita. Quasi mi venerava, però mi educava con intelligenza, con severità e con bontà naturale. (...) Era contenta di tutto ciò che mi riguardava. Una cosa sola contava per lei: io, il suo figlio. Era una Madre Perfetta. Sì, sì! La Vergine Madre viveva in lei per me...».[41]

«Il mio caro papà aveva tutta un'altra natura. Non sbaglio affermando che egli era il modello dell'uomo saggio. (...) Era un uomo incomparabilmente onesto. Quando partivo per l'anno scolastico, mi dava ogni volta lo stesso consiglio: "Figlio mio, sii onesto! Basta questo!"».[42]

Il piccolo Bódi frequentò i primi quattro anni della scuola elementare nel suo paese, poi i suoi genitori lo iscrissero all'Istituto dei Premostratensi della città di Keszthely, situata nell'angolo nord-ovest del lago Balaton, ad una ventina di chilometri dal loro paese. Bódi vide allora, per la prima volta nella sua vita, il grandissimo lago Balaton. La sua anima, avida di bellezza e di

[40] *Ibid.*, 2-3.
[41] *Ibid.*, 3; 27.
[42] *Ibid.*, 3; 4.

silenzio interiore, restò affascinata per sempre dal terso splendore dello specchio d'acqua:

> «Vidi per la prima volta il lago, che mi fece una impressione profonda, indimenticabile. (...) Là dimenticavo tutto il resto, mi parlava misteriosamente ed io, piccolo scolaro del ginnasio, comprendevo il linguaggio dell'Eternità. Alla sera, al chiaro di luna, correvo in riva al Balaton e per ore e ore godevo della scia bellissima e splendente che la luna, questo grazioso corpo celeste, baciava e tracciava sullo specchio dell'acqua. Stendevo le braccia, abbracciavo quella Bellezza e mi perdevo in Essa».[43]

Bódi si trovava a suo agio nella scuola e nel collegio dei Premostratensi, pur non impegnandosi molto nello studio. Era uno studente di medio livello. Partecipava con gioia ad ogni avvenimento della vita studentesca. Naturalmente attendeva le visite dei genitori e, ancor più, le vacanze estive. Il giovane scolaro godeva di una esistenza equilibrata, e così arrivò alle soglie dell'adolescenza.

1.2. *Quattro anni a Nagyszombat (1901-1905): la Vergine Madre*

Un lontano parente, sacerdote e professore, condusse il giovane a Nagyszombat per gli ultimi quattro anni del liceo, per controllare meglio i suoi studi e il suo sviluppo interiore. Fu lì che incontrò per la prima volta l'amore di Dio, attraverso la mediazione della Vergine Madre, nell'Eucaristia quotidiana. Scoprì che «la maestà e la bellezza di Dio s'irradiavano sulla Madre sua, che è tutta bella, senza nessun difetto»[44] e che l'amore di Dio, accolto nel pane eucaristico, «appagava tutti i suoi desideri».[45] Quest'amore celeste, da lui chiamato con predilezione «Bell'Amore», lo coinvolse in una vita d'amore:

---

[43] *Ibid.*, 4-5.
[44] *Ibid.*, 5.
[45] *Ibid.*, 10.

«La Madre del Bell'Amore irradiava in me il Bell'Amore, Gesù, ed io amavo molto ricevere la comunione. (...) Amavo e cercavo questo in tutto. Non provavo né odio, né avversione alcuna, provavo affetto per tutti, facevo del bene a tutti. (...) Ero assolutamente consapevole della mia nullità. (...) Mi sono lasciato amare, mi sono lasciato guidare. Ero un bambino, un vero bambino. Non mi prefiggevo nessun scopo, mi sono lasciato prendere, mi abbandonavo solamente al Bell'Amore».[46]

Il giovane liceale camminava sulla via dell'infanzia spirituale, affidandosi completamente all'amore divino, mediante la figura e sotto la guida della Vergine Madre. Divenne uno studente modello, presidente del circolo letterario scolastico, ma in ultima analisi aveva a cuore solo una cosa e una persona: Maria e – attraverso di Lei e in Lei – il Bell'Amore, Gesù. L'esperienza dell'amore divino, che aveva ricevuto, rimase tanto decisiva per tutta la sua esistenza che più tardi, quando avrebbe descritto i principali avvenimenti e i protagonisti della sua vita nello scritto autobiografico, non avrebbe potuto fare altro che riportare tutto e tutti all'amore presente in Cristo Gesù, chiamato «il Bell'Amore», distinguendolo da tutte le altre affezioni: «Chi è Gesù? – È il Bell'Amore. E chi è Maria? – È la Madre del Bell'Amore. E io? – Io diventerò il figlio del Bell'Amore».[47] Certo ebbe bisogno di molto tempo e di molte esperienze per giungere ad una consapevolezza così chiara. Lo fece notare, più tardi, all'età di sessantatré anni, quando scrisse: «A quei tempi non lo capivo in questo modo, solo ora lo comprendo. Allora ne godevo».[48] L'esperienza avuta risultò solo una prima immersione passeggera nella vita dell'amore divino; lasciò però un'impronta indelebile nella sua anima. «La vita falciò i fiori per lungo tempo. Le radici però rimasero!» – interpreta così gli eventi successivi nella sua autobiografia.

---

[46] *Ibid.,* 10; 11.
[47] *Ibid.,* 38.
[48] *Ibid.,* 9.

1.3. *Per venti anni (1905-1925): Ade – il Sottomondo*

1.3.1. Studente universitario ed insegnante principiante (1905-1916)

Non rimase a lungo nella vita d'amore in cui si era trovato immerso senza alcun merito. Con l'iscrizione alla Facoltà di Lettere dell'Università di Budapest l'ambizione, nutrita dalle sue capacità e dalle ideologie moderne allora di moda, si dimostrò più forte dell'amore. Almeno così sembrava. Ad accrescere le sue ambizioni letterarie ci pensarono i professori dell'Università, che lo lodavano apertamente e scoprirono il suo talento di scrittore. Il giovane studente universitario si persuase presto dei suoi talenti fuori del comune, si impregnò di cultura e, lasciandosi guidare ciecamente dalla sete per la bellezza e per la felicità, andò cercando esperienze sempre nuove, anche intraprendendo viaggi in Germania, in Italia e in Svizzera.

> «La scienza iniziava ad occupare un posto sempre più grande. Sapere, sapere sempre di più, acquisire una vasta e appariscente erudizione, poi viaggiare, vedere e fare esperienze. Ero molto appassionato di arte, sotto tutti gli aspetti. Monaco divenne "la mia città". Conobbi, vidi, gustai i suoi dipinti e le sue sculture. Frequentavo il terzo anno di università e avevo già viaggiato in Italia e in Svizzera. Il mare mi faceva quasi impazzire con la sua bellezza! Pensavo di diventare scrittore… uno scrittore famoso, naturalmente».[49]

«Sentivo che era la Bellezza a farmi vivere»,[50] scrisse poi nell'autobiografia, alludendo alle sue escursioni. Provvidenzialmente però fu proprio questa sua sete insaziabile di bellezza a spingerlo a ricercarla e ad ammirarla nella natura e nelle opere d'arte ed insieme, a proteggerlo dall'identificarsi totalmente con la mentalità del mondo.

---

[49] *Ibid.*, 16.
[50] *Ibid.*, 20.

Terminati gli studi, divenne professore di letteratura, di latino e di greco. Aiutato dai viaggi e dalle letture ebbe molte occasioni di conoscere anche il tedesco, il francese e l'italiano. Contemporaneamente però si indebolì sempre più nella fede. Per ben sedici anni non frequentò più la Chiesa: in questo tempo non si confessò e non si accostò alla comunione. «Se c'è qualcuno che sappia cosa sia vivere senza Dio, ebbene questo sono proprio io!»,[51] scrisse più tardi nell'autobiografia.

Nel 1910, appena ottenuto il diploma, venne nominato professore supplente in Transilvania. Vi trascorse soltanto un mese, passato il quale venne chiamato a prestare servizio militare per un anno a Salisburgo, nella guarnigione più bella e più elegante della Monarchia. «Questo periodo fu l'anno più bello della mia vita laica – a parte gli anni trascorsi a Nagyszombat» – scrisse ne *Il Bell'Amore.* Questo lo disse non perché fosse stato particolarmente entusiasta dell'addestramento militare, ma perché qui era stato incantato dalla bellezza della natura. Ai primi di ottobre del 1911 rientrò a Petrozsény per continuare l'insegnamento. L'insegnante principiante venne a trovarsi in un ambiente corrotto: baldoria, dissolutezze, vino e giochi di carte erano all'ordine del giorno, si cercava di abbassarlo al livello degli altri, di allettarlo, ma senza successo. Gli servirono per questo due àncore di salvezza: l'attrazione per la montagna e l'affetto degli allievi. Intanto tentarono anche di fargli prender moglie e in un'occasione quasi ci riuscirono, ma egli capì presto che la ragazza non poteva corrispondere ai suoi alti ideali.

Di solito trascorreva le vacanze estive all'estero. A Parigi consacrò un intero mese allo studio del Louvre. Dedicò le vacanze di Pasqua del 1914 alla città di Roma. Essendo attirato da un profondo interesse verso la cultura umanistica invece che dalla fede cristiana, in primo luogo corse al Foro Romano, piuttosto che alla Basilica di S. Pietro. In seguito visitò anche questa e si recò pure in altre chiese e nelle catacombe, ma solo alla ricerca del bello. Visitò inoltre anche l'Italia meridionale, dove

---

[51] *Ibid.,* 30.

ammirò gli splendidi tramonti di Sorrento, presso il Vesuvio, sul golfo di Napoli.

Nel 1914 lo rimandarono alla città di Zalaegerszeg nel sud-ovest dell'Ungheria, vicino al suo paese natale. Un suo alunno, che divenne anche suo figlioccio di Cresima, nei suoi ricordi evoca così la figura del giovane Boldizsár Marton, diventato professore del liceo di Zalaegerszeg:

> «Insegnava ungherese e latino. (...) Era un capoclasse severo ma giusto, che insegnava con grande esemplarità. Durante le lezioni non solo manteneva la disciplina, ma vi si preparava con cura, mostrandosi capace di chiosare sempre utilmente gli argomenti di studio. Si interessava anche alla situazione familiare dei ragazzi affidatigli, anche se a quel tempo la visita alle famiglie era praticamente sconosciuta; si sforzava di conoscere da vicino come erano le famiglie dei suoi allievi. (...) Recitò ben presto un ruolo importante nella vita sociale di Zalaegerszeg. Era un conversatore brillante e portava sempre un po' di vivacità nei salotti per lo più tediosi o inclini al semplice pettegolo. Era spesso al centro della compagnia e si comportava con estrema giovialità, anche se non beveva mai e si limitava a imitare gli ubriachi. Considerava l'alcolismo come la malattia più pericolosa per la mezza età».[52]

Appena poteva, tornava a casa per visitare la madre. Ne scrisse così nella sua autobiografia: «Mi ricordo delle vacanze, quando tornavo a casa da scuola! Noi due: madre e figlio. Non avevo alcun segreto davanti a lei».[53] Non poterono godersi, tuttavia, per molto tempo dello stare insieme: la madre ben presto si ammalò gravemente dopo il trasferimento del suo figlio a Zalaegerszeg. Un giorno della primavera del 1915, quando Boldizsár Marton arrivò a casa, lo accolse il suono della campana a morto: era per sua madre. Più tardi evocò in questo modo quello che sentì nel giorno doloroso dei funerali della madre:

[52] Ricordi del Dott. Dezső Keresztúry.

[53] *Il Bell'Amore*, 27.

«Non ero mai stato ad un funerale simile. Non vedevo niente e nessuno, soltanto la bara nera. Piangevo a calde lacrime, singhiozzavo, non mi si poteva consolare. Era come se avessi perduto tutto in questo mondo»[54].

Nonostante fosse ormai un uomo adulto era inconsolabile e per settimane intere continuava a sentirla accanto a sé.

La guerra infuriava già da due anni, quando le scuole ricevettero l'ordine di inviare al fronte il personale non strettamente necessario. L'ex-superiore provinciale di padre Marcello nel Carmelo raccontò più tardi in questo modo i fatti accaduti:

«Un decreto ministeriale impose la riesamina della posizione degli insegnanti rispetto al servizio di leva, chiamando al fronte tutti coloro che non erano indispensabili a scuola. Le disposizioni del decreto furono eseguite anche nel liceo di Zalaegerszeg, ragion per cui fu deciso di privarsi dell'insegnante più giovane di tutti, perché fosse inviato al fronte. Questi però era sposato ed era padre di due figli. Allora si fece davanti padre Marcello e si offrì di sostituire il collega».[55]

Boldizsár Marton si congedò così dai colleghi, dagli alunni e dal padre. I suoi allievi lo salutarono, piangendo il loro professore appassionatamente amato; uno di loro, suo figlioccio di cresima gli passò furtivamente una medaglia della Madonna. Lo pregò con affetto filiale: «La prego di portarla con lei e di conservarla!».[56] Scrivendo più tardi *Il Bell'Amore*, padre Marcello attribuì a questa medaglietta la sua salvezza dalla guerra.

1.3.2. Ufficiale dell'esercito della Monarchia durante la Prima Guerra Mondiale (1916-1918)

Nel novembre del 1916 lo mandarono a Pilsen, poi fu rinviato al sud-ovest dell'Ungheria come sottotenente in riserva del corpo d'armata supplementare e infine venne inviato al fronte

---

[54] *Ibid.*, 27-28.

[55] Ricordi di *padre Miklós Gyula Hajós, O.C.D.*

[56] *Il Bell'Amore,* 30.

albanese al posto di un tenente ammalato. Per lui la guerra cominciò solo allora.

Dopo la guerra, in un suo romanzo apparso nel 1922 col titolo *Su tombe musulmane* raccontò le sue esperienze avute sul fronte. In questo libro Boldizsár Marton si celò sotto il personaggio di Árpád Szendrey, per rievocare in terza persona i tragici avvenimenti degli anni 1917-'18, senza peraltro riuscire a dissimulare l'intensità della sua personale esperienza. Tra le righe si avverte tutta la verosimiglianza del ritratto spirituale dell'allora ufficiale trentenne. Nella Prefazione al libro è lo stesso autore a garantire al lettore l'autenticità di quanto ha scritto: «Ho raccolto gli appunti minuziosi del mio diario, li ho integrati e li ho scelti. Vi ho trovato delle cose incredibili, degne di una favola. Vi crederà il lettore? Non importa: io so che le righe, ormai sbiadite, del mio diario raccontano la verità».[57] Veniamo a sapere da questo romanzo autobiografico cosa accadde a Boldizsár Marton negli ultimi due anni della guerra.

Come egli racconta, all'inizio delle sue avventure era pieno di entusiasmo: si aspettava avventure emozionanti, paesi esotici, spiagge accoglienti, orizzonti sconfinati. Dopo due settimane di treno arrivò al suo battaglione in Albania. Nel frattempo sentì molto parlare di uno degli incubi del fronte meridionale, la malaria, ma confidò che la sua salute di ferro avrebbe potuto tener testa anche a quella malattia. Presto fece conoscenza con il magico oriente; osservò con meraviglia gli slanciati minareti delle moschee e ammirò il movimentato mondo dei bazar. Si sentiva un allievo avido di cultura e di emozioni, restò incantato dell'osservare le meraviglie che la grande e maestosa natura gli dispiegava davanti agli occhi. Arrivando poi alla meta finale, si trovò però ad ogni angolo e ad ogni incrocio minacciato dal colera, dalla peste, dalla malaria. Dovette fare conoscenza della morte: su quella terra straniera non si sapeva mai quando poteva essere colpito al fianco da un coltello, abbat-

---

[57] Boldizsár Marton, *Muzulmán sírokon – Su tombe musulmane,* Zalaegerszeg, 1922, p. 5.

tuto da una fucilata dei guerriglieri, cadere sotto un bombardamento italiano o francese. Scoprì presto che tutta l'Albania era un grande cimitero... La sua voglia di vivere però ebbe il sopravvento e il suo entusiasmo per la natura lo preservò dal letargo. Spesso osservava preoccupato i soldati che aveva sotto di sé: tutti avevano qualcuno che li aspettava a casa. Solo la sua anima era deserta, solo essa non piangeva per nessuno. A riscaldare e a consolare il proprio cuore gli rimase soltanto la maestosa e imponente natura...

La sua truppa ebbe l'incarico di costruire una seconda linea del fronte lungo il fiume Skumbi. Il giovane ufficiale si rese conto dell'insensatezza dell'ordine; in un primo momento tacque, poi, temendo per i suoi uomini, si mise a contestare, gridare e scongiurare i suoi superiori. Il quartiere generale austriaco gli apparve pretenzioso, ottuso di mente e sciocco; e a ragion veduta. Gli avvenimenti della fine del 1918 confermarono in modo lampante la sua preoccupazione, nata dal buon senso. L'ufficiale Marton intravide chiaramente la sciagura dell'esercito austro-ungarico:

> «Quelle grandi e piccole disgrazie gli stringevano il cuore in anticipo, la vista degli ungheresi morti dalle uccisioni di massa, di quei padri, mariti, fidanzati e figli periti in terra straniera, sulle fredde tombe musulmane, gli consumava dolorosamente l'anima: erano tutti vittime dello stesso alto comando. (...) Gli ungheresi sconfitti attendono la morte sulle tombe musulmane, il sangue infetto e il corpo disfatto. (...) Perché? Perché? Si è già domandato cento, mille volte, senza riuscire a trovare una risposta».[58]

Un giorno gli venne impartito l'ordine di mettersi al comando di cinquanta uomini per eliminare una banda di malviventi e catturare Hassan, il capo di quei delinquenti che, da trent'anni, terrorizzavano l'Albania. L'azione, che si protraeva per settimane, fu ricca di colpi di scena: attentati con pugnali avvelenati, imboscate di banditi, lotte corpo a corpo, insegui-

[58] *Ibid.*, pp. 36-38.

menti, incendi, agguati... L'inesperto ufficiale era responsabile allora non più soltanto di se stesso, ma di cinquanta valorosi soldati ungheresi.

Nelle campagne bagnate di sangue e infestate dalla malaria e dai serpenti velenosi, al giovane ufficiale capitò spesso di trovarsi assorto nella contemplazione dell'Infinito, di inebriarsi delle bellezze della natura. A malapena si accorgeva delle pallottole dei fucili che gli fischiavano intorno sibilando. Lo sostenne una sorta di fiducia cieca, credeva di poter uscire indenne anche dalla più pericolosa delle situazioni. Tanto più invece, temette per i suoi soldati. Arrivarono al quartiere generale del capobanda. Diresse un'irruzione ed egli stesso se ne pose a capo. Hassan però riuscì a fuggire. Una bella ragazza, preparata dal capobanda, ebbe intenzione di sedurlo e compiere un attentato contro di lui durante una notte, ma anche in quel frangente la buona sorte non abbandonò l'ufficiale ungherese: il pugnale avvelenato cadde a terra e la seducente albanese lo implorò di risparmiarle la vita. L'ufficiale ungherese esaudì la domanda e la lasciò libera... Continuarono ad inseguire il capo dei briganti. L'ultimo attacco ebbe perfino successo e i soldati fecero quasi a pezzi Hassan e i suoi compagni. Boldizsár Marton però non poté sentirsi felice: vide solo il sangue e ne restò sconvolto. L'uomo sentì l'altro uomo:

> «Hassan era morto, ma anche Hassan era un uomo e Szendrey non sapeva gioirne. Quando, nel cimitero musulmano del villaggio di Karucak, fece scavare la fossa e vi fece seppellire gli otto cadaveri, non parlò, fece solo inginocchiare i soldati, ormai rabboniti e insieme recitarono il Padre Nostro. I soldati erano uomini e lo capirono...».[59]

Poco dopo svolse il servizio di ronda con dieci soldati. Durante il cammino vide un ricco commerciante musulmano che picchiava una ragazza, comprata poco prima al mercato per il suo harem. Non poté guardare la scena senza reagire: cacciando via il commerciante, liberò la ragazza e la riportò al suo

[59] *Ibid.*, p. 103.

paese. Quella giovane, dai capelli biondi come il sole e dagli occhi azzurri come il mare, fece sbocciare nella sua anima il candido fiore dell'amore. Strada facendo, l'ufficiale parlò alla ragazza musulmana in ungherese, mentre ella gli rispose nella sua lingua: eppure riuscirono a capirsi! Arrivando, la restituì alla sua famiglia. Alla sera, si incontrarono di nuovo:

> «Il giovane pensava seriamente: porto il mio angelo nella patria lontana, le insegno il dolce linguaggio dei canti ungheresi, la persuado a diventare cristiana e la sposo. (...) Il ragazzo aveva una volontà santa, un pensiero del tutto serio, perché era sua la ragazza ed egli sentiva che adesso, sì adesso in quella volta, aveva trovato la donna che era per lui, l'unica sulla terra, quella che Dio aveva creato per lui. (...) L'uccello azzurro di Maeterlinck, a cui tante volte e con tanto ardore aveva dato la caccia, era ora nella sua gabbia. Non lo lascerà libero, ma lo porterà con sé e questa sarà la vita, la vita nuova...».[60]

L'indomani mattina venne a sapere da un gendarme che Leila era rimasta vittima di una vendetta privata. Uno dei parenti l'aveva accoltellata perché aveva osato dare il suo amore allo straniero «infedele».

> «Non lo credeva. Non voleva crederlo. (...) Era accanto a lei e non poteva credere che era morta: era incapace di credere che il dolce uccello della felicità aveva spiegato le sue ali e se ne era volato per sempre. Provava un dolore immenso, tormenti che lacerano la mente e il cuore soltanto quando vengono schernite le più grandi felicità».[61]

L'uccello azzurro della felicità si era appena lasciato intravedere e se ne era già volato via per sempre; la nuova vita appena cominciata era già finita... Giurò vendetta contro l'assassino, ma gli anziani del villaggio gli spiegarono che ciò che era avvenuto doveva accadere perché era la loro legge, la legge del sangue. L'ufficiale, messo a dura prova dal dolore, si fece consegnare il cadavere, gli preparò la camera ardente, lo fece scortare

---

[60] *Ibid.,* pp. 110-111.
[61] *Ibid.,* p. 112.

da un picchetto d'onore militare. Infine, venuta la sera, gli diedero sepoltura: «L'intero plotone formò un quadrato intorno al tumulo. L'ufficiale si inginocchiò, si prese la testa fra le mani e le sue lacrime scivolarono sulla tomba».[62]

Ben presto richiamarono il distaccamento al suo posto e Boldizsár Marton venne promosso. Dovettero partire per il fronte. Le truppe in marcia sentirono il rombo dei cannoni italiani e furono quindi costrette a cambiare repentinamente direzione: i francesi avevano infatti sfondato le linee del fronte. Non videro neanche il nemico e già dovettero fuggire. Nel contempo, anche la malaria fece le sue vittime fra loro, tormentati per di più sia dal caldo torrido, sia dagli acquazzoni. Il giovane ufficiale si sentì bloccato: da una parte provò interesse per l'Oriente, dall'altra sentì repulsione. Per liberarsi da questo intollerabile stato di angoscia, si offrì di guidare una pattuglia di esploratori che ebbe il compito di localizzare i francesi. Partirono in venti, ma due giorni più tardi marciarono con lui solo in cinque: gli altri erano tornati indietro. Dopo due settimane di vagabondaggio tornarono alla base.

Nella primavera del 1918, il cerchio attorno all'esercito austro-ungarico si fece sempre più stretto. Gli italiani bombardarono il campo di battaglia e il 7 luglio ebbe inizio l'attacco:

> «I cannoni italiani lanciavano il loro fuoco micidiale. Una fiumana di gente si era messa in movimento e gli ungheresi venivano annientati. Era terribile. Il battaglione ungherese accanto a quello di Szendrey fu spazzato via e anche l'ala destra del suo si ritrovò in mezzo alle raffiche. (...) Alle cinque del pomeriggio, il fronte era già interamente traforato. Cominciò allora il finimondo, la fuga. (...) Chi poteva se la dava a gambe».[63]

Dal comando arrivò intanto l'ordine mostruoso di tenere testa fino all'ultimo uomo! Riuscirono a sfuggire alla manovra di accerchiamento degli italiani solo all'ultimo istante. Boldizsár Marton si avvide chiaramente degli errori dei suoi superiori, ma

---

[62] *Ibid.*, p. 113.
[63] *Ibid.*, pp. 132-133.

non poté far altro che cercare di salvare la vita ai suoi soldati. Contemporaneamente anche la malaria imperversò: in dieci giorni ne morirono 227 soldati. E la dura, pietrosa terra albanese si riempì dei corpi degli ungheresi...

> «Arrivò l'ottobre. Eravamo in disfatta sul fronte bulgaro e su quello italiano, i francesi avevano ricacciato indietro le nostre truppe. Il battaglione di Szendrey era ormai un relitto. (...) Tutto era in rovina. Attraverso l'intera Albania, risalendo da sud nell'interno, fino a tutto il Montenegro, le truppe austro-ungariche lì dislocate erano state abbattute, sbaragliate, annientate».[64]

Il comando generale costituì una brigata ungherese a se stante, affidandole il compito di garantire l'esodo ai resti dell'esercito. L'ordine equivalse a una condanna a morte. Boldizsár Marton fu ormai al comando dei battaglioni; a furia di minacce riuscì ad estorcere l'ordine per la fuga. Egli stesso si affrettò tra i fuggitivi in sella a Odin, il suo cavallo. Le pallottole, che gli fischiavano attorno da ogni dove, sembravano non riuscire a colpirlo. Le truppe sconfitte, a brandelli e votate alla morte, si riversarono su un ponte turco, ma, prima che tutti fossero passati, lo fecero saltare in aria. Coloro che rimasero sulla riva del fiume dovettero gettarsi dentro l'acqua per passarla a nuoto! L'ufficiale restò per ultimo. Gli ungheresi, che si dibattevano tra le onde, vennero presi di mira dalle granate serbe e dai colpi dell'artiglieria italiana. Szendrey riuscì a passare il fiume, ma rimase senza il suo cavallo. Una volta raggiunta la riva, si accorse di essere solo:

> «Era solo, in mezzo al mondo intero; pregare gli riusciva impossibile. Pensava che Dio lo avesse abbandonato. Nessuna luce lo rischiarava; non aveva più anima, era solo un corpo tremante e invalido, una cosa sola con l'oscurità. Non era un uomo, era uno scampolo di buio».[65]

---

[64] *Ibid.*, p. 138.
[65] *Ibid.*, p. 142.

In una locanda della capitale montenegrina si imbatté in alcuni ufficiali. Lo rianimarono, poté farsi una buona dormita e ritrovò la voglia di vivere. Il 4 novembre giunse l'ordine dell'armistizio. Partirono verso casa... Per due settimane attesero l'imbarcazione su una nave capitanata dai francesi. 2495 soldati sognavano il ritorno a casa... A causa di una disattenzione un gruppo di essi, giocando a carte in balia dell'alcol, appiccò il fuoco e, nel giro di pochi minuti, la nave fu in preda alle fiamme. Il capitano ordinò l'«avanti tutta» per tentare l'impossibile e raggiungere il porto di Spalato. Dalle 7.30 del mattino alle 14.30 del pomeriggio restarono tutti in attesa della morte. C'è chi si gettò in mare e chi uscì di senno, altri battevano la testa contro l'albero della nave. Accadde invece l'incredibile: quella bara in fiamme toccò terra.

Ci furono soltanto 900 soldati che riuscirono a giungere al confine ungherese. Boldizsár Marton fu uno fra di loro. Non dimenticò però le tombe musulmane e spesso gli appariva in sogno l'uccello azzurro scomparso, simbolo della felicità... Fin qui le notizie contenute nel libro *Su tombe musulmane*. Quando nel 1950 padre Marcello, su richiesta del suo superiore, portò nuovamente la sua memoria sulle vicende della Prima Guerra Mondiale, i suoi ricordi si fissarono quasi completamente nella sfera della "Signora Misteriosa", la Vergine Madre. Ciò che a quel tempo il giovane Boldizsár Marton ancora ignorava, veniva ora rivelato con la massima certezza dal religioso maturo: Maria lo aveva difeso da ogni pericolo e lo aveva ricondotto sano e salvo perché Ella aveva dei progetti su di lui.

1.3.3. Cammino di conversione (1919-1924)

Si ritrovò nella sua patria in preda al caos e alla rivolta in seguito alla guerra perduta, poi per la dittatura comunista e, più tardi, per il trattato di pace del Trianon. Anche la sua anima cadde in uno stato simile. In un primo momento, pensava di lasciare la propria patria decrepita e di emigrare, magari in Australia. Poi rinunciò all'idea; a trattenerlo al suo posto fu la coscienza dei suoi talenti che volle fare fruttificare per gli altri.

Forse anche per liberarsi dai ricordi dolorosi, si buttò e si impegnò nella vita sociale, scrivendo articoli su giornali e riviste e tenendo discorsi e splendide conferenze. Così il suo nome acquistava una popolarità sempre più ampia. «Ero circondato dalla luce, dal fuoco fatuo della fama e della gloria», scrisse più tardi, di questo periodo della sua vita ne *Il Bell'Amore.*[66]

Gli sembrava di non potersi più liberare da quel giro che lo attraeva e si dibatteva nell'oscurità più completa, alle prese con se stesso e con i suoi ricordi. La medaglia della Vergine Madre, che aveva portato con tanta fede sul fronte albanese, era ancora nascosta nella sua tasca, ma pian piano l'immagine di Maria venne avvolta dall'oblio, come pure quella di sua madre. La sua conversione da questo abisso non avvenne con modalità fulminee, ma fu il frutto della pedagogia materna di Maria che si servì di varie esperienze.

Dapprima ci fu un ciliegio in fiore, che ridestò nell'oscurità della sua anima il desiderio del bello e del puro. Nel 1920-21 la primavera era bellissima. Durante i fine-settimana, tornando a casa, scendeva dal treno una fermata prima del solito e si recava a casa di un suo amico, prendendo la via dei campi. Nel giardino trovò un ciliegio di indescrivibile bellezza. Lo evocò così nella sua autobiografia:

> «Tutti i rami erano coperti di fiori bianchi così fitti che sembravano un soffio. Fu impossibile non pensare al grande Artista Creatore. Me ne stavo sotto i rami e godevo di questa grande bianchezza. Era come se avessi cessato di esistere. (...) Poco a poco scoprii che quel "Biancore" era un candore celeste. Dopo aver contemplato quei petali bianchissimi, anch'io ero puro. O piuttosto, non sentivo più di essere sporco. Ero puro, ero bianco come la neve. Ero innocente? Era come se fossi un bambino. Le persone, le vanità e tutto il mondo ingannevole scomparivano. (...) Ero nella Verità o guardando nel suo Specchio, scoprivo la Verità. (...) Dimenticavo me stesso, "l'adulto" che ero e ritrovavo il "bambino"».[67]

[66] *Il Bell'Amore,* 37.

[67] *Ibid.,* 40-41.

Durante le vacanze estive gli capitò fra le mani un romanzo di Merezkovskij, uno scrittore russo. Ad impressionarlo in questo non fu tanto l'idea, quanto la viva realtà dell'eternità. Durante le lunghe passeggiate nei boschi meditava su questa eternità o, più semplicemente, si lasciava immergere nel suo silenzio e così scoprì una chiesa costruita dagli alberi altissimi che gli erano intorno. Da allora in poi, il professor Marton declinò gli inviti per il tè, per i balli e le cene e cominciò a cercare la solitudine. Eppure, in quella solitudine, egli dovette affrontare se stesso. Il ricordo di sua madre lo esortò a togliersi la maschera che si era messo addosso e a ritrovare la semplicità del bambino. In questa progressiva trasformazione trovò un aiuto inatteso nel libro *La storia di un'anima* di santa Teresa di Gesù Bambino che un giorno la figlia del suo padrone gli mise davanti, pregandolo di leggerla ad ogni costo. Boldizsár Marton, piuttosto seccato, le rispose di non amare cose scritte da donne, ma la sera prendendo in mano il libro, malgrado il suo atteggiamento iniziale, non riuscì più a posarlo, ma lo lesse tutto d'un fiato. «Quella "donna" mi aveva conquistato»[68], confessò poi nella sua autobiografia.

Da allora in poi gli cadde di dosso la maschera della presunzione e il suo ideale divenne l'atteggiamento umile e fiducioso del bambino. Da quel momento fu in grado di percepire che: «Non ero padrone di me, "Qualcuno" mi guidava, mi prendeva per mano e mi spingeva».[69] Sperimentò questo anche quando venne invitato ad una rappresentazione della Passione in un piccolo villaggio ungherese. Durante lo spettacolo, come il discepolo amato, si trovò interiormente sotto la croce, da figlio di Maria, e fu colpito nel vedere Gesù, deriso e umiliato, con il costato trafitto. Non poté più dimenticare quello che vide: «Rimase indelebile dentro di me. – Nella mia memoria? – No, rimase nella mia anima, nel mio cuore...».[70]

---

[68] *Ibid.*, 44.
[69] *Ibid.*, 44.
[70] *Ibid.*, 45.

Al suo ritorno a casa, ad attenderlo al cancello ci fu l'ottantasettenne padre. Lo aspettava perché non voleva intraprendere l'ultimo viaggio senza il figlio. Ed effettivamente il giorno seguente, dopo aver ricevuto i sacramenti, raggiunse l'eternità, mentre l'espressione del volto rispecchiava la celestiale serenità del suo animo. La morte del padre gli faceva tornare alla mente i ricordi del passato sotto una luce particolare. Fu il fatto che il padre pregava sempre che si scolpì nella sua anima.

L'anno scolastico 1922-'23 passava in una contemplazione quasi continua circa il concetto della «Bontà». Come ne scrisse ne *Il Bell'Amore:*

> «Fu un anno scolastico del tutto speciale. Un unico pensiero occupava costantemente la mia mente: la Bontà. Non tanto come un concetto, quanto piuttosto come Vita da vivere, da immergersi in essa che è il contenuto, l'essenza e forse anche l'ideale della vita stessa. Bisognava essere buoni, pieni di bontà con tutti, anzi con tutto, anche con gli animali, con le piante, con le cose. Bisognava però essere buoni soprattutto con gli uomini e – quello che veniva sottolineato in questo stato – senza eccezione. (...) Vedevo tutto nell'unità, cioè in Dio, ma non mi fermavo a dirlo o a specularvi sopra, semplicemente vivevo in questa santa, dolce e deliziosa Bontà. La Bontà era in me, su di me e con me. (...) Cosa voleva fare di me il Signore? Voleva realizzare il suo progetto con me, tanto è vero che "Egli mi precedeva nel suo amore" e riversava su di me la sua Bontà, mi colmava, immergeva in essa».[71]

Improvvisamente si liberò dalla sua passione principale: l'amore smisurato per la letteratura. Da quel momento in poi la letteratura perse sapore per lui. Fu la prima vittoria concreta della Bontà nella sua vita.

Durante la processione della Risurrezione di Pasqua si inginocchiò davanti all'Ostia e gustò quella pace che solo il Risorto sa donare alle anime. La domenica di Pasqua fuggì su un colle per restare solo con Gesù. Per settimane portò con sé il segreto di quella dolce intimità. Quello stesso anno un'altra delle sue

---

[71] *Ibid.*, 52-53.

passioni ricevette un colpo mortale. Alle tre del mattino, mentre partecipava al ricevimento danzante della provincia, venne assalito da una improvvisa repulsione per il ballo. D'un tratto si guardò dentro e vide davanti a sé tutta la sua vanità. Con un gesto deciso si alzò e tornò a casa. D'allora in poi non mise più piede in un locale di svago. L'occasione di mettersi completamente nella verità gli fu ormai vicina.

Nel maggio del 1923, dopo un intervallo di sedici anni, riuscendo a vincere le proprie esitazioni, si accostò finalmente al sacramento della confessione. Dopo ciò una gioia indescrivibile lo portò al settimo cielo. Acquistò un rosario e imparò di nuovo le preghiere di un tempo, tra le quali il Credo. Il suo cuore si aprì definitivamente davanti all'amore di Dio:

> «Piangevo sinceramente, piangevo i miei peccati, ma non per me stesso, ma esclusivamente perché avevo contristato Dio, la Bontà Infinita, l'Amore. La mia anima era candida, pura, innocente come quella di un bambino. Lo sentivo così».[72]

Tuttavia anche dopo essersi pentito e aver confessato i suoi peccati, non trovò la pace completa nel suo cuore: «Era come se mi mancasse ancora qualcosa, come se il mio amore per Dio non fosse completo».[73] Sentì un'attrazione forte a ritirarsi, per essere con Dio solo: «Volevo rimanere in incognito, nel silenzio, nel deserto, affinché Dio potesse parlare al mio cuore!...».[74] Per poter essere da solo, accettando la proposta di un suo collega, si rivolse ai padri verbiti austriaci di Mödling. Presso di loro, per 40 giorni, si immerse nel deserto desiderato. Così scrisse, più tardi: «Un amore folle, un'ebbrezza celeste, questo fu per me Mödling. Il "fornax", la fornace in cui mi gettò la Vergine Madre e dalla quale uscii carmelitano».[75]

---

[72] *Ibid.*, 64.
[73] *Ibid.*, 74.
[74] *Ibid.*, 75.
[75] *Ibid.*, 81.

Durante questo ritiro visse una tappa molto intensa di purificazione interiore, che fece sì che «la celeste sapienza della povertà di spirito era divenuta vita in me: Dio solo basta davvero! Mi aveva condotto nel deserto e aveva parlato al mio cuore. Lo avevo capito, anzi Lo avevo trovato definitivamente».[76] Rinunciando a tutto e abbandonandosi totalmente a Dio, ritrovò l'atteggiamento dell'abbandono completo del bambino, come una volta:

> «Davvero avevo dato tutto. Il fatto che oggettivamente, in realtà possedessi ancora "tutto" era secondario; la mia anima, la mia volontà, tutto il mio essere, il mio corpo incluso e, soprattutto il mio cuore, appartenevano definitivamente a Dio. (...) Nel mio cuore, povero ma immensamente felice, non c'era neanche un angolo che fosse riservato per qualcosa o per qualcuno».[77]

Si ritrovò immerso nel «Bell'Amore» perduto e capì come non perderlo più: «Lasciare, permettere che Gesù viva in noi! A qualunque prezzo! A costo del mio io».[78] Trovò insieme un modo molto concreto e pratico per viverlo come un dono costante di sé a Dio, con l'atteggiamento riconoscente e fiducioso di un bambino:

> «Ecco! Tutte le difficoltà erano risolte; dovevo dire solo per ogni cosa: Sis benedictus! Sii benedetto! Ossia, nella gioia o nel dolore: sii benedetto! Sia croce o sia successo: sii benedetto! Ciò vuol dire che non solo accetto tutto dalle mani del Signore e non solo mi rassegno alle cose – non è sufficiente neanche dirgli grazie – ma Gli rendo grazie per tutto».[79]

Durante lo stesso ritiro, leggendo una biografia di santa Teresa di Gesù, riconobbe in molte esperienze di orazione descritte dalla Santa ciò che aveva provato egli stesso e, come

[76] *Ibid.*, 108.
[77] *Ibid.*, 101.
[78] *Ibid.*, 102.
[79] *Ibid.*, 103.

d'incanto, si trovò perfettamente a suo agio in quella atmosfera spirituale. Scrisse della sua nuova scoperta:

> «Ciò che la santa diceva alle sue figlie, lo diceva anche a me; i suoi avvisi erano ugualmente validi anche per me. Anzi, era come se in tutto parlasse esclusivamente per me. Come se nell'anima fossi stato tutt'uno con la santa, con tutto il Carmelo... La preghiera del Carmelo era la mia preghiera!! La causa del Carmelo era la mia causa! La Vergine del Carmelo, "Virgo Carmeli", era la mia Madre!».[80]

Dopo il ritiro, tornato a Zalaegerszeg, continuò ad insegnare. In città molti lo conoscevano, ma ora non lo riconobbero più. Si affidava in tutto a Maria e parlava di tutto con Lei. Nel ottobre del 1924 partecipò ad un pellegrinaggio diretto a Lourdes. Ci andò per assicurarsi riguardo alla sua vocazione al Carmelo. Portava con sé, in tasca, il suo vecchio libro di preghiere di Nagyszombat ritrovato a casa, sulle cui pagine trovava scritta più volte, con la sua grafia di bambino, questa frase: «Filius Mariae non peribit! – Il figlio di Maria non perirà».[81] Ecco, fu questa la ragione di tutto quello che succedeva con lui. E fu proprio per questo motivo che anche ora si rivolse di nuovo alla Vergine Madre. La risposta non fece indugio: un giorno, al momento della Comunione sentì dentro di sé la tanto attesa conferma: «Tu hai la vocazione!».[82] Lasciò, in seguito, Lourdes con questa certezza.

Tornando alla sua città, non parlò quasi a nessuno della sua vocazione, lo sapeva solo il loro curato, il futuro cardinale Mindszenty. Si presentò ai superiori del Carmelo per chiedere l'ammissione all'Ordine. Ottenuta la risposta positiva, dopo essere sottomesso ad una dura prova, sbrigò le ultime faccende, distribuì in segreto i suoi vestiti, lasciò in deposito – seguendo il consiglio dei superiori – la propria biblioteca presso il curato fino alla Professione Solenne e bruciò tutti i suoi appunti e i

---

[80] *Ibid.*, 87.
[81] *Ibid.*, 117.
[82] *Ibid.*, 119.

suoi scritti. Restituì anche la medaglia della Madonna al suo figlioccio di cresima. Dopo il termine dell'anno scolastico si congedò dai colleghi insegnanti che gli chiesero dove sarebbe andato a trascorrere le vacanze. La sua risposta fu evasiva. Solo al preside e al collega più caro confidò di andarsene per sempre. Tuttavia nessuno sapeva dove andava. Si congedò dal suo caro amico paterno, proprietario della villa dove aveva incontrato il meraviglioso ciliegio in fiore alcuni anni prima, con le seguenti righe:

«...Quando leggerai queste righe si sarà ormai chiusa dietro di me una porta dalla quale, se Dio vorrà, probabilmente non farò più ritorno al mondo. Per una grande grazia del Signore, e in virtù della sua infinita misericordia, sono morto alla mia vita di un tempo e rinato a una nuova vita. In questi ultimi due anni benedetti mi ero già impegnato a vivere una vita nuova, ma Egli mi ha mostrato definitivamente la mia strada durante i quaranta giorni di austera solitudine a Mödling, l'estate scorsa. Da allora ho seguito la sua santa volontà, incamminandomi per la via stretta e veloce del Vangelo. Nostro Signore Gesù Cristo anche a me ha risposto come già aveva fatto con quel giovane ricco che osservava i comandamenti. Io però non mi sono rattristato, come lui, ma vivo secondo il suo santo consiglio e desidero essere suo discepolo. Anch'io ero morto nei peccati, come il giovane di Nain. Vivevo senza di Lui, e già mi portavano al cimitero nella bara di una vita smarrita, ma Lui è venuto ed ha fermato il triste convoglio: "In verità ti dico, alzati!". E colui che era già morto si è rialzato e ha cominciato a parlare. Ero morto ed ora vivo in Lui, per mezzo di Lui e per Lui, affinché io possa vivere in eterno.

Come ho potuto giungere sin qui? Non vale la pena raccontarlo. Perché vado? Perché il Signore mi chiama, e la sua chiamata è un ordine e quest'ordine vuol dire vita eterna. Non faccio altro che compiere la sua volontà. Conosco chiaramente questa santa volontà; Egli, infatti, me l'ha fatta conoscere in modo inconfondibile, con segni meravigliosi. (...)

La mia fede è grande, la mia speranza lo è ancora di più, ma occorre che l'amore sia più grande di tutto, come afferma l'apostolo Paolo. È per questo amore che vado. Perché ho amato Lui, che ha infinitamente amato me, figlio prodigo, verme miserabile, fino alla flagellazione, fino alla corona di spine, agli sputi, alla crocifissione, alla solitudine e allo spogliamento *totale. Amore per amore!* Come spiegarmi? Sono felice e indescrivibilmente grato al mio Signore e Dio perché ha avuto pietà di me, perciò canterò in eterno la sua gloria e la sua misericordia...».[83]

Alla vigilia della Madonna del Carmine fece la sua vestizione nel Carmelo di Győr come racconta nella sua autobiografia:

«La mattina del 15 luglio 1925, vigilia della Beata Vergine Maria del Monte Carmelo mi fecero prendere l'abito. Mi trovavo lì, disteso a terra, scalzo nei sandali, in un saio di colore bruno che era logoro e macchiato d'olio, coperto di un bianco mantello e si cantava su di me l'inno "Veni Creator Spiritus". Quando poi, terminata la bellissima cerimonia, fui abbracciato da tutti, dai padri e dai fratelli, venne annunciato il mio nome: "Fr. Marcellus a Virgine Carmeli" – fra Marcello della Vergine del Carmelo. Ormai appartenevo alla Madre del Bell'Amore per sempre!».[84]

2. Per quaranta anni: il Paradiso Terrestre; in lotta per Dio! (dal 1925 in poi)

2.1. *In convento (1925-1950): vita religiosa al Carmelo*

Incominciando il noviziato, il frate quasi quarantenne seguiva in tutto le prove subite dai giovani; prove che spesso consistevano in travagli e umiliazioni inconcepibili. «Gli alitava intorno – scrisse, ricordando quel periodo, un suo confratello di noviziato – un'aura di eroismo. Si vedeva che si era completamente distaccato dalle cose di prima e che si dedicava interamente, senza riserve, alla vita religiosa. (...) Fin d'allora, da novizio, faceva tutto con la Vergine, per Gesù, per amore».[85]

[83] Lettera scritta a *László Péczely* il 2 luglio 1925.

[84] *Il Bell'Amore,* 156.

[85] Citazione tratta dalla biografia di padre Marcello scritta da *padre Szeverin László Szedő, O.C.D.*

L'edificio bicentenario del convento di allora non offriva grandi comodità ai giovani carmelitani. Per l'acqua dovevano andare al pozzo, non c'era riscaldamento, indossavano abiti color bruno rossastro che pungevano come ortiche: soffrivano il caldo d'estate e il freddo d'inverno. Anche il vitto lasciava molto a desiderare: un uovo con la salsa, pietanze spesso scondite, sughi acquosi, patate e fagioli troppo di frequente. Andavano inoltre aggiunti il digiuno previsto dalla regola, l'astinenza totale dalla carne, le sette o otto ore di preghiera quotidiana. Al Carmelo lo accompagnò la nevralgia contratta sul fronte albanese, malattia dalla quale i medici non riuscivano in alcun modo a guarirlo. Anche quando era in ginocchio doveva talvolta piegarsi dal dolore. Doveva imparare dalla prima all'ultima tutte le consuetudini e le cerimonie del Carmelo – vi erano ad esempio, cinque tipi di inchini. Il maestro dei novizi lo teneva d'occhio pronto ad ammonirlo e a fargli fare l'umiliazione. Tuttavia, padre Marcello lo ricordò con grande affetto nella sua autobiografia:

> «Se dovessi raccontare quanto devo al p. E. [p. Ernő Szeghy] che fu infatti non solo il mio maestro dei novizi, ma anche il mio maestro degli studenti, non basterebbe neanche un libro a parte. Egli non solo mi considerò degno della sua amicizia e soprattutto della sua fiducia, ma io imparai tutto da lui: le mille sfumature della vita spirituale, la soluzione delle difficoltà fondamentali, una eccellente e coraggiosa ascesi e potevo considerare da vicino tutta la vita interiore di un'anima veramente grande. Egli mi fu sempre vicino per sostenermi, difendermi e aiutarmi».[86]

La preghiera contemplativa di fra Marcello si nutriva, innanzitutto, della liturgia, della santa Messa e del breviario. Durante l'anno di noviziato ebbe l'occasione di studiare profondamente i testi classici del Carmelo con l'aiuto del padre maestro, Ernő Szeghy che fu il traduttore di tutte le opere dei tre grandi maestri del Carmelo in ungherese. S'imbatté così nuovamente in

---

[86] *Il Bell'Amore,* 134.

quella santa la cui autobiografia aveva fatto sbocciare in lui la vocazione carmelitana, vale a dire santa Teresa d'Avila. Aveva modo, inoltre, di conoscere accuratamente gli scritti di san Giovanni della Croce. A tali studi facevano da opportuna cornice le consuetudini giornaliere proprie del noviziato.

Dopo la professione semplice, fra' Marcello iniziò i suoi studi di teologia. La provincia carmelitana aveva ancora in quei tempi la propria scuola superiore di teologia nella casa di Győr. Quest'uomo maturo e di grande cultura, all'età di trentanove anni si chinò sui libri latini della teologia di vecchio sistema, sforzandosi di appropriarsi del loro contenuto. Non sapendo fare altrimenti, imparò a memoria l'intero trattato, parola per parola. Con un permesso speciale studiò tutte le materie della scuola superiore in un periodo abbreviato.

Con quale preparazione e quale disposizione egli pronunciò i voti solenni il 16 luglio 1929, festa della Madonna del Carmine, ci è noto da un discorso pronunciato in seguito, nell'ottobre del 1944 in cui egli espresse cosa significasse per lui la dedizione totale che deriva dal pronunciare i voti:

> «È un grosso guaio se molte volte diciamo di aver dato tutto a Dio e ne siamo convinti. Può esservi dietro un grande inganno, perché il nostro amor proprio è smisuratamente grande dentro di noi. Attraverso i tre voti ho rinunciato: 1) ai miei beni esteriori; 2) al mio corpo; 3) al bene più grande della mia anima, la mia volontà.
>
> Con il voto di povertà ho rinunciato ad ogni bene esteriore, alle mie proprietà, alla carriera, ai vestiti. Non sono dunque attaccato a nulla. Ma davvero niente di tutto ciò mi lusinga? O perlomeno tento di lottare contro tale lusinga?
>
> Gesù Crocifisso si vide spogliato delle vesti, separato dai suoi cari, costretto a patire una morte infame. La sua morte fu quella di un malfattore. Saprei accettare in anticipo tutto questo, come lo accettò in anticipo Gesù nel Getsemani?
>
> Con il voto di castità rinunciamo ai piaceri della carne. Ma questa non è ancora l'espressione adatta, perché la purezza sta nella volontà spirituale. Abbiamo rinunciato al nostro corpo in modo tale da sopportare il freddo, la fame, le peggiori sofferenze?... La castità, di per sé, non

salva l'anima. Non dimentichiamo che tra le dieci vergini del Vangelo solo cinque furono sagge, mentre le altre cinque si comportarono stoltamente, pur essendo vergini anch'esse. La mia fede sia così forte da appartenere totalmente a Dio; finché io apparterrò alla Vergine, a Gesù, a Dio non mi accadrà mai di incorrere nel peccato.

Con il voto di obbedienza ho sacrificato il bene più grande della mia anima, la volontà. Vi rinuncio nella maniera più completa, metto cioè tutto me stesso nelle mani di Dio, sia la mia sorte un lungo oppure un breve martirio. Non mi prefiggo alcuno scopo prestabilito, ma per ogni cosa dico in anticipo "Sii benedetto!". Non ho intenzione di intervenire con la forza per cambiare il corso degli eventi, non desidero neppure un genere di morte particolare per me, ma anche a questo proposito affido tutto a Dio... Desidero accettare ogni cosa in totale serenità di spirito... Procedo al santo lume della fede, in mezzo alla grande oscurità dei giorni che mi restano da vivere sulla terra».[87]

Qualche settimana dopo la professione dei voti fra' Marcello fu ordinato suddiacono, quindi diacono e infine, alla vigilia della SS. Trinità, sacerdote. Il nuovo sacerdote celebrò la sua prima Messa il 14 giugno, domenica della SS. Trinità. La frase del "santino" in memoria della sua prima Messa fu: «Dio è amore» (1Gv 4,16).

Dopo la sua ordinazione, con una dispensa ricevuta da Roma, padre Marcello venne nominato immediatamente maestro dei novizi e vicepriore. Ottenne subito anche l'autorizzazione di confessare. Il superiore di allora del convento di Győr descrive così l'attività apostolica di padre Marcello durante i suoi primi anni di sacerdozio nei suoi ricordi:

«Tra il 1930 e il 1936 padre Marcello svolse una grande attività apostolica come confessore e predicatore. I fedeli lo amavano come confessore. Chi si confessava una prima volta da lui, vi ritornava anche più tardi volentieri, per confessarsi di nuovo, chiedendo di fargli da direttore spirituale. (...) Padre Marcello lavorava bene anche come

[87] Discorso citato nella biografia di padre Marcello in M. Puskely, *Marcell atya,* Prugg Verlag, Vienna 1986, p. 39.

predicatore. (...) Le prediche di padre Marcello si caratterizzavano per un immenso entusiasmo e per lo stile deliziosamente bello. I fedeli lo ascoltavano volentieri. Anche come direttore di esercizi spirituali, mostrò grande abilità sia in quel tempo, sia più tardi. Lo invitavano spesso a parlare nelle scuole, dalle suore, alle missioni popolari».[88]

Come maestro dei novizi, padre Marcello per ben tredici anni educò i giovani che entrarono a far parte dell'Ordine. Le scene di vita raccontate da un suo ex-novizio ci consentono di raffigurarci dal vivo la figura del carmelitano maestro dei novizi che era allora nel pieno dei suoi quaranta anni:

«Quante, quante volte ci portava a Kiskut, al parco che si trova fuori della città. Arrancava dietro di noi e ci guardava muoverci agilmente in qualche gioco di palla mentre i suoi dolori lo tormentavano. Quando vedevamo che i suoi dolori erano insopportabili, gli preparavamo un giaciglio d'erba e di foglie. Ce ne era tanto grato, anche se probabilmente ciò non era di gran sollievo ai suoi reumatismi ed alla sua sciatica. Gli piaceva portarci dove il mondo rimaneva più nascosto ai nostri occhi che, secondo lui, dava cento volte meno di quanto prendesse. Ritornando dalle nostre passeggiate verso casa, ci conduceva presso qualche immagine miracolosa oppure in qualche chiesa, a cantare inni in onore alla Vergine Maria. Gli piaceva soprattutto il canto che iniziava con le parole: "La nostra anima lodi Maria, le nostre labbra lodino Maria!". Ho sempre avuto l'impressione che il significato di questo canto corrispondesse, nella maniera migliore, al suo spirito che ardeva per la Vergine Maria. Faceva di frequente un giro nella valle di Cuha-patak dove conosceva posti adatti per noi; l'aria era salubre e il paesaggio ridente. Ci permetteva persino di allontanarci un po' dal nostro posto, a piccoli gruppi. Rideva di gusto quando ci vedeva indaffarati a mangiare con buon appetito ciò che tiravamo fuori dalle borse e si premurava di osservare sempre come fosse buona la Vergine Maria e quanta cura si prendesse della sua guardia. Se, per caso, c'incontravamo con lui, anche allora ci chiedeva: "Ha pensato al Signore?" La sua preoccupazione dominante era fare in modo che quelle anime a lui affidate, fossero imbevute di ciò che è essenziale nella vita d'un carmelitano in modo tale che, anche se

[88] Ricordi di *padre Miklós Gyula Hajós, O.C.D.*

una volta venissero sottratte alle sue cure, potessero ritrovarsi forti e coraggiose a sufficienza per affrontare tutti gli impegni che una lunga vita al Carmelo comporta. Simile ad un pilota collaudato, ci aveva portati fin lassù, nelle più alte sfere della vita spirituale, per mostrarci che cosa rappresentino quelle altitudini; ma poi ci aveva ricondotti di nuovo sulla terra perché è solo qui che si può meritevolmente amare Dio e la Santa Vergine. Era solito dire: "Un amore che dura un paio d'ore è proprio degli animali; quello che dura una vita è proprio degli uomini; quello che dura un'eternità è degli angeli"».[89]

I principi di educazione adottati da lui si indirizzavano non tanto alla semplice osservanza di prescrizioni esterne, tratto caratteristico della vita religiosa di quel tempo, ma piuttosto alla pratica dell'essenziale, cioè dell'amore. Come scrisse nel suo libro *La scuola monastica sul Carmelo* destinato ai suoi novizi:

«Sì, sì, nell'amare è il mio esercizio, il mio unico compito e il mio scopo. "E allora non ha nessun valore la sofferenza, il portare la croce?!..." – questa è una seria obiezione. Rispondo che la sofferenza e il portare la croce non hanno nessun valore senza l'amore. (...) – Un'altra obiezione: "E la preghiera che innegabilmente è la tua vera vocazione?!...". – È vero! La mia preghiera però non è altro che... amore. E il mio amore è la preghiera. Quando io prego, amo. E quando io amo, prego. (...) Quale è la via della perfezione? – L'amore. Quale è lo scopo? Anche qui è l'amore».[90]

Il suo ideale religioso – a differenza di quello centrato sul rigore esterno, abbastanza diffuso in quella epoca – consisteva nell'amore per Dio e l'amore per gli altri che egli stesso cercò di mettere in pratica, specialmente verso i suoi novizi come racconta uno di loro:

«Sopportavo a fatica il digiuno; avevo appena 17 anni ed ero già al mio secondo anno di noviziato quando capitò un inverno davvero

---

[89] Ricordi di *fra' József Márton Áder, O.C.D.*

[90] *Kolostori iskola a Kármelen – La scuola monastica sul Carmelo,* volume I, cap. 7: "Solo nell'amare è il mio esercizio".

lungo ed un digiuno ancora più lungo. La colazione quotidiana, di 3 decilitri di caffelatte e un pezzo di pane, non era, certo, abbondante. Stavo proprio dimagrendo e ciò non passava inosservato, perché accadeva spesso che, mentre spizzicavo il pane e centellinavo il caffelatte, nella paura di berlo troppo alla svelta, egli venisse accanto a me e, sussurrandomi qualche parola gentile, versasse il suo caffelatte, non ancora toccato, nella mia tazzina, e mi desse il suo pane. Le mie proteste erano sempre vane, anche se era chiaro che anch'egli avrebbe tratto giovamento dalla colazione, dato il grande lavoro che faceva e i suoi dolori artritici. Si alzava spesso da tavola a portare le vivande, specialmente nel tempo della Quaresima. Ci osservava con attenzione per scoprire chi di noi stava perdendo le sue forze; allora gli portava il piatto con i cavoli o con i peperoni ripieni e lo incoraggiava a mangiare».[91]

Nonostante i frutti buoni ed abbondanti dell'attività svolta da padre Marcello, essa non poteva non essere ancor purificata per diventare ancora più feconda. Come Gesù stesso afferma: il suo Padre pota ogni tralcio che porta frutto e lo fa affinché esso porti ancora più frutto (cfr. Gv 15,2). Si tratta della prova inevitabile nel corso dell'evoluzione della vita spirituale, ben illustrata e spiegata negli scritti di santa Teresa d'Avila e di san Giovanni della Croce. Si possono usare diverse espressioni per indicarla: notte oscura dell'anima, purificazione, persecuzione dei buoni, ma l'essenza è la stessa: assalti esterni, oscurità interiore, profonda esperienza della propria debolezza e dei propri limiti, angosce e travagli di ogni genere.

Si tratta del periodo che va dal 1936 in poi. Apparentemente padre Marcello fu una persona molto apprezzata: divenne il primo consigliere del provinciale. I suoi insegnamenti tenuti ai novizi, apparsi nella rivista del Carmelo (che alcuni anni dopo furono riassunti e pubblicati nei due volumi del libro intitolato *La scuola monastica sul Carmelo*), suscitarono infatti in alcuni confratelli incomprensioni ed invidie. La sua impostazione sulla contemplazione – che egli volle presentare come il

[91] Ricordi di *fra' József Márton Áder, O.C.D.*

dono dell'acqua viva che Dio desidera offrire a tutti – non fu condivisa da alcuni confratelli, che permisero solo la pubblicazione degli articoli riguardanti l'ascetismo carmelitano. Ecco cosa scrisse di lui, molto più tardi, uno degli ex-superiori del Carmelo ungherese di quei tempi riguardo agli oppositori delle idee di padre Marcello:

> «Padre Marcello – come aveva fatto quando era professore di liceo – esprimeva anche nel Carmelo liberamente il suo parere quando era contrario a quello degli altri. Una delle questioni concerneva la contemplazione. Non fu accettato il suo insegnamento in merito. (Avrebbe costituito il III volume del libro *La scuola monastica sul Carmelo* se ne fosse stata autorizzata la pubblicazione.) Era considerato esagerato, troppo denso d'ardore, specie per quel che riguardava il raccoglimento e la pratica della presenza della Madonna. Non si accorgevano che la loro critica era una specie di boomerang che ritorna e colpisce il mittente, vale a dire rivela che l'animo del critico è insensibile e che in verità non pratica nulla...».[92]

Alle incomprensioni si può aggiungere un fatto molto più grave. Tutto cominciò dalla malattia di nevralgia evoluta di padre Marcello. La testimone diretta di questi fatti evocò in questo modo in terza persona gli eventi successivi:

> «Il dolore causato dalla malattia gli divenne quasi insopportabile. Di conseguenza, andava in ospedale per il trattamento. Il medico, il dott. Boros, gli fece una iniezione "Salvarsan". Quando le suore lo videro, rimasero perplesse, pensando che egli avesse la sifilide perché, secondo le loro conoscenze mediche, questa iniezione veniva amministrata unicamente ai malati di sifilide. In quel tempo fu p. Celesztin a confessare le suore. Suor Siena non lo conobbe in particolare, ma gli era ubbidiente come al suo confessore. P. Celesztin le domandò se era vero che padre Marcello aveva la sifilide. La religiosa gli rispose che il "Salvarsan" veniva amministrato solo ai malati di sifilide. P. Celesztin allora persuase la religiosa a raccontarlo, in tutta verità, al p. Miklós che era il Provinciale. P. Celesztin fece tutto il possibile per combinare

[92] Ricordi di *padre Miklós Gyula Hajós, O.C.D.*, superiore provinciale dal 1936 in poi.

un incontro fra loro due. Quando p. Miklós arrivò da Budapest, andò all'ospedale per interessarsi della faccenda. Suor Siena gli ripeté la sua affermazione precedente. Di conseguenza, scoppiò il grande scandalo. È come se fosse stato toccato e impazzito un alveare! Padre Marcello al quale chiedevano tutti dei consigli, ora divenne oggetto di disprezzo. P. Celesztin disse allora che "egli adesso non poteva avere tutti in tasca come prima". E disse anche a suor Siena: "Padre Marcello cammina ora a testa bassa ed è tanto umile: non è lui che comanda adesso. È diventato, d'un tratto, molto piccolo". Secondo suor Siena, questo periodo tanto difficile per padre Marcello durò molto, forse anche più di un anno. Egli, invece, non cercava di giustificarsi, ripeteva solo a coloro che gli chiedevano come stessero le cose: "Non ho la sifilide". Tuttavia, si vedeva che soffriva terribilmente. Gli fu allora prescritto l'esame del sangue che diede esito negativo. I suoi denigratori però non demorsero, insinuando che padre Marcello era stato ufficiale dell'esercito e che tutto era possibile, tanto più che in età matura la sifilide non poteva più essere ravvisata nel sangue. Padre Marcello si sottopose anche a questo secondo esame che diede esito negativo come il primo. (...) Intanto accadde che un tale fu morso da un maiale. Questo morso poteva essere mortale perciò lo stesso medico gli iniettò una fiala di "Salvarsan". Suor Siena fermò l'attenzione su questo fatto e chiese al dottore se era vero che questa iniezione serviva solo in caso di sifilide. Il medico rispose di no, cioè anche in altri casi difficili essa poteva essere amministrata come medicina efficace. Allora la suora gli chiese di nuovo: "Allora perché l'ha amministrata a padre Marcello?" Il medico rispose di aver voluto provare l'effetto contro la nevralgia. "Gliene ha amministrato una serie?" – domandò la suora. "No, gliene ho iniettate solo due" – rispose. "Vedendo che non gli serviva, smisi il trattamento". Con il passare del tempo anche suor Siena fu illuminata sulla situazione e provò una grande compassione verso padre Marcello. Egli divenne il loro confessore proprio in quel momento in cui ella gli riferì che era stata lei la causa delle sue sofferenze. Padre Marcello le rispose: "Non fu lei la causa, vi fu solo trascinata"».[93]

Per quanto fossero stati convincenti gli esami del liquido cefalorachideo di padre Marcello, alcuni lo giudicarono come un impuro per tutta la vita. Nella diffamazione c'è questo di tremendo,

[93] Ricordi di *suor Mária Siena Koczurek, F.D.R.*

che, per quanto poi venga a galla l'intera verità, il bersaglio delle calunnie ne rimane sempre in qualche modo danneggiato, gli resta sempre un marchio addosso. In molti la fiducia in padre Marcello vacillò, la sua autorità fu compromessa, la sua reputazione andò perduta, almeno per un periodo di un anno intero. Di questa perplessità rimane il fatto che in partenza nessuno abbia interpellato il medico, neppure la suora, prima di raccontare la cosa al suo confessore, né il confessore stesso prima di obbligare la suora a rivelarlo al superiore. Ma nemmeno il padre Provinciale lo fece, prima di dar corso alla resa dei conti…

Nel mezzo di questa bufera volevano perfino privarlo dell'incarico di maestro dei novizi, ma il padre Generale, che proprio in quei mesi era in visita pastorale alla Provincia, lo difese e lo confermò nel suo incarico. Su tutte queste vicissitudini padre Marcello tacque durante tutta la sua vita. Solo dopo la sua morte divenne palese, dai racconti di alcuni testimoni, quanto egli avesse sofferto per di questa diffamazione. Solo alcune righe de *La scuola monastica del Carmelo*, scritte per i suoi novizi proprio durante o immediatamente dopo questo periodo, svelano il suo atteggiamento interiore assunto durante questa prova e rivelano i pensieri che gli diedero luce e forza d'animo:

> «Qualunque circostanza ci sia nel convento intorno a te: sia che Lucifero sembri governare tutto assieme a tutte le legioni dell'inferno, sia che vi siano litigi e un disamore continuo, e sia che le onde dell'odio pongano l'assedio contro le mura del convento, non solo all'esterno, ma anche all'interno, sommergendo tutto: fa che nulla ti importi! Tu continua ad amare, mantienti fermo in mezzo alle onde spumeggianti con il calore dolce dell'amore nel tuo cuore come la roccia eterna! Vedrai che non ti sommergerà il diluvio immondo! (…) Se ti accorgerai che abbia congiurato contro di te non solo un tuo fratello, ma apparentemente anche il Cielo con tutti i suoi angeli: ciò non ti turbi! Se ti condannano, se ti capiscono a rovescio, se niente va, sia dentro che fuori, come vorresti: questo non ti turbi e non ti spaventi! (…) Tutto passa. Tutto: le tenebre, il lutto, il dolore, ma anche la gioia e la fortuna terrena. Rimane una sola cosa: l'amore! Solo Dio non muta, Dio, l'Amore! Egli non ha fine. Tutto finisce: la ricchezza, la miseria, il buio, la seccatura, l'invidia, la gelosia, l'odio nei miei confronti. (…)

Tutto passa, rimane una sola cosa: l'Amore che è Dio! Perciò sii paziente! Tu devi solo amare!».[94]

Era vero: con il passare del tempo anche questa prova ebbe fine e soprattutto dal 1943, anno in cui fu trasferito per ragioni di salute al convento di Budapest. Varie autorità ecclesiastiche divennero suoi figli spirituali: tra questi il beato Vilmos Apor, vescovo di Győr, martirizzato dai soldati russi nel 1944 e lo stesso primate-cardinale di Ungheria, il card. József Mindszenty. La sua attività apostolica si andava moltiplicando: esercizi spirituali, conferenze, missioni popolari si seguirono in tutte le città del paese, per non parlare delle confessioni e delle centinaia di colloqui che gli venivano richiesti in tali occasioni. Nella seconda metà degli anni '40 la sua fama e la sua attività raggiunsero le dimensioni di tutta l'Ungheria.

La soppressione degli Ordini religiosi, avvenuta nell'estate del 1950, mise però il punto fermo all'attività pubblica di padre Marcello. Prima di questo ancora, quasi sul finire della sua vita carmelitana in convento, ricevette dal padre Provinciale l'obbedienza di mettere per iscritto la storia della sua vita fino all'ingresso nell'Ordine, con speciale riguardo alla seguente domanda: «Quale influsso ebbe la Vergine Maria sulla sua anima?». Allo scopo gli venne concesso un mese di vacanza. Padre Marcello si volse indietro e guardò la propria giovinezza. Poté così scoprire con quale amore meraviglioso e con quale materna ingegnosità era stato guidato dalla Vergine Madre. L'opera *Il Bell'Amore* è tutta un tributo di lode giubilante alla Madre del Bell'Amore o meglio un Magnificat cantato all'amore trinitario che ha fatto grandi cose in Maria e, tramite Lei, anche in padre Marcello, che è suo figlio:

«Tutto è opera tua, l'opera meravigliosa del tuo amore: grandi cose hai fatto per me. Perciò: "Eructavit cor meum verbum bonum..."

---

[94] *Kolostori iskola a Kármelen – La scuola monastica sul Carmelo,* volume I, cap. 7: "Solo nell'amare è il mio esercizio".

– effonde il mio cuore liete parole (Sal 44, 2). Mia Regina, mia Madre, mia Sposa, canto a Te il mio poema, il canto che ho imparato da Te: "Magnificat anima mea Dominum..."».[95]

Mentre scriveva l'autobiografia, padre Marcello già previde che la dittatura comunista avrebbe chiuso i conventi e i monasteri in tempi brevi. Poté già intuire che la sua vita religiosa in convento sarebbe finita e la sua attività di sacerdote sarebbe diventata ben presto molto limitata. Ma, allo stesso tempo, dopo aver riletto tutta la sua vita ed aver scoperto la costante presenza operante della Vergine Madre in essa, ebbe quella certezza profonda che qualsiasi cosa gli sarebbe capitato, tutto avrebbe concorso per il compimento della volontà divina in lui: l'identificazione completa con Gesù che è la Vita, il tutto. Nell'epilogo della sua autobiografia si rivolse pertanto a Maria, con una fiducia illimitata:

«E come il tuo cuore materno, Madre mia, non cessa di palpitare: che io divenga Gesù, il tuo Gesù! Poiché è a tale fine che tutto si è compiuto. Mi seducevi, mi attiravi a Te perché io trovassi la Vita: Gesù. Sei Tu che me lo hai donato. E la sua volontà, che è anche la volontà del Padre è che tu sia mia Madre e io sia tuo figlio, che io divenga Gesù, il tuo Gesù! Madre mia, questo è il compimento! E sei Tu che mi darai anche questo. So che tutto sarà compiuto. Non puoi dare una cosa più grande: Gesù è tutto».[96]

2.2. *Esiliato dal convento (1950-1958): di nuovo nel mondo, ma vivendo in Dio*

La soppressione degli ordini religiosi, avvenuta nell'estate del 1950, mise un punto fermo all'attività pubblica di padre Marcello. Insieme ai suoi confratelli, anch'egli, all'età di 63 anni, dovette lasciare il convento e indossare abiti civili. Iniziò

---

[95] *Il Bell'Amore,* 158.
[96] *Ibid.,* 160.

una nuova tappa nella vita di padre Marcello durante la quale egli si trovava di nuovo nel mondo. Per conoscere quest'ultimo periodo della sua vita, ci servono come fonti soprattutto le informazioni offerte dalla sua biografia scritta da un suo ex-connovizio alcuni anni dopo la morte di padre Marcello, che si incontrava ordinariamente con lui, e il *Diario* che padre Marcello incominciò a scrivere in piccoli quaderni, per utilità propria, fin dal 1953. I 19 quaderni riempiti dai suoi appunti fra 1953 e il maggio del 1966 custodiscono una parte preziosa dell'eredità spirituale di padre Marcello perché contengono ricordi personali, valutazioni su vicende personali o collettive, racconti di profonde esperienze spirituali, espresse talvolta in forma poetica, e talvolta lunghi riferimenti dettagliati alle sue letture.

Grazie alle relazioni personali del priore con le autorità, due padri carmelitani del convento poterono rimanere in un appartamento vicino alla chiesa carmelitana, diventata cappellania della diocesi, padre Marcello invece dovette cercare altrove un posto dove alloggiare e dormire. Alla fine fu accolto presso la famiglia di un suo ex-allievo. Dopo venticinque anni di vita in convento, ora dovette riabituarsi a stare nel mondo. Il biografo ex-connovizio di padre Marcello lo visitò nel suo nuovo alloggio presso questa famiglia che l'aveva accolto con il permesso del superiore. Più tardi, descrisse così le proprie impressioni avute a questo riguardo:

> «Lo visitai anch'io nella sua nuova abitazione per vederlo e per confessarmi da lui. L'ambiente era particolare, ma non attraente; un appartamento bello dalla parte di Buda, comodità borghese, ma pulizia pedante e penosa; io non vi avrei resistito un solo giorno. Mi accolse suor Bertilia che, essendo una suora del Divin Salvatore, faceva da domestica alla famiglia. Poi, la padrona di casa mi chiese di lavare la suola. Mai più nella vita! Padre Marcello mi si piazzò davanti in grandi pantofole molli e mi invitò a entrare. Ed io, appena osai fare un solo passo in avanti. Egli rimase l'uomo vecchio, carino e sorridente come se non fosse cosciente del suo nuovo ambiente; più tardi dai suoi appunti si arguì che questo non era così. Si vedeva che qui tutto era in ordine. Il trattamento magnifico ebbe un prezzo alto da parte del padre: la sua libertà personale. Forse era dovuto a questo il fatto che egli andava così spesso alle

montagne di Buda, presso l'immagine della Madonna per stare da solo con lei. Nelle nostre celle abitavamo da soli; esserne privati era difficile nel nostro esilio. Fu una delle prove più grandi la mancanza, l'impossibilità della solitudine. (...) Tuttavia, si deve rendere il maggior tributo di omaggio a questa coppia per aver accolto il padre, un vecchietto, nel loro appartamento di due stanze».[97]

In tale situazione, padre Marcello dovette praticare una povertà molto più radicale di quella osservata al Carmelo, almeno per il fatto che lì ogni religioso disponeva di una cella. Ora, vivendo in una famiglia, padre Marcello non ebbe una stanza per sé: ne dovette condividere una, giorno e notte per ben otto anni, con il capofamiglia. Le seguenti righe, scritte da padre Marcello il 15 marzo 1955 nel *Diario*, rivelano l'atteggiamento interiore con il quale affrontò le vicissitudini della nuova vita fuori convento:

«Gesù sta nelle catene dell'amore. Si lascia legare, tormentare, trascinare volontariamente. Anch'io sono imprigionato dall'amore, a casa e dappertutto... Questo è il mondo. Il convento era la casa della libertà. La stazione X è la realizzazione dello spogliamento, la totale povertà spirituale. Gesù si conforma a tutti».

Non essendo incardinato al clero diocesano, padre Marcello non poté esercitare il ministero sacerdotale se non con molti limiti. Il biografo confratello di padre Marcello descrive così lo stato dei sacerdoti religiosi che non erano ammessi al quadro dei sacerdoti diocesani:

«La confessione fu permessa anche a coloro che erano fuori del quadro, cioè anche a quei sacerdoti religiosi che non erano incardinati in una diocesi, non diventando sacerdoti diocesani. Non fu permesso loro di predicare o di celebrare la Messa davanti ai fedeli all'altare principale, e, naturalmente, non potevano pubblicare libri o articoli su qualsiasi rivista».[98]

---

[97] Biografia scritta da *padre Szeverin László Szedő, O.C.D.*

[98] *Ibid.*

Dalla famiglia che accolse padre Marcello, egli andava regolarmente nella chiesa carmelitana di via Huba per dir Messa e confessare. Partiva ogni giorno all'alba per raggiungere il confessionale della chiesa di Via Huba, nel freddo invernale e nel calore estivo, per dare consolazione e sostegno alle anime che lo attendevano in lunghe file. Intirizzito dal freddo, con i nervi nel dolore della sciatica, continuava a confessare per ore, talvolta per giornate intere, con pazienza, affetto e comprensione.

> «Si svegliava ogni giorno all'alba verso le 4 e per le 6 già era in via Huba. Celebrava la Messa alle 6.30, sempre davanti all'altare della Madonna Addolorata. Durante la celebrazione trasaliva talvolta per i dolori causati dalla nevralgia. Dopo la Messa, confessava ogni giorno fino alle 9 o le 10; molte volte terminava anche più tardi, fino all'ultimo dei suoi penitenti. Non poteva contare sul pranzo. Talvolta riceveva un po' di frittata. Poi, come una volta, dalle 4 stava seduto nel confessionale fino a sera. Dopo andava alla panetteria di via Visegrád per comprare un gran panino che consumava lì, seduto su una panca perché allora era molto affamato. Molte volte questo fu l'unico cibo della giornata perché non poteva contare neanche sulla cena presso la famiglia dove abitava. Invano pagava 1100 fiorini al mese per la pensione, somma allora notevole, raccolta ordinariamente dai suoi penitenti: egli viveva in ristrettezze simili a quelle di san Filippo Neri a Roma».[99]

Nel giugno 1955 si preparò a celebrare la sua Messa d'argento con dieci giorni di esercizi spirituali, ritirandosi ad Attyapuszta, l'ex-eremo della provincia carmelitana in cui rimase nella proprietà della Chiesa una cappella e una piccola casa in cui abitava il parroco dei paesi vicini. Durante quei giorni rileggeva le opere di san Giovanni della Croce, particolarmente la *Salita del Monte Carmelo* e il *Cantico Spirituale*.

Ogni giorno annotava i suoi appunti in un quaderno: a volte di più, altre volte soltanto un paio di righe. Più di ogni altra cosa desiderò che la Santa Vergine e lo Spirito Santo lo illuminassero e gli facessero scoprire anche le sue colpe più nascoste

---

[99] *Ibid.*

e lo Spirito gli faceva vedere le occasioni in cui era in qualche modo attaccato a qualcosa, le riflessioni inutili e disordinate. Gli parve di essere geloso del suo onore e che l'amor proprio fosse ancora vivo dentro di lui. Si sentì in colpa per la mancanza di amore fraterno; di tanto in tanto gli accadde di fuggire gli uomini invece di mettersi generosamente a loro disposizione. Fece riferimento a fatti precisi ed esaminò concretamente quella «radiografia» che lo Spirito Santo e la Madonna gli ponevano dinanzi agli occhi. Si riaffacciarono alla sua mente le esperienze di Nagyszombat, quando aveva frequentato il ginnasio: spettava veramente a lui di scolpire da se stesso l'immagine di Cristo? Ora come allora lo ritenne impossibile.

«Lasciare, permettere che Gesù viva in me, abbandonarsi alla sua volontà: disponga di me! Come può dimorare in me Dio, sovrana Maestà, il mio Signore, il mio Dio!? Se Egli è il mio Tutto, deve poter fare ciò che vuole, vivere liberamente in me secondo la sua idea e la sua santa volontà. Altrimenti come potrebbe la mia volontà essere conforme alla sua? Formare Cristo dentro di noi! Come? Forse noi dobbiamo formare Lui? Noi? Come possiamo noi diventare Gesù? Chi sarebbe in grado di riuscire a tanto? Noi dobbiamo trasformare noi stessi in Gesù? Siamo forse noi stessi a plasmare l'immagine di Cristo in noi? Ebbene, qualcosa salterà anche fuori! Qualche storpiatura, certo, ma non Cristo! Irradiamo Gesù! Non sono queste solo parole? Noi irradiamo! Sempre noi, e "io". Lasciamo, permettiamo che Gesù irradi se stesso dentro di noi!... Sono pieno di me. Il vano amor proprio... Liberami da ogni macchia, o Signore, secondo i tuoi piani e la tua volontà. Te lo permetto, Ti autorizzo a farlo, dammi solo la tua grazia! Sii dentro di me l'Amore! Vieni, o Spirito Santo, Dio! "Etiam venio cito, Amen. Veni, Domine Iesu!"».[100]

Nel penultimo giorno di questi esercizi spirituali, il 25° anniversario della sua ordinazione sacerdotale espresse in questo modo il suo stato d'animo ed i profondi desideri che riempivano il suo cuore:

[100] *Appunti* scritti durante gli esercizi ad Attyapuszta, 13 giugno 1955.

«L'inchiostro è esaurito, tutto è vuoto, non posso scrivere. Non posso fare niente. Può venire Dio. Mi può colmare... lo Spirito Santo! Mi sono davvero svuotato di tutto. Qual è il mio desiderio? Uno: la volontà di Dio! E questo desidero sopra ogni cosa, ardentemente. Qual è la mia brama? È la sua brama. Non c'è più altro. Sì! Che io non possa essere capace di resistere a Lui, a Gesù. E ancora questo: che tutte le anime Lo amino e Lo adorino, e giungano così a conoscere il Padre e Colui che Egli ha mandato. E che tutte le anime professino che la Madonna è la loro Madre e che tutti conoscano, sentano e sperimentino la Madre di Gesù. Che in tutte le anime trionfi l'amore! Che tutte elevino lodi e canti ed esultino, che tutte esultino in eterno! Quando sarà del tutto vuota questa penna? Ormai, ecco. C'è ancora qualcosa. E non è così anche nella mia anima e nel mio cuore!... Ma ormai non c'è più?...».[101]

Nell'ultimo giorno degli esercizi scrisse una sola parola nel suo quaderno, il canto di ringraziamento di Maria: il Magnificat!

Ritornando a Budapest, padre Marcello continuò con grande fervore il suo apostolato svolto nel confessionale della chiesa carmelitana di Budapest. Molti si rivolgevano a lui per essere confermati nel tempo della persecuzione religiosa, specialmente i religiosi e le religiose che vivevano dispersi. Dall'inizio del 1956 fino alla fine dell'anno i suoi penitenti però non poterono trovarlo nella chiesa carmelitana come riferisce il suo biografo:

«1956! All'inizio di quest'anno i suoi penitenti non poterono più incontrarlo nella chiesa carmelitana. Qualcuno lo denunciò e la polizia lo cercava; non poteva stare a casa durante la giornata. Quando già non poteva più sopportare il freddo nelle chiese, andava nelle stazioni per riscaldarsi un po'. Fu un errore per i poliziotti arrestare Mihály Marcell[102] al posto di padre Marcello. Alla polizia rimproverarono aspramente la denunziante che, come dicono, era una superiora! Non so quale accusa gli si imputasse. In genere le superiore

[101] *Ibid.*, 14 giugno 1955.

[102] Il rettore del Seminario Centrale di Budapest di allora.

delle suore non gli volevano bene; dicevano che egli istigava le suore e lo dicevano perché egli si metteva dalla parte delle deboli, al fianco delle suore di servizio. Diverse superiore assunsero, purtroppo, una parte simile alle portinaie di Parigi. Erano cioè persone terribili anche agli occhi dei preti. Un'altra volta mandarono due detective per arrestare padre Marcello. Uno di loro arrivò al posto fissato, ma l'altro non arrivò. Quando il primo andò a cercarlo a casa sua, gli raccontarono che nel momento in cui il suo collega era uscito di casa, era morto sul colpo».[103]

Nonostante i rischi evidenti, quando gli venne proibito non solo di predicare ma anche di confessare, padre Marcello continuava ad occuparsi dei suoi figli e delle sue figlie spirituali all'aria aperta e facendo dattilografare i consigli che aveva intenzione di comunicare.

Il 1956 fu anche l'anno della rivoluzione contro l'occupazione russa e il regime comunista. Il 23 ottobre del 1956 portò agli ungheresi qualche giorno di speranza. Anche il cardinale Mindszenty fu liberato dalla sua prigionia. L'attacco generale delle truppe sovietiche però fece svanire in breve tempo le illusioni. Alcune parole di padre Marcello, scritte nel *Diario* di ottobre e di novembre del 1956, rivelano delusione e dolore, ma denotano anche una forte speranza soprannaturale, che egli nutrì nel suo cuore durante tutto questo periodo, determinante per il futuro della nazione ungherese:

> «23 ottobre – 4 novembre 1956: "Inter arma silent musae" – Fra le armi tacciono le muse.
> 6 novembre 1956: L'Ungheria è un carcere. L'appello del papa; Dio a Caino: "La voce del sangue di tuo fratello grida al cielo!".
> 18 novembre 1956: È disperazione completa nella nostra situazione politica. Le Nazioni Unite? Niente! Satana ci minaccia e ci mette sotto i piedi. Deportazioni. Limitazioni degli alimenti. Situazione orribile!...
> 19 novembre 1956: È abbondata la malvagità, è sazio il furore del Satana: ce lo siamo meritati, ma guarda la "Parvulam Dulcissimam!

[103] Biografia scritta da *padre Szeverin László Szedő, O.C.D.*

O Iesu dulcis, o Iesu pie, o Iesu fili Mariae! Filius Mariae non peribit. Regnum Mariae non peribit!"[104] Continuano le deportazioni.
30 novembre 1956: Chi potrà risuscitarci? Le Nazioni Unite? Soltanto la forza di Dio. "Io sono la risurrezione e la Vita...". "Veni, Domine! Cito venio"[105]».[106]

Il 4 novembre il cardinale Mindszenty fu costretto a rifugiarsi nell'ambasciata degli Stati Uniti, dove visse rinchiuso fino al 1971. Dopo gli avvenimenti dolorosi del 1956 padre Marcello si mise di nuovo in relazione con il primate. Infatti, quando questi lo richiedeva, padre Marcello, nonostante i rischi che questo comportava, andava ad incontrarlo. Verso la fine dello stesso anno poté riprendere la sua attività anche nella chiesa carmelitana e ritornare alla famiglia che l'aveva ospitato come ci informa il biografo di padre Marcello:

«Verso la fine dell'anno '56 poté di nuovo ritornare padre Marcello per continuare la sua attività. In quei tempi faceva un freddo cane. La nevralgia, questa misteriosa malattia, invase il suo corpo. Padre Marcello doveva prendere allora tre o quattro pastiglie alla volta per trovare un po' di giovamento. I padroni di casa, invece, si scandalizzavano di questo, dicendo: "Se fosse tanto santo, dovrebbe sopportare di più la sofferenza"».[107]

---

[104] Ma guarda la Parvula Dulcissima! Oh caro Gesù, oh clemente Gesù, oh Gesù, Figlio di Maria! Il Figlio di Maria non si perderà. Il regno di Maria non si perderà!

[105] Vieni, Signore! Verrò presto (cfr. Ap 22,20).

[106] Queste righe di padre Marcello mettono in evidenza il suo grande dolore causato dalla delusione nelle speranze umane, ma insieme ad esso la sua apertura progressiva a quella speranza soprannaturale che soltanto Dio può dare e della quale Lui è l'unico fondamento. La speranza dimostrata da padre Marcello in questo contesto storico è una commovente testimonianza della verità espressa da Benedetto XVI nella sua enciclica *Spe salvi*: «È importante sapere: io posso sempre ancora sperare, anche se per la mia vita o per il momento storico che sto vivendo apparentemente non ho più niente da sperare. Solo la grande speranza-certezza che, nonostante tutti i fallimenti, la mia vita personale e la storia nel suo insieme sono custodite nel potere indistruttibile dell'Amore e, grazie ad esso, hanno per esso un senso e un'importanza, solo una tale speranza può in quel caso dare ancora il coraggio di operare e di proseguire» (n. 35).

[107] Biografia scritta da *padre Szeverin László Szedő, O.C.D.*

Dagli appunti del suo *Diario* si possono ricavare certe allusioni alle sue sofferenze subite dopo la soppressione degli Ordini religiosi, durante gli anni del suo esilio, ma la loro interpretazione dimostra che il loro autore viveva costantemente nella fede viva, cercando e riconoscendo la pedagogia divina con quella convinzione fiduciosa che essa tutto conduce al bene dei suoi figli:

«A Prima cantiamo così: "Carnis terat superbiam / Potus cibique parcitas"[108]. È una ondata di luce che mi invade. "Ho visto" la pedagogia divina, che mi guidava per sette anni. Fu questa la sua santa Volontà a cui voleva sottomettermi. Mi aiutava Ella stessa, mi porgeva l'occasione con evidenza: morire non soltanto al mondo, ma anche alla nostra natura, alle nostre inclinazioni ed anche al nostro egoismo. Che tipo di prigionia era! Mi ha messo in prigione per liberarmi dalla prigionia. "Captivam duxit captivitatem"[109]».[110]

La Provvidenza non gli aveva destinato le dure vicende del carcere o del campo di concentramento, ma egli portò la sua croce attraversò il deserto dell'emarginazione, delle umiliazioni, dei tormenti spirituali e fisici e dell'incomprensione. Tuttavia, dopo otto anni di vita fuori convento le cose sembravano cambiarsi, almeno esteriormente.

2.3. *Di nuovo presso il Carmelo (1958-1966): in preparazione al rendiconto di una vita terrena*

Il biografo di padre Marcello ci informa così dei cambiamenti avvenuti nella vita di padre Marcello verso la fine del 1958:

«Alcuni suoi confratelli avevano compassione di lui per il fatto che doveva percorrere una grande distanza per andare in chiesa due volte

---

[108] La sobrietà nel bere e nel mangiare / calpesti la superbia della carne.

[109] Cfr. Sal 68,19. Ascendesti in altum, captivam duxisti captivitatem – Sei salito in alto, portando a te prigionieri.

[110] *Diario,* 24 settembre 1957.

al giorno, perciò sollecitavano padre Gabriele, che divenne direttore della chiesa carmelitana di via Huba, a portarlo via con sé dalla famiglia (...). Si svuotò infatti una stanzetta proprio in quel periodo. (...) Questa stanzetta era servita una volta da magazzino di deposito, da ripostiglio. Venne sistemata abbastanza bene per renderla abitabile. In quei tempi difficili era buona pure quella, benché troppo bassa e con l'aria pesante. Più tardi vi collocarono anche una stufa ad olio per padre Marcello. Egli fu molto felice per essersi potuto liberare dalla prigione. "Hai fatto finire la schiavitù di Giacobbe" – scrive. E lo fu veramente: durò 8 anni durante i quali soffrì tanto, imparando la pedagogia divina e vincendo se stesso volta per volta. Fu l'8 dicembre del 1958 quando si trasferì alla casa, in un angolo dalla parte del cortile del convento che rimase di proprietà della Chiesa».[111]

Il confratello biografo chiama «famiglia» la piccola comunità costituita da quattro ex-religiosi carmelitani e da una ex-monaca carmelitana, tutti fratelli di sangue, che, grazie alle relazioni personali del priore con le autorità, potevano vivere in un appartamento dietro la chiesa carmelitana, diventata cappellania della diocesi. Così li descrive, riconoscendo i loro meriti, ma anche i loro limiti nei confronti di padre Marcello:

«La famiglia che poté rimanere intorno alla chiesa e custodirla serviva con una buona attività pastorale i fedeli che erano abituati a frequentarla e lo faceva in modo eccellente. Spendevano molto per la sua manutenzione, come è solito fare il nostro Ordine. I fedeli volevano bene a questa famiglia e vi si erano affezionati. Nella famiglia pensavano che anche padre Marcello avrebbe attirato i fedeli e questa idea non li deluse. La cosa però non andò in modo così liscio. Non avevano tenuto conto del fisico malandato di padre Marcello. L'uomo anziano cadde così dalla padella nella brace».[112]

Padre Marcello però volle accettare coscientemente tutto quello che le circostanze gli offrivano, sollecitando instancabilmente se stesso all'amore attraverso il sacrificio di sé. Il suo

---

[111] Biografia scritta da *padre Szeverin László Szedő, O.C.D.*

[112] *Ibid.*

scopo fu la pienezza dell'amore nella morte e il tempo adatto per prepararvisi fu il momento presente. Volle che la sua vita fosse sempre una santa Messa, un continuo sacrificio, identificandosi con Cristo. Ne scrisse così nel suo *Diario*:

> «13 novembre 1959 – Alle 11 di sera ho capito e ho sperimentato che dovrò morire nella pienezza divina dell'Amore, ma anche fino allora dovrò già vivere in esso. (…) Lo scopo finale è la pienezza dell'Amore nella morte! Il suo mettere in pratica è il momento attuale. Per questo si deve sacrificare tutto! E questa è la santa Messa. Sto sempre celebrando la Messa! Mi unisco a Gesù, al suo sacrificio. E così ogni mio momento avrà un valore infinito! (…) Vado per la città, sul tram, tra la gente. Come un tempo Gesù, così ora io, ma Lui è dentro di me. Mi alzo all'alba io, ma Lui è dentro di me. Celebro, celebro, celebro la santa Messa… Mi preparo. Come Lui. Vado all'altare, alla croce, per offrirmi in sacrificio, come Lui… Sono una cosa sola con Lui… Anche dopo, durante il ringraziamento, nel confessionale, nel riposo, a pranzo, nelle sofferenze. E la mia Madre mi guida, tenendomi per mano, e plasma in me Gesù. (…)
> 18 novembre 1959 – Offrire in sacrificio tutto il nostro essere, la nostra vita, il nostro corpo, il nostro cuore e soprattutto il nostro onore, cioè la reputazione presso gli altri e la stima di noi stessi. Sacrificare tutto, anche i nervi e, sempre, la propria volontà; essere vittima anche nei minimi dettagli».

Per la Quaresima raccomandò a se stesso il silenzio interiore ed esteriore e il proposito di non giudicare nessuno, neppure per caso. Il suo *Diario* ci informa come reagiva poi durante il tempo di Pasqua, alle circostanze della vita con il crescente amore di Dio nel suo cuore:

> «18 aprile 1960 – L'influenza dei tempi odierni su di me: mi sono innamorato ancora di più di Dio – Gesù e la Vergine Madre. E inoltre amo ancora di più l'uomo sfortunato, preda di Satana. (…) Esperienze di oggi: all'ultima fermata del tram n. 15 dormiva una donna trasandata, forse depravata, dall'aspetto smarrito! Sul n. 6 un cieco si serve del metodo Braille per leggere un libro. Mio Dio! Quale differenza! Ho capito l'amore di Gesù e la compassione divina verso l'uomo. Ora amo ancora di più l'uomo! Si deve amare e non averne ribrezzo. Una cosa è l'uomo e un'altra il peccato!».

Andava spesso nella chiesa del centro della capitale per fare la Via Crucis. Ad ogni stazione si univa talmente a Gesù che poi la sua vita divenne un prolungamento della vita di Cristo:

> «Alla santa Messa di oggi durante la transustanziazione provavo una gioia e pienamente ho capito che tutto quello che dicevo e facevo "come Gesù", era rivolto al Padre immediatamente e Gli faceva un piacere infinito. Nel pomeriggio, specialmente alla Via Crucis, nella chiesa del Centro, questa esperienza diventava vita e una pratica facilissima, dilettevole per me. A tutte le stazioni mi univo a Gesù e divenni veramente la sua continuazione. Per le strade, sul tram e dappertutto era Lui vedere ed amare la gente dentro di me. Non potevo già giudicare gli uomini, né le donne poco vestite, gli uomini indifferenti e sempre in movimento, nessuno e niente, solo amavo tutti e tutto. Era Gesù a vivere in me, ed era Lui a vedere, ad amare, a perdonare, a capire e ad essere indulgente. Io così ho avuto l'esperienza che tutto è per Lui, con Lui e in Lui».[113]

Durante le ore libere, prima di incominciare a confessare dalle quattro di pomeriggio nella chiesa carmelitana, spesso si recava anche sulle colline boscose dei dintorni della capitale e all'isola Margherita in mezzo al Danubio, quando la propria salute glielo permetteva. La natura gli era diventata una dolce sorella: faceva omaggio dei ruscelli, degli alberi, dei fiori, del canto degli uccelli, di tutto proprio a quel Dio che viveva dentro di lui.

Tutto pareva interessarlo: il satellite sovietico, l'esposizione universale di Bruxelles, le conquiste della tecnica moderna, le diete nell'alimentazione, la letteratura moderna ungherese, i discorsi del papa. Leggeva tutto ciò che riguardava il mondo intero e soprattutto la Chiesa universale. Nel suo Diario talvolta espresse dure critiche, e qualificò come dilettantistico il comportamento della "cristianità" prima della guerra:

> «Oggi mi è venuto in mente un vecchio articolo, pubblicato ancora nel 1925; era intitolato "L'atmosfera di un'epoca" e analizzava la mentalità

[113] *Diario,* nota del 4 luglio 1961.

della società ungherese. La caratterizzava come una società di dilettanti. La descrizione è totalmente fedele. Infatti c'era un dilettantismo terribile in quell'epoca. Lo so e lo dico oggi: dovette scoppiare la guerra a causa di questo dilettantismo. (...) Tutta la vita cattolica non era un dilettantismo?! Ma sì! In quei tempi la mia risposta a ciò non poteva essere altra che il Carmelo. (...) No, non si deve tornare a "quell'epoca signorile". Questo era il cancro! Chi può guarire il popolo da questo male? Questa società? (...) – Il rimedio è la pura Verità e il puro Amore».[114]

Un'altra volta espresse così il suo sogno sulla Chiesa del futuro:

«La Chiesa del futuro non sarà quella di un'autorità gelida, di una dignità solenne, ma le rappresentazioni in broccato cederanno il posto ad una bontà interna di massimo grado. Il vescovo del futuro non sarà più principe, ma piuttosto un padre della Chiesa. I preti diventeranno padri della loro parrochia e nello stesso tempo fratelli dei loro prossimi travagliati».[115]

Tuttavia non soltanto espresse le sue critiche e sognava, ma diede egli stesso buon esempio attraverso il suo servizio instancabile verso i suoi penitenti che ascoltava con grande pazienza, nonostante che la sua grave nevrite gli rendesse estremamente doloroso lo stare seduto per lungo tempo. Ne faceva un'offerta a Dio. Oltre il suo servizio che fu limitato al confessionale, continuamente pregava ed offriva le proprie sofferenze per la Chiesa, come lo testimoniano anche le seguenti righe scritte nel suo *Diario*:

«La sofferenza è un grande tesoro; anche la sofferenza fisica. Dopo la consacrazione ho offerto a Gesù la mia dolorosa nevralgia, che io possa completare nel mio corpo quello che manca alle sofferenze di Cristo, in favore del suo Corpo, la Chiesa».[116]

---

[114] *Diario,* nota del 25 luglio 1961.
[115] *Diario,* nota del 9 novembre 1960.
[116] *Diario,* nota del 16 marzo 1961.

Dall'anno seguente in poi ebbe parte, in modo particolare, a vivere in unione a Cristo crocifisso, seguendo l'esempio del suo Maestro nella sofferenza e nel dolore, offrendo tutto se stesso a Dio, per la salvezza delle anime.

Una notte del giugno 1962 si sentì male. Tra grandi dolori celebrò ancora la Messa al mattino, ma poi non ce la faceva più. Venne chiamato il medico che lo fece immediatamente ricoverare all'ospedale. Dopo le sue prime esperienze all'ospedale, padre Marcello scrisse le parole seguenti nel suo *Diario*:

> «19 giugno 1962 – L'ospedale! Sensazione particolare del primo giorno e della prima notte: inondazione dell'Amore… diffusa est… Già l'avevo avvertita a casa in occasione del primo soccorso e poi è incominciata davvero. È venuta la croce "vertiginosa"!
> 21 giugno 1962 – Finora Egli mi ha mostrato la mia incapacità totale di compiere il bene, ora mi fa vedere la mia inabilità fisica, la mia incapacità di compiere qualsiasi azione. Mio Signore! Ho molto bisogno di Te – in tutto e sempre. Proprio per questo Ti amo tanto. Davvero – perché anche questo Amore è tuo.
> 27 giugno 1962 – Ormai tutte le preparazioni sono fatte per l'intervento! Svuotamento!».

La nota seguente venne datata soltanto dopo un mese nel suo Diario. Intanto dovette subire un'operazione alla prostata. Dopo l'intervento cadde sotto l'ombra della morte. Oltre le conseguenze dell'operazione, lo tormentarono la nevralgia e una inaspettata infiammazione renale. Erano così scarse le speranze che sopravvivesse, che lo stesso primario gli consigliò di chiedere l'unzione degli infermi.

Alcuni mesi dopo, ripensando alle esperienze fatte durante il ricovero ospedaliero, interpretò tutto come una grazia immensa e una occasione di identificazione con Cristo crocifisso:

> «Mi ero spogliato di tutto; ogni cosa terrena era svanita, e io vivevo in Dio. Sono stato crocifisso. La Volontà di Dio mi dava la forza di rimanere sulla croce e non desideravo altro che questa Volontà. (…) Ero vittima e lo sono tuttora. "Sono diventato Gesù" per questo. È sicuro? Sì! Il sacrificio è vero, se esso accade per volontà di Dio. Oh, annul-

lamento meraviglioso, che bella rinascita meravigliosa! Davvero non avevo più bisogno di niente: ero interamente di Gesù, cioè: "Gesù stesso". (...) Il cero si consuma sull'altare del sacrificio. Il suo mozzicone tuttavia rimane. Sono rimasto anch'io un "mozzicone" di sacrificio, ma deve essere purificato anche questo mozzicone. A questo servirà, d'ora in poi, la mia vita. (...) Perché vivo? Per le anime! Per chi vivo? Vivo per Te, oh Gesù! Con chi vivo? Con mia Madre! Fino a quando vivrò fisicamente? Oh Signore, fino a quando tu lo vorrai! Fino a quando? Per l'eternità!».[117]

Dopo essere stato trasportato in un sanatorio collocato nei dintorni di Budapest, padre Marcello poté tornare a casa verso la fine di settembre. La famiglia dei carmelitani che abitavano presso la chiesa carmelitana chiese ad una suora, figlia spirituale di padre Marcello di fare i preparativi per il suo ritorno e di assisterlo durante il tempo della convalescenza a casa. Il confratello biografo attraverso i propri ricordi personali ed i racconti di questa religiosa, evocò così l'accoglienza e la vita successiva di padre Marcello nel piccolo cortile dell'ex-convento:

«La famiglia chiese a suor Custodia di fare la pulizia da padre Marcello perché "quella stanzetta è molto lontana dalla loro casa ed essi non sono in grado di farcela". La suora era ormai un po' sconcertata a sentire queste parole perché vedeva che, da parte loro, non poteva aspettarsi molti benefici.
Staccarono l'intonaco caduto dalle pareti della stanza ed affermarono al riguardo che non era assolutamente umida. Suor Custodia tolse più tardi anche una grossa muffa di color verde dalle pareti e, talvolta, anche dalle scarpe tenute nell'armadio. Dopo qualche tempo i penitenti di padre Marcello, il suo gruppo di sei, gli comprarono un pavimento di linoleum, ma proprio a motivo di questo la muffa divenne ancora più abbondante. Poi, l'aiuto era una cosa rischiosa perché la famiglia si arrabbiava.
Quanto alla biancheria del padre, era orribile. Gli fecero portare un paio di mutande per due settimane che divennero quasi cancrenose e

[117] *Diario,* nota del 23 gennaio 1963.

durissime a causa del sangue; probabilmente ebbe qualche ferita o la perdita di sangue fu dovuta ad una nefrorragia.
E che dire dei vestiti? Quando lo incontravo, lo vedevo sempre nei vestiti tanto goffi ed usati che dovevo ricordare sempre con dolore "l'arbiter elegantiarum" di un tempo, quel giovane professore che dettava la moda, i suoi guanti di daino e le sue scarpe di vernice. Non accennava mai al fatto che i suoi soldi ricevuti erano spariti in qualche modo, che si vergognava per i vestiti e che "si dividevano le sue vesti".
Non gli fecero più trovare il termoforo e la stufa ad olio – la famiglia si faceva acquistare, per mezzo di lui, sempre cose nuove, sempre più nuove. In fondo era vero che tutto era in comune fra loro. Tuttavia, non abitando più in convento ed essendo bisognoso della bontà e dell'aiuto economico degli altri, avrebbero dovuto prendere in considerazione anche l'intenzione dei donatori... Ma è inutile elencare queste cose: chi è molto amato da Dio, viene posto in circostanze difficili».[118]

A seguito delle forti medicine l'udito di padre Marcello andò deteriorandosi. La debolezza d'udito gli creò molte situazioni penose con varie persone, compresi alcuni confratelli, che lo consideravano un vecchio decrepito, ormai incapace di discernimento. Padre Marcello così si espresse al riguardo nel suo *Diario:*

«Un'anima equilibrata non fa caso se uomini maligni si rivoltano contro di essa e la perseguitano. Viene però ferita veramente se sono persone amate e rispettate da lei quelle che lo condannano. Questo le duole molto. E il Signore vuole proprio questo. Perché è proprio questo dolore che è destinato a staccare il suo cuore da ogni cosa terrestre per sempre e ad estinguervi le ultime tracce d'egoismo. Questa è la vera esecuzione del vecchio Adamo».[119]

---

[118] Biografia scritta da *padre Szeverin László Szedő, O.C.D.*

[119] *Diario,* nota del 24 agosto 1962.

Sulle esperienze originate dalla sordità scrisse pure una poesia:

«*Il canto d'un duro d'orecchio*

Signore, non sento quello che dicono,
non capisco quello che mi sussurrano negli orecchi,
sono duro d'orecchio! Sono sordo!
Eppure quando Tu mi chiami, capisco chiaramente tutto.
Porto scritte nel cuore tutte le tue parole.
Sono unito a Te; il tuo Spirito è dentro di me!
Mio Gesù, tu vivi nella mia anima!
Tu suoni tutte le corde della mia anima,
e io risuono con Te la mia musica celeste.
Il mio udito è così buono quando mi dici:
"inclina aurem tuam", porgi l'orecchio!
Tutto rimane in silenzio sulla terra.
E io canto il Cantico dei Cantici…
Bontà infinita! – Ho vinto il primo premio!
O sordità santa! O benedetta durezza d'orecchio!
Venni, vidi e vinsi!
Dicono che è bella la caduta delle foglie d'autunno.
Ma io, invece, canto:
non mi serve né l'estate, né l'autunno, né l'inverno!
La primavera eterna,
il cielo è mio!

Epilogo:

Non vale nulla questa poesia sopra riportata.
Ma perché sia una verità vera,
Non darei la mia sordità santa
neppure per un sacco d'oro».[120]

Viveva ormai in un atteggiamento di abbandono completo, così espresso nel *Diario*:

---

[120] *Diario,* nota del 11 novembre 1963.

«Di nuovo il Bell'Amore! La volontà di Dio: è dono di Dio! Tutto è dono di Dio per me. Il bene e anche "il male". Li ringrazio sempre in anticipo».[121]

Stava vivendo la realizzazione del grande ideale sperimentato già da ragazzo, quando, sia pur provvisoriamente, si trovò di fronte all'amore di Dio con l'abbandono di un bambino, descritto con le parole seguenti nell'autobiografia: «Ero un bambino, un vero bambino. Non mi prefiggevo nessuno scopo, mi sono lasciato prendere, mi abbandonavo solamente al Bell'Amore».[122]

Pur non avendo più la possibilità di portare l'abito religioso e vivere in convento, per questo non vacillò mai nella propria identità da religioso. Anzi, il fatto di vivere in esilio gli fece scoprire di più l'essenziale della vocazione religiosa. Leggendo qualche lettura proveniente da Thomas Merton, scrisse così riguardo ad essa nel suo *Diario*:

«Non è l'abito che fa il religioso, neanche l'osservanza delle pratiche. La caratteristica essenziale della vocazione religiosa è che essa attira il religioso nella solitudine, alla vita di preghiera e che abbandoni se stesso per cercare Dio solo. Se manca lo spirito di solitudine e di preghiera e l'amor totalitario di Dio nel monastero, non conta per quanto sia severa la regola dell'Ordine, per quanto sia inviolabile la clausura e per quanto siano ferventi i religiosi nell'esecuzione esterna delle attività liturgiche: gli uomini che vi vivono, non sono veri religiosi. Non si è realizzato, infatti, nella loro anima il cambiamento interiore, la metanoia, il volgersi verso Dio che è l'essenziale della vita religiosa. La conversione interiore che fa il religioso, si manifesta ordinariamente, in qualche modo, anche al di fuori: nella forma di obbedienza, di "silentium", d'indipendenza, di modestia. Tutti questi aspetti possono riassunti in una sola parola: pace».[123]

---

[121] *Diario,* nota del 4 ottobre 1964.
[122] *Il Bell'Amore,* 11.
[123] *Diario,* nota del 5 agosto 1964.

La perdita dell'udito non lo concentrò su se stesso; anzi lo fece più attento alle notizie che, nonostante la cortina di ferro, giunsero dal Concilio Vaticano II. Questa sua attenzione trovò un'eco particolare in diversi passi del suo Diario. Citava i discorsi papali, gli esempi proposti dai Padri del Concilio. Conviveva con il Concilio, lo accettava e lo considerava una ispirazione dello Spirito Santo, un inizio dei tempi a venire. Salutò con gioia la riforma liturgica, condividendo intimamente la convinzione di Paolo VI secondo cui: «Non c'è al mondo niente di più importante della preghiera. Saper pregare bene: questo è il primo messaggio del Concilio al mondo. Essere in rapporto intimo, fiducioso con Dio».[124] Citava con abbondanza i discorsi conciliari che parlavano della rivalutazione del ruolo dei laici nella Chiesa.[125]

L'amore di padre Marcello prese misure sempre più universali, come il suo desiderio di diventare pescatore di uomini. Considerava le anime sua proprietà: tutte, senza eccezioni:

> «Amo molto i puri, le vergini, i peccatori, gli instabili, gli infedeli; amo tanto gli abbandonati, i malati, i sofferenti, i contaminati, gli ammalati di "cancro", coloro che si dibattono nel peccato e nella sensualità, i peccatori! Amo, amo tantissimo coloro che vivono ai bordi della disperazione, i nevrotici, i torturati, i denigrati, gli esauriti, coloro che sono caduti nell'esaurimento nervoso, i folli, gli smemorati, tutti, tutti quelli la cui vita spirituale è senza prospettiva, quelli che si arroccano testardamente nei loro scrupoli, che non rinunciano alle loro idee fisse, i maniaci. Getto la rete sulla tua parola, Gesù mio. Faccio il pescatore. Provo desideri smisurati: salvare continenti, moltitudini innumerevoli».[126]

Con una nuova sensibilità causata dalla crescita del suo amore percepiva la sofferenza interiore, presente nel cuore dei peccatori, soprattutto quella degli atei. S'immedesimava col dolore di Gesù nel non poter accendere il fuoco del suo amore in loro:

---

[124] *Diario,* nota del 21 dicembre 1963.

[125] Cfr. *Diario,* nota del 30 ottobre 1963.

[126] *Diario,* nota del 10 giugno 1963.

«Come amo l'uomo peccatore! Non il suo peccato. Ma colui che l'ha commesso. Sono pieno di compassione verso gli atei. Sento il loro terribile vuoto e m'immedesimo con esso. Quasi mi uccide il loro errore mostruoso. Muoio nel non poterli aiutare, nel non poterli rendere felici! Quanto il mio ruolo di essere "lievito" e di far fermentare risulta inefficace nei loro riguardi! È come se fossi la loro madre infelice! (...) Amore o, per meglio dire, passione consumante è il mio mondo interiore. Vorrei bruciare, infiammare, ma molte volte costato che non si accende nulla. Vorrei essere Gesù, affinché tutti abbiano la vita in abbondanza. È per questo che Gesù è venuto. Ché il fuoco da lui portato sulla terra si accenda! Sono discepolo di Gesù, suo apostolo, suo strumento, un fiammifero. Vorrei ardere per poter accendere, per infiammare tutti i cuori, tutto il Mondo! Infiammarsi dell'amore di Cristo! (...) Ma la passione che si è accesa in me, già non è in mio possesso. L'ho ricevuta da Lui e la renderò a Lui».[127]

Tutti questi: intendeva anche coloro con i quali conviveva perché era convinto che «la carità si comincia a casa: dobbiamo amare, prima di tutto, le persone di casa, il proprio ambiente in cui si vive».[128] Viveva nella convinzione che «tutto dipendeva da questo: dall'amore verso il fratello e tutti sono i miei fratelli».[129] Questa carità fraterna però gli esigeva, molte volte, uno sforzo eroico come la narrazione del confratello biografo mostra:

«Egli dovette sentire le lagnanze più terribili e la critica più ingiusta sul suo conto secondo cui "padre Marcello non obbedisce. Egli cerca sempre la propria volontà. Egli mangia solo quello che gli piace, ma ne mangia tanto che lo si deve moderare per non sentirsi male". Poi viene il pio rammarico che padre Marcello è già vecchio rimbambito cioè vecchio decrepito, incapace di discernimento, anormale, ma nel suo ambiente si accondiscende alle sue debolezze perché egli ebbe un grande passato nell'Ordine.

Queste dicerie lo colpiscono più sensibilmente delle sue sofferenze fisiche o del cattivo trattamento e del clima di tensione. Quanto alla

[127] *Diario*, nota del 3 febbraio 1965.

[128] *Diario*, nota del 3 aprile 1961.

[129] *Diario*, nota del 4 aprile 1964.

prima accusa, il padre malato si trovava in una situazione difficile nei confronti del padre superiore. Questi era un eccellente organizzatore e un uomo meraviglioso, ma nonostante ciò era capriccioso. Dopo cinque minuti affermava tutto il contrario di quello che aveva comandato prima. Ogni giorno succedevano casi difficili. D'altra parte il padre superiore esigeva anche cose impossibili da parte di padre Marcello: per esempio mettere il suo nome sull'elenco del Movimento dei sacerdoti per la pace.[130] Padre Marcello, appellandosi alla sua coscienza, non firmò mai tale documento e allora falsificarono la sua firma.
Quanto alla seconda accusa circa il suo vitto, questo fu senza fondamento. La più grande pena di padre Marcello era il mangiare. Come diceva: "Per un uomo anziano non va bene questo cibo tanto abbondante e pesante". Egli condivideva, di solito, la porzione che gli mandavano con suor Custodia perché ella fece molto per lui; d'altra parte, egli non poteva sopportare di mangiare da solo, senza che anche l'altra mangiasse. (...)
Padre Marcello sopportò tutto, coscientemente e per amore. Non volle lasciare il piccolo pezzo rimasto di proprietà del Carmelo e la chiesa, nonostante che, forse, gli sarebbe stato possibile. Volle salvare coloro con i quali viveva insieme. La lode e il "Sis benedictus!" continuarono per sempre sulle sue labbra, anche in questa difficile situazione».[131]

Non gli fu facile accettare questo atteggiamento di coloro che convivevano con lui. Era capace di superare le tentazioni contro la carità fraterna solo se guardava le vicende alla luce della fede, come lo testimoniano le seguenti confessioni scritte nel suo *Diario*:

«Abbiamo letto da qualche parte che Dio è disposto a rendere ciechi numerosi uomini buoni per acquistare quella grazia della prova massima che si chiama persecuzione da parte dei buoni, persecutio bonorum. Un'anima equilibrata non fa caso se uomini maligni si rivoltano contro di lei e la perseguitano. Viene però colpita veramente se sono le persone amate e rispettate da lei, che lo condannano. Questo

---

[130] Questo Movimento fu promosso, contro l'opposizione netta e sempre chiaramente espressa dal cardinale Mindszenty, dal regime comunista anticlericale per dividere il clero.

[131] Biografia scritta da *padre Szeverin László Szedő, O.C.D.*

le duole molto. E il Signore vuole proprio questo. Perché è proprio questo dolore che è destinato a staccare il suo cuore da ogni cosa terrestre per sempre ed estinguervi pure le ultime tracce dell'egoismo. Questo è la vera esecuzione del vecchio Adamo».[132]

«Mostruosa è la tentazione:
l'amore fraterno ed altro ancora sono in gioco.
Non c'è via di scampo, devi soccombere
nella gara di vita!
La santità è solo un sogno vanitoso
che finisce in cocci il giorno della lotta accanita,
giorno per giorno il combattimento dei combattimenti!
Tutti i tentatori mi sono alle calcagne,
affossano la mia bandiera, la mia vela.
Adesso! Proprio alla fine! In prossimità della Meta! (...)
Milioni di bocche urlano: sei perduto!
Non c'è, dunque, via di scampo?! Non c'è liberazione?!
Improvvisamente, mentre mi reco alla Messa,
sento la parola, scuotente e tranquillizzante:
- Tutto ciò accade per volontà di Dio!
Svaniscono allora l'inferno e tutti i maligni,
resta il cuore puro, la Pace:
l'occhio-specchio della Cara Bambina.
Brilla ormai il Giorno della Verità,
mi aspetta la Corona della Vera Vita!».[133]

Nel penultimo anno della sua vita padre Marcello sentì nel suo cuore che stava ormai avvicinandosi al giorno in cui «sarebbe stato "esaminato sull'amore"».[134] Volle prepararsi con grande cura al rendiconto finale, applicandone l'immagine dell'esame di maturità della vita eterna:

«L'esame di maturità della vita eterna è l'esame di maturità dell'Amore. Devo superarlo, e a pieni voti! Mi dedico ad esso con tutto il cuore,

[132] *Diario,* nota del 24 agosto 1962.

[133] *Diario,* nota del 8 febbraio 1964.

[134] Una delle sentenze di san Giovanni della Croce, che illuminò padre Marcello a questo riguardo, è la seguente: «Alla fine sarai esaminato sull'amore. Impara ad amare come Dio vuole essere amato e distaccati da te stesso» (*Detti di luce e amore,* n. 59).

con tutta l'anima, con tutta la mente e con tutte la mie forze. Lo supererò con la costante pratica, non interrotta, di una passione d'amore indefessa e di un'amore fraterno. Lo strumento sarà la pazienza. I libri di studio saranno il Vangelo e le Lettere. Il campo di addestramento sarà la vita quotidiana. I modelli di vita saranno sant'Elia, santa Teresa la Grande, san Giovanni della Croce e la Piccola santa Teresa. Il motto sarà: Devo conseguire ad ogni costo la palma del santo martirio, se non con il sangue e neanche con l'amore, allora in tutti i modi con l'illimitata fiducia con i due Piccoli: con Gesù Bambino e con l'Immacolata Bambina! Per la mia anima… Per le anime… Amen».[135]

Affermava sempre e cercava anche già prima di mettere in pratica l'idea, che la cosa più importante della vita è l'amore. Ripensando, però, alla sua esistenza al tramonto della vita, l'inquietò il dubbio di avere amato forse con eccessiva indulgenza e tolleranza, come riferisce un suo confratello che lo visitò negli ultimi mesi della sua vita:

«Una volta mi raccontò con quale gusto leggeva la Sacra Scrittura, specialmente le lettere di san Paolo. Mi disse anche quanto era contento del fatto che l'Apostolo delle genti aveva fatto l'elogio della carità. Poi, all'improvviso, si voltò verso di me e disse: "Mi dica, caro mio figlio, non mancavo io, durante la mia vita, con l'atteggiamento di essere troppo buono verso tutte le cose e con tutti?" La sua domanda mi ferì il cuore. Rimasi stordito: veramente avrebbe commesso questo peccato il mio maestro? Poi, risposi così dopo un momento di riflessione: - "Padre Maestro, così faceva anche la Vergine Maria…" – "Ah sì? Allora, caro mio figlio, sono tranquillo" – rispose. Questo fu l'ultimo mio incontro con chi tentava di fare del bene a tutti, nonostante le molte sofferenze che sopportava eroicamente».[136]

«Fu nell'ottobre del 1965 in cui incominciò l'ultimo periodo grave e pieno di sofferenze della sua vita».[137] Il 26 ottobre si sentì male: ora non fu solo la sciatalgia a tormentarlo, ma anche

---

[135] *Diario,* nota 21 agosto 1965.
[136] Ricordi di *fra' József Márton Áder, O.C.D.*
[137] Biografia scritta da *padre Szeverin László Szedő, O.C.D.*

l'uremia. Non gli servì alcun calmante. Aveva bisogno di aiuto giorno e notte. La narrazione breve del confratello biografo su questo periodo prosegue in questo modo:

«Un membro del suo "entourage" era una infermiera professionale; una volta il malato persino svenì per l'assistenza sforzata e le punture fatte da lei. La presenza di suor Custodia era molto difficile e instabile fra di loro: talvolta le volevano proibire di stargli accanto, altre volte invece accettavano il suo aiuto. "Lo sorreggeremo ancora per qualche tempo – diceva gentilmente uno di loro – ma poi gli mettiamo sopra il coperchio della bara". (...) Poi vi fu un qualche miglioramento nel suo stato, ma era ancora così debole da non potersi lavare, né vestire da solo».[138]

Fu proprio l'8 dicembre quando, dopo la comunione padre Marcello disse: «L'Immacolata Bambina mi ha guarito di nuovo!». Il 21 dicembre riprese di nuovo la penna in mano per annotare qualcosa nel suo *Diario*:

«È passato del tempo dopo la mia ultima annotazione: A partire dal 26 ottobre si è fatto vivo su di me, in me il Golgota! Sia benedetta per sempre la santa volontà di Dio!»

L'ultimo giorno dell'anno ebbe un sogno singolare. Pareva che mani invisibili gli porgessero un piatto pieno di ciliege di una freschezza meravigliosa, gustose, mentre credeva di sentire queste parole:

«Guarda, ecco il frutto della tua vita. Hai cominciato la tua vita nuova attraverso i fiori del ciliegio al pendio del colle, dietro la "Casina delle Fate" di Péczely. Adesso, il 31 dicembre 1965, sei arrivato fino a questo punto. È tuo! Prendilo! Rendi grazie! – E tutta la visione, avvolta in una luce dolce, quasi celeste, mi sorrideva».[139]

Cominciò a riprendersi gradualmente. Celebrò la Messa per la prima volta il giorno della Candelora. Il giorno seguente

---

[138] *Ibid.*

[139] *Diario,* nota del 31 dicembre 1965.

ebbe un altro sogno che si impresse profondamente nella sua memoria:

> «Nel sogno la Vergine Bambina mi ha fatto vedere i suoi due bellissimi occhi. Non ho visto che gli occhi, proprio da vicino. Ma questi occhi contenevano tutto: sollecitudine materna, attenzione estrema, che esamina, avvisa e ama infinitamente. Era tanto espressiva che la sua sollecitudine penetrò in me come una realtà impareggiabile. Pareva dirmi: "Vedi, io sono con te incessantemente, i miei occhi vigilano sempre su di te"».[140]

In seguito coloro che lo circondavano sentirono per settimane la confessione gioiosa: «La vedo, la vedo sempre!».

Il 16 febbraio scrisse la poesia «Dono di sé» in cui, con una preveggenza profetica, accennò agli eventi che avrebbero dovuto verificarsi poco dopo. Esattamente tre mesi dopo avrebbe subìto l'incidente di esito tragico.

> «- Cosa devo darti, mio Gesù?
> - Dammi tutto te stesso!
> - Ma io sono pieno di miserie. È questo che vuoi?
> - Sì! Al completo! Tutto te stesso! È stato questo il tuo desiderio principale durante i patimenti del novembre oscuro, nei dolori del letto dell'ammalato, sull'altare del sacrificio. È stato il desiderio dei tuoi desideri: donare interamente te stesso.
> - Ma sì?!... Le legioni delle mie debolezze, le mie negligenze nell'abnegazione e tutte le altre cose!... Ha alcun senso tutto ciò?
> - Ma certamente! Che altra cosa potresti darmi? Sei la miseria stessa incarnata. Donati interamente. Non c'è bisogno d'altro!
> - Sì, mio Gesù! Per tutto dico di sì! Ma al mio posto accetta il Cuore della Vergine Madre Bambina. Ho cambiato cuore con Lei. Accetta il suo Cuore, sapendo che Questo ti dò insieme a me stesso che sono sempre miseria! Tutto è così semplice! Sono tuo, così come sono! Per la mia anima! Per le anime! Sono vittima per loro. Lo accetti, Gesù mio?
> - Vieni! Ti immolerò per loro, per le anime! Ti aspetto sulla cima della Golgota!».[141]

---

[140] *Diario,* nota del 3 febbraio 1966.
[141] *Diario,* nota del 16 febbraio 1966.

Anche a costo di grandi sforzi, celebrava ogni giorno la santa Messa. Il suo abbandono a Dio e la sua fiducia aumentarono con l'esperienza della sua incapacità, illuminata dallo spirito dell'infanzia spirituale vissuta da santa Teresa di Lisieux:

> «Mi è di grande conforto in questa ultima parte della mia vita l'esperienza della Piccola santa Teresa che assomiglia alla mia: "Mi sono accorto con sorpresa che più si va avanti sul cammino della perfezione, più ci si crede lontani dalla meta. Ormai mi sono rassegnato a vedermi sempre imperfetto e trovo in ciò la mia gioia"».[142]

Per vivere il tempo pasquale, scrisse per se stesso le parole seguenti nel suo Diario, seguendo come modello, un detto di san Giovanni della Croce[143]:

> «Per me stesso per la Pasqua del 1966.
> Sul modello di "Dove non c'è amore...": Dove non c'è gioia, porta la gioia, e vedrai che da essa nascerà gioia!... Gioia negli occhi, nei cuori, nella vita! Così la Pasqua diventerà la festa della Gioia! Risorgeremo! Alleluia!».[144]

Anche gli scritti della Madre dell'Ordine, santa Teresa di Gesù, erano a sua portata di mano. Facendo allusione ad una delle Relazioni spirituali di santa Teresa, in una nota del suo Diario, indirettamente, rivelò qualcosa di profondo sulla sua vita interiore. Santa Teresa nella sua Sesta Relazione, redatta un anno prima della sua morte, aveva riferito lo stato della sua anima: immersa in una pace interiore nella presenza delle tre divine Persone. Ella aveva raccontato che le mancavano ormai i grandi sentimenti, le erano ormai cessati i fenomeni straordinari, ma godeva di una sensazione particolare attraverso la costante visione intellettuale delle tre divine Persone e dell'uma-

---

[142] *Diario,* nota del 9 marzo 1966 – Citazione a memoria dall'*Autobiografia* di santa Teresa di Gesù Bambino, *Ms A,* 74 r°.

[143] «Dove non c'è amore, metti amore e raccoglierà amore» – parole scritte da san Giovanni della Croce nella lettera indirizzata a madre Maria dell'Incarnazione il 6 luglio 1591.

[144] *Diario,* nota della Settimana Santa del 1966.

nità di Cristo, per cui vedeva realizzato nella sua anima quello che dice san Giovanni, cioè che la santissima Trinità stabilisce la sua dimora nelle anime. In seguito alla lettura di questa Relazione di santa Teresa, padre Marcello scrisse le seguenti righe, cariche di significato:

> «"Relazione VI". Il suo stato d'animo alla fine della sua vita. Questo stato è anche il mio, soltanto in una edizione proporzionata, "minuscola". E le "Esclamazioni"! Anche queste sono specchi della mia miserabile vita spirituale. In una edizione in miniatura. Lo stato della mia anima alla fine della mia vita è come quella della mia Madre dell'Ordine, ma, beninteso, in piccole dimensioni, corrispondendo a me».[145]

Percepiva la presenza di Maria con intensità sempre maggiore. L'incanto dei due bellissimi occhi della Vergine Maria Bambina visti nel sogno lo teneva avvinto giorno e notte. Viveva costantemente sotto il suo dolce controllo come ne scrisse nel suo *Diario*:

> «Ho visto solo i suoi due occhi, in sogno.
> Da allora li vedo sempre, nella gioia, nella tristezza.
> L'occhio è lo specchio dell'anima: sono colmo della sua anima!
> Al mattino, di giorno e alla sera risplende su di me,
> come il sole vivente sulla povera terra.
> Ogni cosa splende e si rinnova,
> si squarcia ciò che era annuvolato,
> si fa limpido il fondo della mia anima confusa
> e in essa rifulgono i suoi due splendidi occhi.
> Sta del tutto vicina, davanti a me,
> mi guarda, mi osserva, mi accompagna,
> come una vera madre,
> per chi il figlio è l'unica sua preoccupazione.
> Non riuscirei a fare neppure un passo
> senza che il suo sguardo si posi su di me».[146]

---

[145] *Diario,* nota del 12 aprile 1966.
[146] *Diario,* nota del 24 aprile 1966.

2.5. *«O fiamma d'amor viva, squarcia il velo a questo dolce incontro!»*[147] *– Gli ultimi giorni della vita di padre Marcello (16-29 maggio 1966)*

Mentre si stava preparando alla santa Messa nella sacrestia, il mattino del 16 maggio 1966, padre Marcello cadde nella sacrestia della chiesa carmelitana di Budapest. Il suo biografo riferisce più dettagliatamente gli eventi successivi:

> «Il 16 maggio, lunedì, cadde la nostra festa dell'Ordine: quella di san Simone Stock, del carmelitano inglese che aveva fatto vita da eremita in una caverna e che aveva ricevuto, secondo la nostra tradizione, lo Scapolare. Padre Marcello ricevette un regalo diverso: quella mattina, stando in piedi, dopo aver cercato i testi liturgici nel messale, si volse e cadde. Si ruppe il collo del femore. Ciò nonostante, recitò ancora, con grande raccoglimento e seduto, la Messa. Nessuno pensava che fosse questa la sua ultima Messa.
> Lo trasportarono all'Ospedale per metterlo nelle mani di un chirurgo di quell'ospedale, amico del padre superiore. (...) Era noto che padre Marcello accettasse tutto con buona disposizione, non rifiutava niente come aveva fatto anche san Francesco Saverio, sentiva tuttavia ripugnanza di una cosa sola: dell'ospedale. Durante il percorso egli recitava, però, sulla barella: "Sis benedictus!" e volle amare con amore ardente, e non solo così così, la volontà di Dio.
> Stava sdraiato in una stanza di 9 letti, in mezzo, esposto ad una costante corrente d'aria. In breve tempo fu colpito da polmonite che riuscirono sì a guarire, ma per il trattamento adoperato, l'equilibrio ristabilito del suo organismo venne meno. Nel primo giorno vi fu bisogno del catetere. Il medico, adottando un cannello troppo grosso, lo torturò tanto che tutto il letto si riempì di sangue. Come gli potevano dolere queste ferite interne! Gli vennero somministrate medicine radicali, fra l'altro delle piastrine enormi di penicillina e queste gli rovinarono la salute in meno di due settimane.
> Difficilmente poteva ricevere la comunione perché dovevano amministrargliela in segreto. (...) Padre Marcello non desiderava più andare neanche a casa, non desiderava andare da nessuna parte. Leggeva san

[147] Cfr. San Giovanni della Croce, *Fiamma d'amor viva*, Edizioni OCD, Roma 2005, strofa 1.

Giovanni della Croce e non si sentiva nel buio spirituale. "Questa è la via vera – affermava, leggendo sulla sofferenza – in tutto questo non c'è posto per l'immaginazione, questa è la verità!" Ringraziava per tutto, con voce calorosa, le infermiere, i malati, i suoi visitatori e tutti finché poteva parlare. Gli balenò per la mente allora, per un momento, il suo vecchio carattere di essere perfetto galantuomo. Quando lo visitai l'ultima volta nell'ospedale, alcuni giorni prima della sua morte, s'interessò solo alle mie cose, voleva innalzare in alto solo me. Alla sua morte divenne un uomo santo, senza egoismi. Conservò fino alla fine il suo amore e la sua delicatezza, motivo per cui gli volevano tanto bene».[148]

Nell'ospedale gli trapanarono la gamba sotto il ginocchio e applicarono il tiro per rimettere a posto le ossa. Nella sua grande sofferenza non faceva che ripetere: «Ne verrà un gran bene, si libereranno moltissime anime!». Qualcuno gli domandò se non sentisse la mancanza della celebrazione della Messa. Padre Marcello rispose di no e ne diceva il motivo: «Ora dico veramente la Messa, in quanto sacrifico me stesso». Il biografo continua così la sua narrazione:

«Più tardi, a causa dei brividi, gli misero la flebo. Per preparare la vena, gli tagliarono una ferita profonda alla sommità del piede sinistro. Le braccia e il metacarpo erano già induriti, coperti da macchie azzurre, la pelle intorno alla vena tendeva al colore cammello, azzurro e verde. (...) Poiché era incapace di bere dal bicchiere; l'infermiera lo faceva bere con l'aiuto di una cannuccia di plastica. Arrivò il tempo di amministrargli l'unzione degli infermi. Fu padre Teofilo ad amministrargli i sacramenti che egli ringraziò con uno sguardo riconoscente, perché era incapace di esprimersi a parole. Continuava a soffrire molto per la cura inadeguata; esclamava talvolta: "Che cosa è questo? Cosa fate con me?"».[149]

Lo stato di salute di padre Marcello peggiorava rapidamente. Il 27 maggio, venerdì, venne trasferito nel reparto intensivo e il 28 maggio lo sottoposero ad una laringotomia per poter aspi-

---

[148] Biografia scritta da *padre Szeverin László Szedő, O.C.D.*
[149] *Ibid.*

rare la secrezione accumulata nei polmoni. Rantolava sforzandosi penosamente di respirare. Nel pomeriggio non riconobbe più nessuno. Fu suor Albina, una sua figlia spirituale che vigilava accanto a lui, osservando commossa l'agonia notturna del malato che il biografo confratello di padre Marcello descrisse in questo modo, riferendosi al racconto della suora:

> «Suor Albina che vegliò accanto a padre Marcello l'ultima notte, riferì che comparivano sul suo volto le espressioni più svariate di sofferenza vissuta durante la sua lotta estrema. "Prendilo con Te! – supplicò la suora, rivolgendosi alla Vergine Maria – Anche l'agonia di Gesù durò solo tre ore!". Poi, il suo respiro divenne più lento e più silenzioso. Era l'alba di Pentecoste. Fuori vi era un terribile tormento; il vento di Pentecoste piegava gli alberi. Erano le 6,10 quando il cuore di padre Marcello batté per l'ultima volta. (...) La Piccola Vergine Maria lo prese tra le sue braccia, rinchiudendolo nel suo Cuore per sempre. E lo Spirito Santo, da parte sua, sigillò la santità di padre Marcello perché lo condusse a casa proprio nel giorno di Pentecoste».[150]

Confratelli, figli e figlie spirituali di padre Marcello vedevano un segno nel fatto che fu proprio all'alba del giorno di Pentecoste, festa dello Spirito d'Amore che egli fu ricondotto alla casa del Padre. Un anno prima, il giorno della festa dell'Assunzione di Maria, scriveva:

> «Ave Maria! In coelum Assumpta! Offro la mia morte per la gloria del Padre, per la consolazione di Gesù, per il diletto della mia Madre Immacolata, perché sia sempre benedetto lo Spirito Santo, Santo Spirito della Giustizia e dell'amore!».[151]

Conoscendo l'amore di Dio manifestato in Gesù Cristo, il «Bell'Amore», morì in quella certezza che ormai nulla poteva separarlo dall'amore di Dio, che è in Gesù Cristo, come lo aveva chiesto ancora in seguito alla soppressione degli Ordini religiosi, legandosi a Dio-Amore con un voto d'amore:

---

[150] *Ibid.*

[151] Scheda scritta il 15 agosto 1965.

«Faccio voto di vivere per l'Amore, di morire nell'Amore; che diventino una realtà le seguenti parole: o Gesù, vivo per Te, o Gesù, muoio per Te! Lo so che Dio è Amore e chi vive nell'amore vive in Dio e Dio vive in lui. Perciò, o Gesù mio, voglio diventare il portatore e il distributore del tuo Amore per tutti e per sempre. Non aspetterò successi, non conoscerò cose impossibili. Porterò Te, o Amore, darò Te ai felici e agli infelici, ma sempre secondo la Tua santa divina volontà. Aggiungo soltanto un'unica prece a questo voto: Uniscimi in ogni momento alla benedetta Vergine Madre, al cui Cuore Immacolato offro il mio povero cuore umano. Ella lo renda tanto vuoto, umile e semplice che il tuo Amore, l'Amore Persona, lo possa riempire perfettamente e ne escluda per sempre tutto ciò che non è amore. Oh mio Gesù, vivi in me e io possa vivere in Te sempre, tramite la mia Vergine Madre Bambina! Degnati di accettare questo mio semplice voto d'amore dalle mani dolci dell'Immacolata! Così sia!

Fra Marcello della Vergine del Carmelo».[152]

[152] *Diario,* nota del 21 novembre 1953.

Il Bell'Amore
come testo mistico

L'oggetto della tipica scrittura prodotta dal soggetto mistico equivale all'esperienza da lui fatta del Dio di Gesù Cristo e a noi consegnata nel "testo mistico", come accadde a padre Marcello Marton. *Il Bell'Amore* appartiene al genere dell'autobiografia. Si tratta di un resoconto autobiografico degli eventi trasformanti che la sua relazione d'amore con Dio ebbe a provocare nella sua vita. Il nucleo centrale di questa sua esperienza è, dunque, il rapporto con Dio Trinità d'amore, percepito nella fede, nella speranza e nella carità teologali o, più precisamente, la vita in Cristo Gesù morto e risorto per la salvezza dell'umanità, fatta propria nello Spirito Santo all'interno della famiglia adottiva di Dio che è la Chiesa.

«L'amore di Dio per noi è questione fondamentale per la vita e pone domande decisive su chi è Dio e chi siamo noi» – scrive Benedetto XVI, nell'Enciclica *Deus caritas est* (n. 2). Questa verità ha illuminato il segreto più profondo di padre Marcello intimo. Difatti, fu l'amore di Dio, rivelatosi in Cristo Gesù e riflesso nella bellezza di Maria, come scrisse nella sua autobiografia, a dare senso e orientamento decisivo alla sua vita. Sperimentando l'amore di Dio e ad esso abbandonandosi, egli trovò la risposta al suo bisogno più profondo, l'Assoluto di Dio. «La vita dell'anima è l'Amore. Quando si crea un difetto, una mancanza in questo, la "salute" dell'anima si perde»[1] – annotò nel suo *Diario*.

---

[1] *Diario,* nota del 17 giugno 1963.

A questa esperienza sublime padre Marcello pervenne attraverso l'affetto materno della mamma. Così, per la prima volta nella sua vita, percepì l'amore, esperienza rievocata ne *Il Bell'Amore:* «Ho sempre avuto l'impressione che il suo affetto fosse perfettamente puro, spirituale, senza nulla di sensuale. (...) Era il Bell'Amore».[2] In seguito, da adolescente, fece un'esperienza ancora più profonda di essere amato e di amare. In realtà, scoprì un riflesso perfetto dell'amore divino attraverso la Vergine Maria, quando accolse Gesù nell'Eucaristia: «La Madre del Bell'Amore irradiava in me il Bell'Amore, Gesù ed io amavo molto ricevere la comunione. (...) Il Bell'Amore appagava tutti i miei desideri».[3] «Non provavo né odio, né avversione alcuna, provavo affetto per tutti, facevo del bene a tutti».[4] Fu questa una sua prima immersione nella vita dell'amore di Dio: «Mi immergevo, mi lasciavo sprofondare nella bontà del Bell'Amore. Era così dolce cullarsi in questo Oceano divino ed ancor più sapere di essere una goccia insignificante in esso».[5] Questa esperienza d'amore fu, tuttavia, solo il primo passo di un dispiegarsi gratuito di Dio Padre, Dio Figlio e Dio Spirito Santo amore verso di lui per afferrarlo, pervaderlo ed elevarlo al punto da fargli sperimentare la stessa vita d'amore intratrinitaria.

L'adolescente Boldizsár Marton non poteva capire ancora molto di tutto questo. Scrisse, più tardi, nella sua autobiografia: «A quei tempi neanche capivo tutto ciò in questo modo, solo ora lo comprendo. Allora ne godevo solamente».[6] Ebbe occasione di penetrare nei segreti dell'amore divino progressivamente quando, dopo averlo perduto e poi ritrovato in Cristo Gesù, fu pronto a rinunciare a tutto pur di lasciarsi trasformare in Dio Trinità d'amore.

---

[2] *Il Bell'Amore,* 5.
[3] *Ibid.,* 10.
[4] *Ibid.,* 11.
[5] *Ibid.,* 12.
[6] *Ibid.,* 9.

Contemplando il Cristo crocifisso durante una rappresentazione della Passione – sostando con Maria e il discepolo prediletto sotto la Croce – fu colpito dalla manifestazione piena dell'amore di Dio. Riportò poi questo episodio nella sua autobiografia: «Rimase indelebile dentro di me. - Nella mia memoria? - No, rimase nella mia anima, nel mio cuore».[7] L'incontro con l'amore di Dio rivelato in Cristo Gesù gli fu decisivo per tutta la vita. Questo spiega la presenza di un forte "cristocentrismo spirituale" negli scritti del Servo di Dio. Il termine si riferisce alla centralità di Cristo nella sua vita attraverso un colloquio intimo e costante con il Figlio di Dio, come riferì nel suo *Diario*: «Perché venne Gesù? Perché avessimo la vita e l'avessimo in abbondanza! Ma tutto questo potrà realizzarsi solo nell'Amore. Orbene lo stesso Gesù è l'Amore e lui è anche la vita. È Lui a darci l'amore ed anche la vita in abbondanza».[8]

Per padre Marcello la conoscenza dell'amore divino non fu una conoscenza intellettuale, ma soprattutto un incontro esperienziale tra due persone: Dio che rivela la sua vita d'amore in Cristo Gesù e l'uomo che accoglie l'amore di Cristo manifestato, diventando anch'egli capace di donarsi. Parlando dell'amore come dono, il Servo di Dio sperimentò personalmente la forza purificatrice di questo Amore[9] insieme a una "Pentecoste personale", Amore amante che gli assegnò un programma per tutta la vita, facendogli comprendere che «l'effusione dello Spirito Santo su di noi e in noi, è il coronamento, il compimento e la perfezione della nostra vita spirituale».[10]

Il programma pratico di padre Marcello per poter vivere e rimanere nell'amore divino mediante l'atteggiamento tipico del bambino, contiene altresì un'altra componente oltre alla fiducia filiale praticata dal motto «Sis benedictus!» e alla comunione quotidiana: l'invocazione frequente della Vergine Maria

---

[7] *Ibid.*, 45.

[8] *Diario,* nota del 17 giugno 1963.

[9] Cfr. *Il Bell'Amore,* 99.

[10] *Ibid.,* 152.

con «Ave Maria», come ebbe a scrivere ne *Il Bell'Amore*: «Ave Maria! Dunque, la Vergine Madre! – "Per Mariam!" – In pratica ciò vuol dire: fare tutto con lei e nulla senza di lei!».[11]

L'originalità della spiritualità di padre Marcello si manifesta proprio nell'esplicitare, con la vita e con l'insegnamento, il legame vigente fra l'atteggiamento del bambino che Gesù aveva posto come modello per i suoi discepoli (cfr. Mt 18,3) e quello del discepolo amato che sotto la croce, per volontà dello stesso Gesù, divenne figlio di Maria (cfr. Gv 19,27):

> «Per vivere la vita del vangelo non ci vuole molto! – Bisogna diventare bambini! Il bambino a sua volta affida tutto alla madre. Proprio per questo è bambino. Noi invece vogliamo diventare adulti ad ogni costo di fronte a Dio, il Padre celeste della provvidenza. Egli però – con il suo Figlio sulla Croce – ci dona come testamento la sua Madre: – "Ecco la tua Madre!"».[12]

In realtà c'era un rapporto tutto particolare tra padre Marcello e la Vergine Maria, come egli stesso riferisce nei suoi tanti scritti. Il primo motivo dell'amore di padre Marton per Maria, di ordine psicologico innanzitutto, risale al dolce ricordo dell'esperienza dell'amore della sua mamma e poi anche all'amore materno della Vergine Maria: «La Madre del Bell'Amore si serviva di mia madre affinché io imparassi e mi preparassi al suo Amore perfetto: era una scuola meravigliosa!».[13] Un altro fattore del ruolo importante della Vergine nella vita spirituale di padre Marcello si trova nello spirito stesso dell'infanzia spirituale attraverso cui percepisce la misericordia di Dio, condizione fondamentale per riconoscere umilmente la propria povertà, in quel tipico movimento materno che si china verso il piccolo. Di questo amore misericordioso di Dio Maria, Madre di Misericordia, fu sempre una icona viva per padre Marton.

[11] *Ibid.,* 105.
[12] *Ibid.,* 147.
[13] *Ibid.,* 6.

Infatti, si rivolge a lei con questa invocazione nella preghiera iniziale dell'autobiografia, prima ancora di mettersi a scrivere: «Madre del Bell'Amore, cioè della Misericordia!».[14]

D'altra parte, occorre ricordare che la devozione mariana è una delle caratteristiche peculiari della religiosità del popolo ungherese, fin dall'inizio dell'adozione del cristianesimo. All'età di sessantatré anni quando scrisse *Il Bell'Amore*, padre Marcello si ricordava ancora vivamente del fatto che era stato proprio lui, studente al liceo di Nagyszombat, a recitare la parte della nazione ungherese in una rappresentazione teatrale sulla "Grande Signora degli ungheresi" con un manto regale e la corona ungherese in testa. Gliene rimase una viva memoria, come pure delle prediche ascoltate al liceo sulla "Patrona Hungariae" che – come scrisse – «mi entusiasmarono e mi aprirono ad una vita di scolaro idealmente bella, ad una vita cristiano-cattolica al cento per cento».[15] L'idea che l'Ungheria, essendo stata offerta da santo Stefano alla Vergine Maria, appartiene a Lei e non può cessare di esistere, fu un pegno di speranza soprattutto dopo la sconfitta della rivoluzione del '56, quando scrisse così nel suo *Diario*: «È abbondata la malvagità, è sazio il furore del Satana: ce lo siamo meritati, ma guarda la Parvula Dulcissima! Oh caro Gesù, oh clemente Gesù, oh Gesù, Figlio di Maria! Il Figlio di Maria non si perderà. Il regno di Maria non si perderà!».[16]

Conoscendo il libro intitolato *Trattato della vera devozione alla Santa Vergine*[17], Boldizsár Marton già prima della sua entrata al Carmelo ebbe occasione di approfondire il contenuto e la pratica di una vera consacrazione a Maria attraverso l'insegnamento di san Luigi Maria de Montfort, testimone e maestro dell'autentica «spiritualità mariana».[18] La dottrina ivi contenuta sulla consacrazione a Cristo per le mani di Maria, dovette es-

[14] *Ibid.*, 1

[15] *Ibid.*, 9.

[16] *Diario*, nota del 19 novembre 1956.

[17] *Il Bell'Amore*, 140.

[18] GIOVANNI PAOLO II, *Redemptoris Mater*, 48.

sergli una conferma della propria esperienza avuta già da adolescente: che egli, sentendosi incapace di «plasmare, modellare, scolpire Cristo» nella propria anima, per trovarlo e per imitarlo, si rivolse istintivamente alla Vergine Madre. Percepì, già da adolescente, la verità dell'unione intima esistente tra Gesù e Maria e quella della missione formatrice di Cristo nei riguardi della Santa Vergine.[19] Più tardi riformulò questa sua esperienza nei seguenti principi:

> «Per chi avrà trovato la Vergine Madre, Gesù diventerà il suo tutto. Non può essere altrimenti. Gesù è presente in sua Madre nel modo più perfetto, più completo che in ogni altra creatura. (...) Cosa fa Gesù con un'anima che ha trovato Sua Madre ed è così immersa in Lui – in Gesù – nella Fonte delle divine grazie? – La immerge totalmente in Maria, la consegna a Lei, la mette a disposizione di sua Madre affinché colei che Lo partorì, Lo nutrì, Lo educò, faccia lo stesso con quell'anima e che l'anima diventi totalmente suo bambino, vale a dire vero discepolo di Gesù!».[20]

Un fattore, ancora più decisivo, che testimonia la devozione di padre Marcello verso la Vergine Maria fu l'antica tradizione mariana del Carmelo. Le prime tracce della devozione mariana da parte degli eremiti del Monte Carmelo, simbolo della rinnovazione dell'alleanza e degli interventi di Dio per mezzo del profeta Elia ed Eliseo, coincidono con il loro ingresso nella scena della storia. Con la presenza di questi eremiti latini, accertata scientificamente all'epoca delle crociate tra il 1192 e il 1209 circa, il Carmelo divenne anche un luogo di culto verso la Madonna. Un libro per i pellegrini in Terra Santa scritto verso il 1220 testimonia: «Sul fianco di questo monte [Carmelo] vi è un luogo molto bello e delizioso dove abitano gli eremiti latini chiamati frati carmelitani; ivi essi hanno costruito una piccola chiesa a Nostra Signora».[21] Con quest'atto, i primi carmelitani

---

[19] Cfr. *Il Bell'Amore,* 11-12.

[20] *Ibid.,* 70.

[21] François de Sainte-Marie, *Les plus vieux textes du Carmel,* Paris 1945, p. 67.

si erano votati al servizio della Vergine Maria e avevano posto la loro istituzione sotto il suo patronato e la sua protezione. Tale patronato fu confermato da documenti pontifici verso la metà del sec. XII e dagli atti del capitolo generale di Montpellier (1287), ove si dice che l'Ordine carmelitano è stato fondato «per il servizio e in onore della Beata Vergine Maria, Madre di Gesù».

Nella concezione feudale del Medioevo, dedicare la loro prima chiesa a Maria significava porsi al servizio della Chiesa stessa e, al tempo stesso, mettersi completamente a disposizione di Maria con una consacrazione personale ratificata con giuramento. I primi carmelitani scelsero, dunque, la Madonna come Patrona, tanto che nel tempo il loro nome ufficiale divenne quello di «Fratelli della Beata Vergine Maria del Monte Carmelo». È per questo motivo che in tutta la tradizione storica e spirituale carmelitana si affaccia questa dimensione mariana, considerata e vissuta come la parte più profonda del mistero del Carmelo, secondo un adagio apparso nel Medioevo: «Il Carmelo è tutto mariano».

> «Questo titolo mariano non si limita solo ad indicare la protezione di Maria sull'Ordine e la dedicazione di esso alla Vergine, Madre e Patrona, ma esprime pure la somiglianza evangelica esistente tra essa e i carmelitani in base alla scelta della verginità, come si esprimono gli autori carmelitani dal Trecento in poi ritenendo così Maria come propria sorella. Per questo Maria è presente, come Madre, Patrona e Sorella, nell'itinerario del carmelitano, che può affermare: *Il Carmelo è tutto mariano.* In lei ogni membro dell'Ordine vede il modello dell'ascolto filiale del Padre per mezzo di Cristo nello Spirito, per poter sviluppare la dimensione contemplativa della propria vita, per incontrare Dio presente nella realtà, e per rinnovare l'alleanza con lui in un cammino di fraternità e solidarietà con tutti gli uomini».[22]

---

[22] E. Boaga, *Con Maria sulle vie di Dio.* Antologia della marianità carmelitana, Edizioni Carmelitane, Roma 2000, p. 3.

Padre Marcello, senza aver fatto studi particolari al riguardo, era profondamente imbevuto di questo spirito mariano del Carmelo. Anzi, fu proprio per questa particolare indole mariana che sentiva un'attrazione verso il Carmelo già prima del suo ingresso in esso. Rievocando il caso in cui per la prima volta sentì parlare della Vergine del Carmelo, mise per iscritto quanto segue:

> «Ma chi era questa Vergine del Carmelo? (...) Ella è la Beata Vergine Maria, il Decoro e la Regina del Carmelo: «Regina Decor Carmeli». Com'è bello! Ella è la Madre dei carmelitani e nello stesso tempo, come venni a sapere più tardi, è anche la sorella di tutti i carmelitani... Ella è tutto per loro. Anche per me sarebbe stata tutto: Madre, Regina, Decoro, Sorella, Sposa...».[23]

Nonostante gli influssi sopra elencati, ricevuti attraverso le letture o l'ambiente dove egli viveva, la profonda devozione mariana di padre Marcello fu, prima di tutto, il frutto di una esperienza personale di rara profondità con la Vergine Maria che possiamo caratterizzare, senza esagerazione, con l'aggettivo di mistica. Uno degli indizi di questo rapporto particolare di padre Marcello con Maria viene offerto proprio dall'autobiografia *Il Bell'Amore* che ha come sottotitolo: «Ricordi della mia vita in Maria». Riflettendo sulla propria vita, padre Marcello vi riconosce infatti, fin dalla sua giovinezza una particolare presenza e azione materna della Vergine Madre: «Era la Vergine Madre stessa, l'Immacolata a guidarmi. (...) Era come se la Vergine Maria mi istruisse, mi educasse direttamente all'Amore, proprio al Bell'Amore, per sé, per Gesù e, in una prospettiva futura, per tutti gli uomini».[24]

È un versetto del libro della *Sapienza* a dare il motto e la chiave a tutto il racconto della vita di padre Marcello: «"Questa ho amato e ricercato fin dalla mia giovinezza, ho cercato di

[23] *Il Bell'Amore,* 80.

[24] *Ibid.,* 9.

prendermela come sposa, mi sono innamorato della sua bellezza" (*Sap* 8, 2). Precisamente, questa è la vera storia della mia vita».[25] Padre Marcello racconta la propria vita come una storia d'amore che viene illustrata anche dalle numerose citazioni del *Cantico dei Cantici* nella sua autobiografia. L'innamoramento del giovane Boldizsár Marton incominciò con una esperienza di "eros", cioè con una fascinazione[26] davanti al sorriso d'amore della Santa Vergine che poi perdette forza, progressivamente si purificò e, secondo quanto riferisce l'autore de *Il Bell'Amore,* si trasformò nell'amore stesso di Gesù. Sembra che sia stato il mistero dell'amore di Gesù verso sua madre attraverso cui padre Marcello sperimentò e visse l'identificazione con Cristo e l'inserimento alla vita trinitaria, come dimostra il seguente brano de *Il Bell'Amore:*

> «Cosa posso renderti, Madre mia, (...) per quanto mi hai dato? Me stesso? Il mio Amore? Oh, Madre del Bell'Amore! Madre mia! Non è più me stesso che dono, né il mio amore, ma il Bell'Amore stesso, Gesù! Gesù che vive in me. Ti amo con Lui, per mezzo di Lui e in Lui così, assolutamente così come vuole Lui: "Rimanete in me e io in voi" (Gv 15, 4). Come ha pure supplicato il Padre prima della sua agonia: "...perché siano come noi una cosa sola; io in loro e tu in me" (Gv 17, 23). (...) È Lui che vive in me. Perciò ti offro il mio cuore affinché esso ti ami come nessuno al mondo ti ha mai amato in questo mondo. Perché è Gesù che ti ama in me, il tuo Gesù!».[27]

I misteri che rendono evidente che «Gesù e Maria sono un cuore e un'anima sola ovunque» attraevano particolarmente padre Marcello.[28] Amare Maria in Gesù e Gesù in Maria è una caratteristica peculiare della sua spiritualità, sostanzialmente fatta di percezione dell'intima unione tra Gesù e Maria. Tutto ciò esige un'ascesi radicale che ha come scopo lo spogliamento

---

[25] *Ibid.*, 121.
[26] Cfr. BENEDETTO XVI, *Deus caritas est,* 7.
[27] *Il Bell'Amore,* 159-160.
[28] *Ibid.,* 162.

totale di sé. La descrizione seguente evidenzia – attraverso l'atteggiamento del bambino, che vive in completa dipendenza di Maria – l'ascesi mistica che tale unione implica. In questa trasformazione si diventa bambini, donandosi completamente a Maria e sottoponendosi a lei secondo l'esempio dato da Gesù Bambino, per poter unirsi al divino infante:

> «È stata la mia Madre, la Vergine Madre ad insegnarmi tutto questo! (...) Fin dalla mia conversione la mia educatrice è stata esclusivamente Maria, perciò nella mia vita spirituale, fin dalla mia conversione, non era e neppure poteva esserci alcun posto per l'io. Il ruolo del mio "io" non poteva essere altro che quello di dover scomparire, di dover perdere forza e, finalmente, Dio lo voglia, di essere annientato definitivamente. L'essenza, la verità di questa pedagogia benedetta o per meglio dire, di questa ascesi santa è non "io", ma Lui!... Dio in tutto! Perché "senza di me non potete far nulla" (Gv 15, 5). Così pure la Madre! È per questo che l'Uomo-Dio sulla croce ha donato la sua Madre come suo testamento: "Ecco tua Madre!". Dunque non io, ma la Vergine Madre! (...) È dunque possibile l'educazione in modo autodidatta? L'ideale dell'uomo cristiano – "christianus" – può essere soltanto questo: è la Vergine Madre ad educarmi! Se non fosse Lei, allora chi altro potrebbe farlo? – I libri, le persone, le idee, me stesso?!... Quale sarebbe poi il risultato? Il Bambino Gesù si era abbandonato a sua Madre. Io divenni suo discepolo, sinceramente e semplicemente. Vivevo con mia Madre!».[29]

Il culto di padre Marcello verso Gesù Bambino e, con Maria, il modo di imitarlo divennero così un mezzo per acquistare lo spirito dell'infanzia spirituale. Quanto alla figura della Vergine Madre, questa fu sua maestra non solo attraverso la sua assidua presenza materna, ma anche come modello di vita, quando padre Marcello prese a venerarla come Maria Bambina, prototipo dei «piccoli». Scrisse in questo senso, verso la fine della sua vita: «36° anniversario della mia vestizione! (...) Sono partito con Lei, con la Grande Vergine Maria. E ora sono giunto a

[29] *Ibid.,* 111.

Maria Bambina. Sono qui con Lei, terminerò (la mia vita) con Lei. Con la Bambina. Con i due Bambini».[30]

Vivendo alla presenza costante dei "due Bambini" anch'egli divenne bambino. Un anno prima della sua morte, nel suo rendiconto si dichiarò felice per il duplice motivo di essere diventato bambino e figlio di Maria: «Perché sono beato? – Perché ho una Madre che è Beata! Anche il suo figlio è beato. Sono bambino. Sono diventato di nuovo bambino. (...) Lei è il segreto della mia felicità!».[31] Fu attraverso la «piccola via» di santa Teresa di Lisieux che comprese quale atteggiamento assumere davanti a Dio-Amore: quello dell'autodonazione fiduciosa di un bambino. Fu però la figura di Maria in cui trovò il modello più perfetto; allo stesso tempo, attraverso Maria sperimentò l'amore intrinitario e la stessa vita d'amore di Maria unita alla Trinità. Confessò questo suo innamoramento, rievocando quel versetto del libro della *Sapienza* in cui riconobbe il segreto della sua vita: «*Amator factus sum formae illius*... mi sono innamorato della sua bellezza e unicamente della Sua bellezza perché so che nulla le manca, cioè che riflette, dona ed offre la bellezza di Dio, di Gesù, della Santissima Trinità e immerge in essa».[32] Padre Marcello fu così condotto, in comunione con la Vergine Immacolata – attraverso la sua progressiva scoperta dell'amore eterno, cioè del «Bell'Amore» che la Santissima Trinità ha verso Maria e tramite l'inserimento in esso – ad incontrarsi egli stesso con Dio Amore e ad immergersi nella sua vita d'amore.

Tutto sommato, l'autobiografia del padre Marcello si pone come paradigma di un nuovo modo di fare la storia del Carmelo: farsi fenomeno concreto di alcuni valori portanti del carisma carmelitano, giacché il ruolo di una famiglia religiosa non è tanto – o non soprattutto – quello di fornire grandi "santi", bensì quello di tener vivi valori, orientamenti, scelte di fondo in seno alla cristianità, per far sì che tutta la Chiesa si lasci plasmare

[30] *Diario,* nota del 15 luglio 1961.

[31] *Diario,* nota del 11 febbraio 1965.

[32] *Il Bell'Amore,* 122.

dallo spirito delle beatitudini e segua, con totale radicalità, il Signore Gesù sulle strade del mondo, proprio come ha fatto padre Marcello accompagnato dalla Vergine Maria. Nella sua vita interiore appare con molta evidenza questo filone mariano e mistico a un tempo, ereditato dalla tradizione carmelitana. Eredità mariana e contemplativa convergono nella persona del padre Marcello, che ben ha interpretato la spiritualità del Carmelo nell'oggi della Chiesa.

Padre Luigi Borriello, ocd
teologo carmelitano

L'autobiografia di padre Marcello: un tesoro spirituale

È una grande grazia per me aver potuto conoscere la figura di padre Marcello e, in modo speciale, la sua autobiografia che ha come titolo *Il Bell'Amore*. È stato per me come scoprire il tesoro di cui parla Gesù nel vangelo, una «perla preziosa». Vorrei presentare l'autobiografia di padre Marcello proprio come un diamante che irradia su di noi la luce dell'amore di Cristo attraverso Maria.

Ho letto il testo di padre Marcello come carmelitano, in dialogo con i nostri tre dottori del Carmelo – santa Teresa d'Avila, san Giovanni della Croce e santa Teresa di Lisieux – ma anche in dialogo con altri santi, specialmente con sant'Agostino e san Luigi Maria Grignion di Montfort. Padre Marcello ci racconta che è stato molto colpito dall'autobiografia di santa Teresa di Lisieux e da quella di santa Teresa d'Avila.

Ma la sua autobiografia forse si avvicina ancora di più alle *Confessioni* di sant'Agostino. Infatti, l'autobiografia di padre Marcello, come le *Confessioni*, è un inno di lode della misericordia ed è la stessa storia del «figlio prodigo» che si è allontanato dalla casa di suo padre e che è caduto nella miseria del peccato durante un lungo periodo, ma poi è arrivato per questo «figlio prodigo» anche il momento del ritorno, della conversione e della meravigliosa esperienza dell'amore misericordioso del padre e del suo abbraccio. Come sant'Agostino, anche padre Marcello ha vissuto l'esperienza della pecorella smarrita che Gesù, il Buon pastore è andato a cercare nell'abisso della sua miseria. C'è ancora un altro punto di somiglianza profonda fra l'esperienza di padre Marcello e quella di sant'Agostino:

l'importanza della figura materna, la mediazione materna. Per sant'Agostino si tratta di sua madre: santa Monica, per padre Marcello prima di tutto della Vergine Maria, ma anche della sua buona madre, tanto amata da lui.

L'aspetto più bello e più originale dell'autobiografia di padre Marcello è il suo modo di mettere in luce la presenza di Maria in tutta la sua vita. Lo fa con il simbolo della «stella», che usava anche santa Teresa di Lisieux nei suoi stemmi. Attraverso la sua esperienza personale padre Marcello ci fa comprendere meglio il dono meraviglioso che Gesù ci ha fatto donandoci Maria come Madre. In fondo egli vive pienamente la verità delle parole di Gesù nel vangelo: «Ecco la tua Madre» e «il discepolo la prese con sé» (Cfr. Gv 19,26-27); e su questo punto bisogna leggere l'autobiografia di padre Marcello in dialogo con il capolavoro di san Luigi Maria Grignion de Montfort: il *Trattato della vera devozione a Maria.* Questo trattato, che padre Marcello conosceva e amava, è stato la principale fonte spirituale del magistero del papa Giovanni Paolo II che ha ispirato il suo motto: *Totus tuus.* È la stessa verità insegnata dal Concilio Vaticano II riguardo a Maria nel mistero di Cristo e della Chiesa; dunque, è la stessa dottrina che risplende nella sintesi dottrinale di san Luigi Grignion di Montfort e nell'esperienza di padre Marcello. L'uno illumina l'altro.

Come san Giovanni della Croce, padre Marcello possiede grandi talenti poetici e letterari ed una sorprendente capacità di usare l'arte simbolica. È profondamente artista nella sua dimensione contemplativa e nella sua espressione della bellezza, dell'infinita bellezza di Gesù e di tutta la Trinità che risplende in Maria come attraverso uno specchio. Questo è il «Bell'Amore», cioè la bellezza dell'amore e l'amore della bellezza inseparabilmente.

Padre Marcello ha scritto la sua autobiografia per obbedienza nel 1950, cioè dopo venticinque anni di vita al Carmelo. Per lui, come per santa Teresa d'Avila e per santa Teresa di Lisieux, si tratta di una rilettura teologica della propria vita nella più alta luce di Dio: quella della santità.

Seguiremo ora le quattro parti dell'opera che corrispondono esattamente all'esperienza del «figlio prodigo». La prima parte corrisponde a quando il giovane Boldizsár Marton si trova ancora alla casa del Padre. La seconda parte corrisponde a quando se ne allontana. La terza parte riguarda il momento in cui egli fa ritorno alla casa del Padre e si converte, e la quarta parte si riferisce a quando egli vive nell'abbraccio del Padre e accetta la vocazione al Carmelo.

Parte I - La Stella si accende

Questa prima parte de *Il Bell'Amore* è il racconto della sua infanzia e della sua adolescenza fino all' età di diciotto anni, che comprende tutto quel periodo durante il quale il «figlio prodigo» vive alla casa del padre. Si può vedere già una profondissima esperienza spirituale di primaria importanza che sarà determinante per tutta la sua vita. Tutta questa prima parte è introdotta con una citazione biblica che è la chiave di tutta l'autobiografia. È dal *libro della Sapienza*, il versetto 8,2: «Questa ho amato e ricercato fin dalla mia giovinezza… mi sono innamorato della sua bellezza». Questo versetto sarà come un filo conduttore attraverso tutta l'autobiografia.

Nelle prime parole del primo capitolo padre Marcello pone l'accento sulla bellezza di Maria, raccontando che colei che ha brillato nella sua vita per la prima volta e una Stella bellissima, è la Stella del mare, è la Beata Vergine Maria. Padre Marcello ci racconta che ha cercato sempre questa meravigliosa Stella nella natura, nelle persone, nella scienza, nella letteratura e nell'arte. Questi sono quindi i luoghi della ricerca di padre Marcello: principalmente la natura, poi le persone e l'arte.

Nel secondo capitolo padre Marcello ci racconta come l'infinita bellezza di Dio, che irradia in Maria, si manifesta molto presto a lui attraverso la bellezza della creazione e attraverso l'amore di madre. Queste sono due mediazioni essenziali fin dall'infanzia che ritroveremo anche nei capitoli seguenti. Ma leggiamo un brano molto bello di questo secondo capitolo:

> «Nessuno, né le persone di Chiesa, né i libri, mi spiegavano che la maestà e la bellezza di Dio s'irradiava sulla Madre sua, che è tutta

bella, senza nessuna macchia. Chi La trova, troverà la felicità perfetta già sulla terra.
Io non sapevo di lei, ma Ella sì, Ella sapeva di me. Mi seguiva, mi si rivelava, mi attraeva e si presentava soprattutto nella natura. Là dimenticavo tutto il resto, mi parlava misteriosamente ed io, piccolo scolaro del ginnasio, comprendevo il linguaggio dell'Eternità. Alla sera, al chiaro di luna, correvo in riva al Balaton e per ore e ore godevo della scia bellissima e splendente che la luna, questo grazioso corpo celeste, baciava e tracciava sullo specchio dell'acqua. Stendevo le braccia, abbracciavo quella Bellezza e mi perdevo in Essa. Sentivo che anche quella Bellezza mi amava ed io Le appartenevo. A quei tempi non sapevo ancora il suo nome. Non sapevo che Lei si avvicinava a me in quel modo e già prendeva possesso della mia anima.
Ella però prendeva possesso di me ancora più intensamente attraverso la figura della mia cara Mamma. Era sempre difficile congedarsi da lei. Durante le vacanze correvo a casa in fretta e furia, esclusivamente per lei. Avevo bisogno di lei. Noi due eravamo tanto felici insieme. Godevamo e gioivamo a vicenda l'uno dell'altra. Mia madre aveva un bel viso, simile a quello delle statue femminili dell'arte greca che vidi in seguito. Una volta la moglie di un ispettore osservò seriamente: "Quanto è bella sua madre!". Aveva davvero un bel viso greco-romano, un viso di una bellezza classica.
Ho sempre avuto l'impressione che il suo affetto fosse perfettamente puro, spirituale, senza nulla di sensuale. Non mi accarezzava, non mi baciava che qualche volta, quando rientravo da scuola o quando mi congedavo da lei per tornarvi. Anch'io la amavo così. *Era il Bell'Amore.* La Madre del Bell'Amore si serviva di mia madre affinché io imparassi e mi preparassi al suo Amore perfetto: era una scuola meravigliosa!».[1]

Già questo primo testo ci dimostra la profondissima percezione dell'autore riguardo al rapporto tra l'ordine della natura e quella della grazia. Per padre Marcello, come per san Luigi-Maria Grignion di Montfort e per i padri della Chiesa, questo rapporto è sempre armonioso, non c'è nessuna opposizione, ma piuttosto una sintesi. Per capire questo significato profondo del rapporto di Maria con la natura e con la propria madre bisogna ricordare un pensiero di sant'Ireneo. Per sant'Ireneo infatti

[1] *Il Bell'Amore*, 5-6.

Maria è la «nuova terra» e la «nuova Eva», la «terra santa dell'incarnazione» e il «Paradiso terrestre del nuovo Adamo» che rappresenta tutta la bellezza della creazione. Ella è la «terra vergine», come dice sant'Ireneo, è la «pura natura vergine» come scrive spesso padre Marcello. Allo stesso tempo Maria come «nuova Eva» è la donna più amorevole e più bella e il suo amore si irradia in ogni madre.

Nel terzo capitolo troviamo il racconto della più importante esperienza del periodo dell'adolescenza di padre Marcello: quando egli è alunno nel collegio dei gesuiti ed è al momento della sua entrata nella Congregazione mariana. È un racconto molto bello e molto forte:

> «La Vergine Immacolata uscì dall'ombra e mostrò la sua bellezza: et amator factus sum formæ illius. Mi sono innamorato della sua bellezza per sempre (Sap 8,2).
> L'otto dicembre, nella festa dell'Immacolata Concezione, fui già ammesso nella Congregazione e ricevetti la medaglia con il nastro celeste nella chiesa dei Gesuiti. Il santuario allora mi sembrò essere il paradiso: fu come se mi fossi "fidanzato" con Qualcuno per l'eternità, ma chi era questo Qualcuno? L'Immacolata, il Verbo Eterno, Gesù, la Sapienza, la Bellezza, lo Splendore, l'Ideale: tutto ciò si unificava in me, non attraverso le operazioni analitiche del pensiero, ma in una esperienza celeste.
> Così Maria diventò mia Madre! Vale a dire diventò tutto per me: mia Madre, mia Sposa, mia Sorella, perché mi dava Gesù, la Felicità. In seguito, da carmelitano, compresi in profondità – se si può dire così – il Cantico dei Cantici e il libro della Sapienza. A quei tempi, mentre frequentavo le classi superiori del ginnasio, non li capivo poiché non li avevo nemmeno letti; eppure godevo delle realtà ivi espresse come un dono di Dio. In seguito persi quel dono per lungo tempo. [...]
> La Madre del Bell'Amore irradiava in me il Bell'Amore, Gesù ed io amavo molto ricevere la comunione. Il tabernacolo era la tenda nuziale in cui mi introducevo come furtivamente, in spirito, e la Madre del Bell'Amore mi dava il cibo degli Angeli. *Il Bell'Amore* appagava tutti i miei desideri».[2]

[2] *Ibid.*, 8-9; 10.

Questa grande grazia dell'adolescenza contiene già in germe tutte quelle che si realizzeranno in seguito nella sua vocazione al Carmelo. Con Maria e in Maria è sempre Gesù che è nel centro e che risplende. In questa esperienza di vero fidanzamento spirituale Gesù è al centro e anche Maria è intimamente presente. Il giovane adolescente è fidanzato di Gesù e di Maria, o meglio «a Gesù in Maria». E qui si trova uno degli aspetti più originali e più belli dell'esperienza di padre Marcello: questa relazione sponsale con Maria. Maria che non è soltanto Madre e Sorella come la chiamiamo nel Carmelo, ma anche Fidanzata e Sposa. Questa simbolica sponsale è fondamentale nel *Cantico dei cantici* e nel libro della *Sapienza.* Lo stesso versetto del libro della *Sapienza* 8, 2 – che serve come motto all'inizio dell'autobiografia – viene qui citato di nuovo.

L'autore del libro della Sapienza, parlando della sapienza divina, scrive: «Ho desiderato prendermela come sposa, mi sono innamorato [*erastes*] della sua bellezza». Per padre Marcello come per san Luigi Maria, si tratta della sapienza incarnata, cioè di Gesù vivente in Maria. In Gesù e in Maria si tratta della forma più alta dell'amore, dell'amore verginale che è allo stesso tempo l'amore più spirituale, più puro e anche l'amore più innamorato e più incarnato. È lo stesso amore di cui testimoniano i nostri santi del Carmelo, usando questa simbologia dell'amore sponsale con riferimento al *Cantico dei cantici.* L'enciclica di Papa Benedetto XVI *Deus caritas est* ci invita tutti a scoprire l'importanza di questo simbolo sponsale come il più grande simbolo dell'amore nella Bibbia, dell'unità dell'*eros* e dell'*agape*.

È necessario ora spiegare brevemente il significato che padre Marcello dà alla Vergine Maria presentandola come sposa. Penso che il migliore chiave interpretativa di ciò è san Francesco d'Assisi con la sua *Lettera a tutti i fedeli.* San Francesco spiega che tutti quelli che vivono nella carità – siano uomini, donne, persone consacrate o persone sposate – non sono soltanto «figli del Padre», ma anche «sposi, fratelli e madri di Gesù». Così Gesù è allo stesso tempo lo sposo, il fratello, il figlio di ogni persona che Lo ama. AmarLo con tutto il suo cuore significa amarLo in tutte queste dimensioni, con tutte queste relazioni di amore.

Santa Teresa di Lisieux mostra la stessa verità con il simbolo della lira e delle sue quattro corde. Secondo Teresa il nostro cuore umano è come una lira, cioè uno strumento musicale con quattro corde che sono le quattro dimensioni fondamentali dell'amore del cuore umano. Ogni donna ha così un cuore di sposa, di madre, di figlia e di sorella, come ogni uomo ha un cuore di sposo, di padre, di figlio e di fratello, quindi ciascuno di noi sia che viva nel matrimonio o nel celibato è chiamato ad amare con tutto il cuore, cioè con tutte queste quattro dimensioni.

Nell'autobiografia di padre Marcello sono particolarmente evidenti due corde: l'amore filiale e l'amore sponsale, cioè l'amore del figlio verso la madre e l'amore dello sposo verso la sposa, che trova il suo oggetto in Maria e, attraverso Maria, in Gesù. Bisogna notare che prima di padre Marcello sono stati già altri che hanno vissuto un vero e proprio matrimonio spirituale con Maria. Per esempio san Giovanni Eudes in Francia e san Vincenzo Pallotti in Italia. Allora si può dire che in questa esperienza dell'adolescenza, Maria ha toccato il cuore di padre Marcello in tutte le sue dimensioni, non soltanto come figlio, ma anche come fidanzato, come sposo. Questo vuol dire che Maria è diventata il suo «primo amore», «la donna della sua giovinezza». L'esperienza di padre Marcello sarà quella del popolo dell'*Antico Testamento* che dopo un tempo di infedeltà desidera ritrovare la bellezza del suo primo amore.

Parte II - La Stella si oscura

Parleremo adesso brevemente della seconda parte dell'autobiografia: quando la Stella si oscura e scompare, è come se fosse dietro le nuvole. Il «figlio prodigo» lascia la casa del Padre per un lungo periodo: passeranno sedici anni senza confessione, lo stesso tempo di sant'Agostino. Questo avviene concretamente quando il giovane Boldizsár Marton di diciotto anni va all'università di Budapest e fa l'esperienza dolorosa delle tenebre, del peccato. Si tratta prima di tutto del peccato dello spirito, cioè della con divisione delle ideologie moderne e della conseguente penetrazione dell'orgoglio e dell'idolatria dell'ego nella sua anima. Ma il Buon Pastore va alla ricerca della sua pecorella smarrita e lo fa per mezzo di Maria che rimane sempre vicino al «figlio prodigo» usando principalmente le mediazioni della natura e del prossimo, cioè della bellezza delle montagne e dell'amore dei suoi alunni e di sua madre. Così padre Marcello confessa che attraverso la «pura natura vergine» è la Vergine che lo protegge. Il racconto della morte di sua madre è molto commovente e ricorda la narrazione stessa di sant'Agostino nelle *Confessioni*.

Poi, durante l'esperienza drammatica della Prima Guerra Mondiale la presenza di Maria si manifesta specialmente attraverso un segno, una semplice medaglia che è probabilmente la «medaglia miracolosa» di Parigi, della «rue du Bac». Questa medaglia è stata consegnata a Boldizsár Marton da un bambino, uno dei suoi alunni, il suo figlioccio di cresima, che lo supplica di custodirla sempre con sé.

Parte III - La Stella riappare

Nella terza parte de *Il Bell'Amore* il «figlio prodigo» inizia il suo ritorno alla casa del Padre, sempre accompagnato da Maria, guidato da questa Stella che adesso comincia a vedere di nuovo. Qui ancora Maria si serve della mediazione della natura, della letteratura e delle persone. Nel primo capitolo padre Marcello racconta l'esperienza di quando si lascia avvolgere dalla bellezza di un ciliegio in fiore. Quando rilegge questo episodio della propria vita si vede ormai avvolto dalla bellezza e dalla purezza di Maria che rappresenta per lui proprio questo simbolo dell'albero in fiore.

È proprio in questo periodo che santa Teresa di Lisieux entra nella vita del nostro autore. Come è successo prima, quando è stato un bambino a dargli la medaglia, supplicandolo di tenerla e di portare con sé, ora è una giovane ragazza a portare nella stanza di Boldizsár Marton la *Storia di un'anima* e a supplicarlo di leggerla. In un primo momento egli la rifiuta e si arrabbia, poi la legge e viene conquistato per sempre.

Il sesto capitolo è particolarmente interessante perché padre Marcello ci racconta come egli vive ormai una esperienza veramente contemplativa: parla della contemplazione infusa della bontà di Dio. Mentre egli è cosciente del suo essere peccatore (si trova – come scrive – «in peccato mortale»), crede tuttavia essere avvolto ormai dalla bontà di Dio attraverso Maria. È molto interessante intravedere in lui, come anche in sant'Agostino, questa forza della misericordia, la forza della grazia che progressivamente vince il peccato.

L'ultimo capitolo di questa terza parte dell'autobiografia è la conversione, la confessione in cui egli parla di Maria come della «Madre dei peccatori». Questa confessione, che sembra sia stata molto difficile per lui, diventerà la fonte di una immensa gioia. In questo momento il figlio prodigo si getta, si consegna per sempre nelle braccia del Padre per mezzo di Maria, sua Madre. Dopo la sua confessione il volto della sua povera madre defunta viene trasfigurato in Maria, prendendo il volto di Maria.

Parte IV - La Stella risplende

Terminiamo con la quarta parte quando il figlio prodigo vive ormai riconciliato con Dio e scopre la sua vocazione al Carmelo. Boldizsár Marton si sente liberato dal suo peccato e continua il cammino spirituale che lo porterà al Carmelo. Attraverso Maria è sempre Gesù che è presente e che si manifesta nella sua vita come la vera luce. Gesù e Maria sono per lui come un'unica Stella e Maria le dona Gesù e lo fa vivere in Gesù. Leggiamo l'inizio di questa quarta parte:

> «Ella divenne definitivamente la stella predominante nel firmamento della mia anima. E Gesù, la Stella matutina, la vera Stella del mattino era tutt'uno con la Vergine Madre. *Così*: "Qui me invenerit, inveniet vitam" – Chi trova me trova la vita (Prov 8,35). Per chi avrà trovato la Vergine Madre, Gesù diventerà il suo tutto. Non può essere altrimenti. Gesù è presente in sua Madre nel modo più perfetto, più completo che in ogni altra creatura
>
> Quando amo Maria, al tempo stesso glorifico Gesù – quindi il Padre – perché amo la *volontà* di Dio. Perché Lei *è voluta* da Dio... Può esistere santità di vita che sia vera in chi non è disposto ad amare molto la Madre di Dio come la propria Madre, temendo che ciò possa

sottrarre qualcosa a Gesù? Che ne direbbe Gesù? "Non vado volentieri in una casa in cui mia madre non è amata" – disse Tihamér Tóth. Come può dimorare il Signore in un'anima per la quale la sua Madre è una cosa *secondaria*?!... Solo così che lo Spirito Santo può essere per noi "dulcis hospes animae": l'ospite dolce dell'anima!
Ma cosa fa Gesù con un'anima che ha trovato Sua Madre ed è così immersa in Lui – in Gesù – nella Fonte delle divine grazie? – La immerge totalmente in Maria, la consegna a Lei, la mette a disposizione di sua Madre affinché colei che Lo partorì, Lo nutrì, Lo "educò", faccia lo stesso con quell'anima e che l'anima diventi totalmente suo bambino, vale a dire vero discepolo di Gesù!».[3]

«La Madre del Bell'Amore mi donava suo Figlio, il Bell'Amore, e Gesù diventava mio e io ero per Lui. L'avevo ricevuto dalle mani di sua Madre che me Lo aveva portato e che mi aveva condotto a Lui, mi aveva dato a Lui perché io vivessi in Lui. Vivevo in Gesù come la spugna nell'acqua e Gesù viveva in me come l'acqua nella spugna.
Ecco la vita dell'Amore, naturalmente quella del *Bell'Amore*: vivere in Gesù mediante la Vergine Madre! Ciò significa *amare*, amare sempre, amare tutti, senza eccezioni. Ma questo è possibile solo se rimango nell'Amore, nel Bell'Amore, cioè in Dio – perché "Deus caritas est, et qui manet in caritate, in Deo manet, et Deus in eo" – Dio è amore e chi sta nell'amore dimora in Dio e Dio dimora in lui (1Gv 4,16)».[4]

Questo brano corrisponde esattamente alla dottrina di san Luigi-Maria Grignion di Montfort che parla di questa vita in Gesù per Maria. Gesù è sempre nel centro e Maria sempre conduce a Gesù: vivere in Gesù per Maria.

Poi viene la scoperta del Carmelo, cioè Boldizsár Marton sente per la prima volta parlare della Vergine del Carmelo e racconta il suo ritiro di quaranta giorni che vive a Mödling in Austria. Sono proprio quaranta giorni decisivi come per Gesù o come il tempo di quaresima per noi. Durante questo lungo ritiro egli scopre Teresa d'Avila, l'orazione, cioè la spiritualità del Carmelo e la propria vocazione allo stesso. È un periodo di una

---

[3] *Il Bell'Amore*, 70
[4] *Ibid.*, 73

intensa purificazione in cui rinuncia alla natura e alla musica che sono diventati per lui come degli idoli. La Madonna lo aiuta ad accettare questa radicale purificazione. Già nel suo cuore pronuncia i voti di castità, di povertà e di obbedienza. Alla fine di questo ritiro è già deciso: sarà carmelitano.

Uno degli avvenimenti raccontati è anche il suo pellegrinaggio a Lourdes. Fa questo pellegrinaggio sotto la guida del suo parroco Mindszenty che è anche il padre spirituale di Boldizsár Marton in questo periodo. (Più tardi sarà padre Marcello a diventare il confessore del cardinale Mindszenty.) A Lourdes riceve dalla Madonna la conferma della sua vocazione al Carmelo. Sono queste le pagine indubbiamente più belle della sua autobiografia. Si tratta di una intensa esperienza di amore, specialmente di amore sponsale con Maria. Cita e commenta il *Cantico dei cantici* e anche il libro della *Sapienza*.

> «La mia Madre, la mia cara Madre, la Nostra Signora di Lourdes mi sussurrò: "Tu hai la vocazione!"... Poiché avevo rinnegato me stesso, avevo preso la croce e... seguito il Maestro...
> Il mio congedo da Lourdes rimane indimenticabile. Sentivo che il mio stato d'animo di allora si consolidava per tutta la vita. Era come se fossi giunto già alla meta!... "Optavi"... Ero giunto al culmine dei miei desideri: "Inveni quem diligit anima mea, tenui eum nec dimittam"... Trovai l'amato del mio cuore. Lo strinsi fortemente e non lo lascerò... (Ct 3, 4).
> L'Immacolata! La Vergine Madre! La "Virgo Carmeli"! Madre! Sorella! Stella! "Stella maris"! L'Unica Ideale! La Sposa, la Fidanzata! Vaso insigne di devozione! Ella contiene tutto. In Lei io ricevo e diviene mio Colui che è Tutto: Gesù! Con Lei vengono in me le Tre Persone della Trinità: il Padre Creatore, la Sapienza in persona: il Figlio, l'Amore personale: lo Spirito Santo.
> Il Bell'Amore è mio, perché sua Madre è mia! La mia anima traboccava. Ella era completamente in me – con il suo Tutto. L'acqua era nella spugna e la spugna – io – era nell'acqua. La goccia nell'Oceano, nell'Acqua infinita del Bell'Amore. Eravamo l'uno per l'altro. Davvero: "L'ho amata e ricercata fin dalla mia giovinezza" – anche nel miserevole stato di peccato, nella mia sconfitta, fra le rovine della mia anima, non desideravo che Lei; nell'impura oscurità del mio cuore non facevo che sospirare la sua Purezza; ciò che mi faceva star male,

ciò per cui gemevo, soffrivo e mi lamentavo era il sentirmi privo di Lei: la Madre, il Bell'Amore, l'Ideale, l'Integrità Verginale, la Sposa Purissima…
Era proprio così, sin dalla mia giovinezza era Lei che cercavo, era solo Lei che amavo, non il peccato, né la sporcizia, era Lei, Lei, sin dalla mia giovinezza.
"Questa ho amato e ricercato fin dalla mia giovinezza, ho cercato di prendermela come sposa, mi sono innamorato della sua bellezza" (Sap 8, 2). – Precisamente, questa è la vera storia della mia vita. Ed ora la ritrovavo di nuovo, nella sua integrità, nel santo vigore della vocazione religiosa e carmelitana.
"Tenui"... la tenevo stretta; "nec dimittam", e non me la lascerò sfuggire. La tenevo, mi tenevo stretto a Lei… per sempre!».[5]

Questo è il grido dell'uomo felice, del «beatus vir». San Luigi-Maria Grignion di Montfort ne parla pure nel suo *Trattato.* Questo fatto dimostra come Maria può riempire la vita del consacrato nel celibato, non soltanto come Madre, ma anche come Sposa. Credo che l'insegnamento di padre Marcello in questo punto non è una esagerazione, ma è una cosa importantissima per oggi. Per noi religiosi e per i sacerdoti consacrati nel celibato questa presenza di Maria è capace di riempire di gioia e di colmare il cuore e la vita, e non avremo più bisogno di cercare nient'altro perché in Lei troveremo tutto: Gesù e tutta la Trinità.

Nella Pentecoste del 1925 il nostro autore va al Carmelo di Budapest dove sente raccontare dal padre Provinciale la canonizzazione di santa Teresa di Lisieux alla quale questi ha partecipato il 17 maggio dello stesso anno. Poi Boldizsár Marton entra nel noviziato di Győr il 3 luglio successivo, dove riceverà l'abito il 15 luglio e il suo nome religioso: «fra' Marcello della Vergine del Carmelo». L'autobiografia termina con una bellissima preghiera che rappresenta il vertice del suo amore mariano-trinitario. Leggiamo soltanto un passo di questa conclusione, nella quale padre Marcello esprime il suo *Totus tuus.*

---

[5] *Ibid.*, 120-121.

«Sono tutto, tutto, tutto tuo,
e Tu sei mia, oh *tutta mia* per sempre!
Cosa posso renderti, Madre mia – quid retribuam pro omnibus – per quanto mi hai dato? Me stesso? Il mio Amore? Oh, Madre del Bell'Amore! Madre mia! Non è più me stesso che dono, né il mio amore, ma il Bell'Amore stesso, Gesù! Gesù che vive in me. Ti amo con Lui, per mezzo di Lui e in Lui così, assolutamente così come vuole Lui: "Rimanete in me e io in voi" (Gv 15,4). Come ha pure supplicato il Padre prima della sua agonia: "…perché siano come noi una cosa sola; io in loro e tu in me" (Gv 17,23). E come il tuo cuore materno, Madre mia, non cessa di palpitare: *che io divenga Gesù, il tuo Gesù!* Poiché è a tale fine che tutto si è compiuto. Mi seducevi, mi attiravi a Te perché io trovassi la Vita: Gesù. Sei Tu che me lo hai donato. E la sua volontà, che è anche la volontà del Padre è che tu sia mia Madre e io sia tuo figlio, che io divenga Gesù, il tuo Gesù!
Madre mia, questo è il compimento!
E sei Tu che mi darai anche questo. So che tutto sarà compiuto. Non puoi dare una cosa più grande: Gesù è tutto. E Lui adesso è ormai mio, adesso è interamente mio. È Lui che vive in me. Perciò ti offro il mio cuore affinché esso ti ami come nessuno al mondo ti ha mai amato in questo mondo. Perché è Gesù che ti ama in me, il tuo Gesù!».[6]

Questo testo splendido mostra proprio la piena realizzazione di quelle parole del vangelo: «Ecco la tua Madre» e «il discepolo lo prese con sé». È il significato e anche il frutto del *Totus tuus.* Come fanno capire le parole di padre Marcello esse significano amare Gesù con il cuore stesso di Maria, ma amare anche Maria con lo stesso amore di Gesù. Si tratta dello stesso *Totus tuus* di san Luigi-Maria Grignion di Monfort e di quello di Giovanni Paolo II, della stessa dinamica a Gesù per Maria. Gesù ci ha dato Maria e Maria ci dà sempre a Gesù e ci dà Gesù. Maria ci dice sempre: fate tutto ciò che Gesù vi dirà (Cfr. Gv 2,5). La santità alla quale tutti siamo chiamati consiste proprio in questo: diventare Gesù. Dobbiamo diventare simili a Lui, il Capo, per opera dello Spirito Santo, avvolti nella maternità di Maria. Non c'è dunque nessuna esagerazione nell'autobiografia

[6] *Ibid.*, 159-160.

di padre Marcello, ma semplicemente la verità. La verità che santa Teresa di Lisieux espresse così quando scriveva alla sua cugina: «Non temere di amare troppo la Santa Vergine; non l'amerai mai abbastanza, e Gesù sarà molto contento poiché la Vergine Santa è sua Madre».[7] La stessa Teresa di Lisieux aveva definito la sua vocazione con le seguenti parole: «amare Gesù e farlo amare». Attraverso il racconto della propria vita anche padre Marcello esprime perfettamente la vocazione del carmelitano che sarebbe: amare e fare amare Gesù e Maria.

Padre François-Marie Léthel, ocd
teologo carmelitano

---

[7] Lettera di santa Teresa a Maria Guérin, 30 maggio 1889, LT 92.

Padre Marcello della Vergine del Carmelo, O.C.D.
(Boldizsár Marton)

Il Bell'Amore

Ricordi della mia vita in Maria

Scrisse:
Un carmelitano

[1] PREFAZIONE
Una semplice preghiera di bambino

Madre Mia! Madre del Bell'Amore, cioè della Misericordia!

Poiché Tu, nel Padre per mezzo del tuo Figlio, hai guardato la mia infima bassezza e in tutto il corso della mia vita hai fatto in me grandi cose[1] con il loro aiuto, vienimi in soccorso nella mia presente angustia, perché manco di coraggio e di forza nel mettere a nudo – *per ordine del Superiore*[2] e per pura obbedienza – il mio povero cuore umano e soprattutto nel mostrare il mio amore – ora vacillante, ora ardente, ora quasi spento e ora finalmente divampante per sempre – per il Padre, il Figlio e lo Spirito Santo e per Te, Madre mia, Maria!

Tu, che vivi in Dio e che sei colma di tutta la pienezza del Verbo Incarnato, sia viva in me, il più piccolo dei tuoi figli, affinché questa mano che tiene la penna non sappia scrivere altro che la volontà di Dio e la Tua Lode: Ave Maria! Così sia!

Máriabesnyő, il 31 maggio 1950,
la Festa di Maria Mediatrice delle Grazie.

---

[1] Cfr. Lc 1,48.49. Lo scritto autobiografico di padre Marcello inizia e termina con una preghiera rivolta a Maria. La sua preghiera iniziale inserita nella Prefazione viene ispirata da due versetti del Magnificat.

[2] Rievocando questo ordine ricevuto dal Superiore, padre Marcello scrive in una nota del suo *Diario* in data 5 settembre 1960. «L'ordine fu di tal genere: "Scriva la sua autobiografia fino al suo ingresso nell'Ordine, con particolare riguardo a questa domanda: quale influsso ebbe la Beata Vergine Maria sulla sua anima nella vita passata? Dal 1° maggio le do un mese di vacanza per scriverla"».

[2]

Motto: Hanc amavi et exquisivi
a juventute mea…
et amator factus sum
formæ illius.

Questa ho amato e ricercato
fin dalla mia giovinezza…
mi sono innamorato
della sua bellezza.

(Sap 8,2)

PARTE I

Si accende

1. Il mio paese natale

Oh, caro lettore, non avere paura della parola.[3] Era una Stella bellissima, la Stella del mare, la Beata Vergine Madre che si accese nella mia vita per la primissima volta. Ma non si accese subito. La dovevo attendere. Ed io, l'aspettavo. Anzi, mi struggevo per Lei. Non espressamente per la sua persona. A quei tempi non avevo la minima idea che Ella sarebbe stata il mio Amore, l'appagamento di tutti i miei desideri. Come avrei potuto saperlo? Ma Ella viveva in me, si nascondeva e operava, anche se nascosta, nel mio subconscio.

---

[3] Padre Marcello qui si riferisce evidentemente al titolo della I[a] parte che è senza soggetto preciso. Con questo modo di procedere adottato anche negli altri titoli delle quattro parti de *Il Bell'Amore,* egli vuole evidentemente alludere a quella misteriosa «Stella bellissima» che fin dall'inizio della sua vita era presente e che divenne decisiva per l'orientamento di tutta la vita di padre Marcello. Durante la narrazione di questa ricerca anche il contenuto di questo simbolo diventa più esplicito. Qui, all'inizio sembra poter indicare unicamente la Beata Vergine Maria. All'inizio della IV parte sarà però evidente che la Stella indica anche Gesù. Padre Marcello fin dall'inizio contempla Gesù e Maria in una tale unione che gli consente di usare lo stesso simbolo per rappresentare il significato della persona di Gesù e di quella di Maria per la propria vita. Così fa notare, dopo aver alluso a Maria, «la Stella della Vita umana che rifulse nella mia infanzia» (*Il Bell'Amore,* 69) che, in seguito alla sua conversione, risplendeva di nuovo nella sua vita. «Ella divenne definitivamente la stella predominante nel firmamento della mia anima. E Gesù, la Stella matutina, la vera Stella del mattino era tutt'uno con la Vergine Madre. *Così*: "Qui me invenerit, inveniet vitam" – Chi trova me trova la vita (Pr 8,35). Per chi avrà trovato la Vergine Madre, Gesù diventerà il suo tutto. Non può essere altrimenti. Gesù è presente in sua Madre nel modo più perfetto, più completo che in ogni altra creatura"» (*Il Bell'Amore,* 70).

Il comune in cui sono nato nella provincia di Zala, al confine di Somogy[4], non mi faceva intravedere l'ideale più bello. Né in chiesa, né a scuola, né durante la lezione di religione si parlava di Lei. Venni a conoscere il suo nome piuttosto dalle peggiori bestemmie. Sono nato nel 1887, sul finire dell'Ottocento. Quell'epoca, ai tempi delle feste del Millenario[5], non era devota. In quella regione la gente adorava la terra, il denaro, la ricchezza. Non si parlava di Dio, se non raramente... Mi correggo: se ne parlava, ma dicendo che Dio non esiste.

Mio nonno materno non solo era ateo, ma aveva abbandonato la Chiesa ed era diventato privo di ogni pratica religiosa. Si era procurato la traduzione del libro di Renan[6] e lo aveva divulgato fra la gente del paese, con una arte oratoria senza pari. Lo chiamavano «il vecchio Renan». Era falegname ed aveva un'osteria; dedicò tutta la sua vecchiaia a Renan. Quando morì venne sepolto nella fossa del cimitero.[7]

[3] Il nonno non ebbe una diretta influenza su di me, ma quando si parlava di lui il mio cuore di bambino si raggelava. I miei genitori non mi lasciavano andare da lui. Mio zio, fratello di mia madre, imitava il suo odio contro i preti, anzi contro Dio. La sua altissima statura, il suo grandissimo ingegno ed il suo straordinario talento oratorio infiammavano in molti abitanti del nostro paese l'avversione contro la Chiesa.

---

[4] La provincia di Zala è situata a sud-ovest dell'attuale territorio dell'Ungheria; confina con il lago Balaton e la provincia di Somogy verso l'est e con l'Austria verso l'ovest.

[5] Alla fine del secolo XIX, esattamente nel 1896, la nazione ungherese celebrò il millenario della sua esistenza, cioè il grande avvenimento della conquista della Grande Pianura ungherese da parte delle sette tribù, qui arrivate dall'est, attraverso i Carpazi.

[6] Joseph-Ernest RENAN (1823-1892) si formò nel seminario di Saint-Sulpice a Paris, ma lo abbandonò nel 1845 in seguito ad una crisi religiosa per proseguire gli studi filologici e filosofici, con particolare riguardo alle civiltà semitico-orientali. La sua opera più importante è *La storia delle origini del cristianesimo,* di cui fa parte la *Vita di Gesù*, a cui è legata la sua fama. Renan, richiamandosi a Kant, sosteneva che la religione va inserita nei limiti della ragione; da ciò deriva la sua convinzione che la figura di Cristo, interpretata in chiave razionalistica, si identifica con l'ideale dell'uomo morale.

[7] Cioè in una zona del cimitero non consacrata.

Per fortuna furono i miei genitori ad *educarmi*, più che altro con i loro esempi, ma non di rado anche con le loro istruzioni. Nel vestire, nelle loro maniere e nel parlare i miei genitori erano persone semplici, contadini, però devo dire che non erano in alcun modo persone volgari.

Benché mia madre somigliasse a suo padre, possedendo il suo spirito brillante e la sua formidabile forza di volontà, non era areligiosa, anzi adempiva esteriormente più o meno gli obblighi religiosi. Vi era tuttavia, in lei la caratteristica della sua famiglia: una certa durezza, un atteggiamento di incomprensione, anzi di resistenza di fronte alle profondità della vita devota. Non l'ho mai sentita cantare, però andava al pellegrinaggio di Andocs[8], nella provincia di Somogy. Quante volte le andavo incontro con i miei compagni, attraverso il confine di Somogy! L'aspettavo per poterla finalmente vedere, con il cuore palpitante. Ma non mi parlava di Maria.

Lei pure mi era molto affezionata. Credo di essere stato l'unico tesoro della sua vita. Quasi mi venerava, però mi educava con intelligenza, con severità e con bontà naturale. Quando divenni allievo del ginnasio desiderava che diventassi prete, ma si rassegnò facilmente con poche lacrime quando, già più grande, dichiarai: «Non farò il prete!».

Il mio caro papà aveva tutt'altra natura. Non sbaglio affermando che egli era il modello dell'uomo saggio. Molti l'hanno detto, cioè persone intelligenti con molta esperienza che venivano spesso a trovarlo e godevano della bontà impareggiabile del suo cuore, del suo spirito sereno ed equilibrato e della sua ospitalità disinteressata. Recitava il rosario, specialmente in chiesa, ma a casa non glicl'ho mai visto in mano. Del resto, così mi ricordo, pregava quasi sempre. Recitava lentamente, per se stesso, in modo calmo il Padre Nostro, l'Ave Maria, il Credo e le preghiere giaculatorie sgorgavano frequenti dal suo cuore. Rifletteva, faceva orazione mentale [4] in silenzio, contemplando.

---

[8] Andocs è un villaggio del Transdanubio, nella provincia di Somogy dove si trova un santuario mariano.

Era profondamente immerso nella preghiera interiore, specialmente quando era nella sua vigna, cui era molto affezionato e per la quale faceva tutto: ne aveva fatto una vigna modello.

In passato, per lungo tempo era stato a capo del Comune. Lo costrinsero a farlo poiché non era mai stato avido di "gloria". In seguito furono messe in giro delle calunnie terribili sul suo conto, che cioè avrebbe venduto i pascoli del Comune al capitolo di Esztergom.[9] Queste calunnie gli causarono molto dolore, ma se ne rassegnò con saggezza e la ferita guarì lentamente. Era un uomo incomparabilmente onesto. Quando partivo per l'anno scolastico, mi dava ogni volta lo stesso consiglio: «Figlio mio, sii onesto! Basta questo!». Era davvero il modello dell'onestà nel pensare, nel parlare e nel suo comportamento. Avrò ancora modo di mostrare quanti motivi ho di ringraziarlo.

Passiamo però ora alla Vergine Madre!

2. Keszthely

Il 1° settembre 1897 fui condotto in carrozza a Keszthely[10] per iscrivermi al ginnasio dei padri Bianchi Premostratensi. Vidi per la prima volta il lago, che mi fece una impressione profonda, indimenticabile. Il sole cominciava a sorgere proprio allora. Stavo in alto, sul bastione, davanti al palazzo di Festetich e i miei occhi si riempirono della suggestiva bellezza della natura. Miriadi di raggi di sole risplendevano sullo specchio cristallino del golfo. Quei raggi di sole scintillavano, danzavano e portavano nella mia anima di bambino la musica della beatitudine

---

[9] Esztergom è la sede del primate d'Ungheria fin dal tempo di Santo Stefano, primo re.

[10] Keszthely è una città chiamata anche «la capitale di Balaton», situata nell'angolo nord-ovest del lago. Il centro della città è la piazza principale, di cui gli edifici dominanti sono la chiesa parrocchiale costruita in stile gotico nel secolo XV e il liceo situato accanto ad essa in cui studiò anche il giovane Boldizsár Marton. Non lontano dalla piazza principale emerge il palazzo Festetich, costruito nel 1745 in stile barocco, centro di sovranità della grande famiglia nobiliare Festetich del secolo XVIII, che è il terzo palazzo più grande dell'Ungheria.

dell'Eternità, desiderata e intuita in segreto. Riuscirono a distogliermene solo a fatica. Ero assorbito da una dolce intuizione: quella Realtà beata ed immensa, cioè il buon Dio, sarebbe stata la mia eredità, ma questa beatitudine si sarebbe incarnata già qui sulla terra, e avrei dovuto trovarla in Qualcuno. Trovando questo Qualcuno, avrei trovato anche Dio.

In fondo alla mia anima risuonavano dolcemente le parole che più tardi sarebbero divenute per me con tanta sicurezza evidenti sulle labbra della Vergine Madre: "Chi trova me trova la vita e ottiene favore dal Signore" (Prov 8,35).

[5] Questo Qualcuno lo cercavo e l'amavo sempre; mi pareva di trovarlo nella natura, nelle persone, nella scienza, nella letteratura, nell'arte, dovunque; camminavo, correvo dietro di lui, all'uccello di Maeterlinck[11], l'Uccello Azzurro della felicità. Quante volte mi illusi, quante volte ero sul punto di raggiungerlo: invece, non era mai Lui! Nessuno, né le persone di Chiesa e né i libri mi spiegavano che la maestà e la bellezza di Dio s'irradiavano sulla Madre sua, che è tutta bella, senza nessuna macchia.[12] Chi La trova, troverà la felicità perfetta già sulla terra.

Io non sapevo di lei, ma Ella sì, Ella sapeva di me. Mi seguiva, mi si rivelava, mi attraeva[13] e si presentava soprattutto nella natura. Là dimenticavo tutto il resto, mi parlava misteriosamente ed io, piccolo scolaro del ginnasio, comprendevo il linguaggio dell'Eternità. Alla sera, al chiaro di luna, correvo in riva al Balaton e per ore e ore godevo della scia bellissima e splendente

[11] Maurice Maeterlinck (1862-1949): poeta e drammaturgo belga. Nel 1911 ebbe il premio Nobel. *L'uccello azzurro* è uno dei suoi capolavori. In questa sua favola narra di due bambini che, alla vigilia di Natale, ricevono un berretto magico che permette di vedere la realtà nascosta delle cose. I bambini fanno in seguito un viaggio di conoscenza nel tempo e nello spazio alla ricerca dell'uccello azzurro che dà la felicità, conoscendo le gioie che derivano dall'egoismo e quelle che derivano dalla bontà e dall'altruismo. Infine, tornati a casa senza essere riusciti a catturare l'uccello azzurro della felicità, scoprono che questa si trova nella vita di tutti i giorni, nella quotidiana serenità dell'affetto materno e nella capacità di donare gioia a chi non ne ha.

[12] Cfr. Ct 4,7.

[13] Cfr. Sap 6,13.16.

che la luna, questo grazioso corpo celeste, baciava e tracciava sullo specchio dell'acqua. Stendevo le braccia, abbracciavo quella Bellezza e mi perdevo in Essa. Sentivo che anche quella Bellezza mi amava ed io Le appartenevo. A quei tempi non sapevo ancora il suo nome. Non sapevo che Lei si avvicinava a me in quel modo e già prendeva possesso della mia anima.

Ella però prendeva possesso di me ancora più intensamente attraverso la figura della mia cara mamma. Era sempre difficile congedarsi da lei. Durante le vacanze correvo a casa in fretta e furia, esclusivamente per lei. Avevo bisogno di lei. Noi due eravamo tanto felici insieme. Godevamo e gioivamo a vicenda l'uno dell'altra. Mia madre aveva un bel viso, simile a quello delle statue femminili dell'arte greca che vidi in seguito. Una volta la moglie di un ispettore osservò seriamente: «Quanto è bella sua madre!». Aveva davvero un bel viso greco-romano, un viso di una bellezza classica.

Ho sempre avuto l'impressione che il suo affetto fosse perfettamente puro, spirituale, senza nulla di sensuale. Non mi accarezzava, non mi baciava che qualche volta, quando rientravo da scuola o quando mi congedavo da lei per tornarvi. Anch'io la amavo così. *Era il Bell'Amore.*[14] **[6]** La Madre del Bell'Amore si

---

[14] Padre Marcello qui definisce «Bell'Amore» l'amore materno con cui sua madre lo amava, tuttavia subito nella frase seguente lo qualifica e lo precisa solo come preparazione all'«Amore perfetto». L'amore della madre terrena era certamente decisivo per Boldizsár Marton anche perché divenne l'icona della Madre del Bell'Amore (Cfr. *Il Bell'Amore,* 65). La madre lo considerava come l'unico tesoro della sua vita (Cfr. *Il Bell'Amore,* 3) e «una sola cosa contava per lei: suo figlio» (Cfr. *Il Bell'Amore,* 27). Non gli parlava però di Maria (Cfr. *Il Bell'Amore,* 3), ancor meno di Gesù, e i bellissimi ricordi avuti del suo amore non gli poterono togliere il senso di tristezza e di vuoto che creò nel suo cuore l'avvenimento doloroso della morte della madre (*Il Bell'Amore,* 27-28). In questo senso l'amore della madre è solo preparazione al «Bell'Amore» che non è altro che Gesù stesso (*Il Bell'Amore,* 10, 38, 73, 80), che lo Spirito Santo riversa nel suo cuore (*Il Bell'Amore,* 80, 83, 99, 107, 115, 152) e che Boldizsár Marton impara a distinguere solo progressivamente «da ogni altro cosiddetto amore» (*Il Bell'Amore,* 83). Fra le creature solo Maria – che «non conosce altro amore, non può donarlo, non sa darlo» (*Il Bell'Amore,* 73) – è capace di dargli in modo esclusivo questo «Bell'Amore». È nella scuola di Maria che Boldizsár Marton si trasforma Figlio del «Bell'Amore» (*Il Bell'Amore,* 38) cioè impara ad accogliere il «Bell'Amore» («la Madre del Bell'Amore mi donava suo Figlio, il Bell'Amore, e Gesù diventava mio e io ero per Lui» – *Il Bel-*

serviva di mia madre affinché io imparassi e mi preparassi al suo Amore perfetto: era una scuola meravigliosa!

Mio padre sapeva bene quanto io amassi mia madre. Un piccolo episodio rivela la sua delicatezza; una volta egli venne a trovarmi nel corso dell'anno scolastico, ma non mi disse nulla del fatto che aveva dovuto ricoverare la mamma all'ospedale di Nagykanizsa[15] perché era caduta dalla scala della soffitta e si era rotta una gamba. Aveva chiesto a tutti di tenere segreta la cosa, ben sapendo quale dolore mi avrebbe causato tale notizia. Più tardi, quando venni a sapere dell'incidente, ne fui quasi inconsolabile.

Una volta offesi molto il suo cuore di madre. Non ricordo esattamente per quale motivo, ma con una sconsideratezza infantile, l'accusai di qualcosa davanti a mio padre. La mia anima pianse molto per quella indelicatezza ed il suo volto triste mi causò un profondo dolore. Naturalmente lei mi perdonò, lo dimenticò, ma io non ho mai potuto dimenticarlo. *Il Bell'Amore* subì un affronto grandissimo!

Avevo un compagno molto buono che si chiamava Beppe H. Ci volevamo molto bene e ci capivamo in tutto; eravamo uniti anche nel gioco. Una volta – forse avevo un diavolo per capello come direbbero in Zala – verso sera, finito di giocare, cominciai a beffarlo e non finivo più lo sbeffeggiamento. D'altronde, non avevo l'abitudine di beffare e deridere gli altri. Non ricordo se questo mi capitasse anche con altri o in altre occasioni. Mi sento proprio male fisicamente se qualcuno viene deriso dagli altri davanti a me. – Quel ragazzo mite e pieno di bontà si rattristò in modo indescrivibile. Quanto a me, quando mi resi conto di ciò che avevo fatto, il mio cuore ne fu profondamente addolorato per diversi giorni. Quel ragazzo, dopo l'esame di maturità, divenne chierico premostratense, un novizio buono, amabile in

l'Amore, 73) attraverso il dono completo di se a Gesù, a vivere «nel Bell'Amore, cioè in Dio» (*Il Bell'Amore,* 73) e ad «amare sempre, amare tutti, senza eccezioni» (*Il Bell'Amore,* 73 e 110).

[15] Nagykanizsa è la seconda città per importanza della provincia di Zala a sud-ovest dell'Ungheria.

modo ideale. Ben presto però Dio chiamò a sé quell'anima incomparabilmente bella. Quando venni a conoscenza di questa triste notizia, la ferita già guarita, si riaprì. Il peccato del disamore mi doleva terribilmente. Anche qui il *Bell'Amore* subì un affronto terribile!

Ero uno scolaretto sensibile ad ogni impressione. Cominciò l'adolescenza. Vedendo ora le cose da lontano mi sembra di poter dire che le influenze cattive furono neutralizzate da quella cara Sconosciuta, la Benedetta Ignota, la Madre celeste! **[7]** I discorsi, la condotta dei miei piccoli compagni adolescenti, i libri cattivi, le marachelle scolastiche e le stupide imitazioni degli adulti scivolavano via dalla mia anima senza lasciare impressioni durature e tragicamente devastanti. La Madre del *Bell'Amore* vegliava su di me!

La madre di uno dei miei compagni di classe era incredibilmente sconsiderata. Ci dava fascicoli di gialli e moltissimi libretti e noi ogni notte divoravamo quelle cose orribili. Uno di quei libretti si intitolava «Omicidio sul rapido». Mi pare che quelle stupidaggini – talvolta neanche non comprese – perdessero ben presto il loro mordente quando andavamo in barca al colle S. Michele[16] o quando percorrevamo il dorsale e la sella dei monti e andavamo a raccogliere le ametiste alla Pietra delle cornacchie, nella grotta del famoso brigante, Beppe Savanyú.[17] Mi piacevano i libri sui viaggi, però i numerosi romanzi di Jókai[18] indebolivano la mia volontà, peraltro abbastanza forte.

La provvidenza del *Bell'Amore* vegliava sullo scolaretto. Neanche oggi capisco come potesse germogliare in me la vocazione sacerdotale in quel periodo completamente indifferente

---

[16] Un colle incoronato in cima da una cappella che, come una piccola penisola, rientra nel lago Balaton a qualche chilometro da Keszthely.

[17] Nel secolo XVIII, ma soprattutto dopo la sconfitta della Guerra d'Indipendenza del 1848-49, le grandi foreste al nord del lago Balaton furono fra i luoghi preferiti di molti briganti. Intorno ai loro nascondigli e alle osterie visitate da loro si crearono e diffusero molte leggende. Uno di questi briganti famosi fu Beppe Savanyú (1841-1907).

[18] Mór Jókai (1825-1904): romanziere molto fecondo e molto popolare dell'epoca romantica in Ungheria.

in materia di fede, in quella società ungherese della fine del secolo XIX, nonostante tutte le influenze contrarie. A Keszthely no, ma a casa, nella nostra casa di famiglia, durante le vacanze, spesso, molto spesso "celebravo" la Messa. Ricordo approssimativamente che dicevo tutta la Messa come avevo visto fare dai preti. Sapevo infatti fare bene il chierichetto. Naturalmente queste Messe erano cantate. Di solito avevo una sola ascoltatrice, la vecchia zia Kati Szere, cui mia madre affidava la custodia della casa. Ogni tanto la vecchia zia si addormentava, ma lo squillante «Gloria», i «Dominus vobiscum» e il «Prefazio» la svegliavano. Sapevo cantare il Padre Nostro meglio di tutto. Era come se facessi a zia Kati anche la predica... Mia madre mi guardava compiaciuta: suo figlio si farà sacerdote!

[8] 3. Nagyszombat

Poi, ad un tratto tutto cambiò. Per fare la quinta classe del ginnasio[19] mi ritrovai a Nagyszombat, la vecchia città di Pázmány.[20] Avevo uno zio che in realtà non era un parente, ma lo consideravamo tale: era il mio caro, indimenticabile zio Beppe. Era un sacerdote professore del mio stesso paese e con lo stesso nostro cognome; era molto affezionato a noi e specialmente a me. Per facilitare i miei studi e per avermi sempre sott'occhio, mi portò a Nagyszombat. Lo zio fu lo strumento della divina Provvidenza perché di colpo mi si aprirono gli occhi e si spalancarono alla mia anima orizzonti fino ad allora insospettati. Fu opera della Vergine Madre. Lei, la mia Stella, il

[19] Secondo il sistema degli studi in vigore a quell'epoca, Boldizsár Marton, dopo aver studiato per 4 anni alla scuola elementare nel suo paese natale, fu iscritto nel 1897, all'età di 10 anni, al ginnasio cattolico di Keszthely. Dopo aver compiuto i 4 anni del ginnasio inferiore a Keszthely, si trasferì al liceo arcivescovile di Nagyszombat nel 1901, all'età di 14 anni, per incominciare il primo anno del ginnasio superiore che comprendevano 4 anni di studi, prima di essere ammesso all'Università.

[20] Nagyszombat: città situata a nord-ovest dell'Ungheria (oggi Slovacchia). Durante l'occupazione turca fu il rifugio dell'arcivescovo-primate e del capitolo di Esztergom. Nel secolo XVII il cardinale Péter Pázmány (1560-1637) vi fondò un collegio di gesuiti ed una Università.

mio unico Ideale, che fino ad allora si era mantenuta in tutto il suo mistero, *si accese* qui per la prima volta.

Arrivai in un mondo totalmente nuovo. I miei compagni di classe erano ungheresi, tedeschi e slovacchi, ragazzi ricchi, altri molto poveri, come pure numerosi ragazzi appartenenti alla piccola nobiltà. Mi meraviglio ancor oggi di come mi sia potuto tenere lontano da loro tanto da non farmi influenzare. Eppure non evitavo nessuno. Devo riconoscere che, in generale, mi volevano bene. Eppure vivevo la mia vita di scolaro del tutto separato: sotto lo sguardo vigile della Vergine Madre. È qui infatti, che la trovai; e con Lei trovai la Vita, Gesù.

Spalancai gli occhi quando, già nei primi mesi, alcuni mi incoraggiarono: «Entra nella *Congregazione*!».[21] Di che cosa si trattava? Non l'avevo mai sentita nominare. Nel Sud-Transdanubio non la si conosceva, perciò mi avvenne come a san Paolo ad Efeso con i discepoli di Giovanni: "Avete ricevuto lo Spirito Santo?". "Non abbiamo nemmeno sentito dire che ci sia uno Spirito Santo".[22] E anch'io fui "battezzato" di nuovo. Tutto il mondo cambiò per me quando cominciai ad andare alle riunioni del sabato sera nella bellissima e antica cappella della Congregazione. La Vergine Immacolata uscì dall'ombra e mostrò la sua bellezza: "et amator factus sum formæ illius". Mi sono innamorato della sua bellezza per sempre (Sap 8,2).

L'8 dicembre, nella festa dell'Immacolata Concezione, fui già ammesso nella Congregazione e ricevetti la medaglia con il nastro celeste nella chiesa dei Gesuiti. **[9]** Il santuario allora mi sembrò essere il paradiso: fu come se mi fossi "fidanzato" con Qualcuno per l'eternità, ma chi era questo Qualcuno? L'Immacolata, il Verbo Eterno, Gesù, la Sapienza, la Bellezza, lo Splendore, l'Ideale: tutto ciò si unificava in me, non attraverso le operazioni analitiche del pensiero, ma in una esperienza celeste.[23]

---

[21] Si tratta di una Congregazione Mariana.

[22] Cfr. At 19,2.

[23] Padre Marcello adopera qui un termine ungherese che per esperienza intende quella che coinvolge tutte le dimensioni del suo essere.

Così Maria diventò mia Madre! Vale a dire diventò tutto per me: mia Madre, mia Sposa, mia Sorella, perché mi dava Gesù, la Felicità. In seguito, da carmelitano, compresi in profondità – se si può dire così – il *Cantico dei Cantici* e il *Libro della Sapienza*. A quei tempi, mentre frequentavo le classi superiori del ginnasio, non li capivo poiché non li avevo nemmeno letti; eppure godevo delle realtà ivi espresse come un dono di Dio. In seguito persi quel dono per lungo tempo.

Quando frequentavo la sesta classe, per la prima volta diventò nostro preside Francesco Bíró, il famoso e grande gesuita[24], che a quei tempi era un giovane padre novellino; in seguito lo fu ancora una volta mentre frequentavo l'ottava classe del ginnasio. Questo giovane padre era pieno di spirito e di ardore. Il tema delle sue prediche era la Grande Signora.[25] Quelle prediche mi entusiasmarono e mi aprirono ad una vita di scolaro idealmente bella, ad una vita cristiano-cattolica al cento per cento. Ancor oggi lo ricordo con molta gratitudine, così come ricordo mio zio. Stranamente però, per amare la Vergine Madre seguivo una via del tutto particolare. Era la Vergine Madre stessa, l'Immacolata a guidarmi. Padre Bíró presentava la Patrona Hungariæ alla gioventù di quel tempo tanto corrotta con la forza e l'ardore di un eccellente oratore: soltanto Lei poteva aiutarci, Lei era la nostra unica speranza. Il Padre aveva scritto un dramma sulla "Grande Signora degli ungheresi" ed anch'io vi recitai una delle parti principali: la parte dell'Ungheria; con un manto regale e la corona in testa dovevo cantare davanti alla Madonna: «Signora Beata, nostra Madre». Rappresentammo il dramma nel nostro teatro, costruito all'epoca di Pázmány, con un gran successo.

[24] Ferenc Bíró (1869-1938), sacerdote, insegnante, provinciale dei gesuiti. Fu predicatore conosciuto, scrittore cattolico e redattore di numerose riviste cattoliche. Grande propagatore della devozione al Sacro Cuore di Gesù e delle Congregazioni Mariane.

[25] La Grande Signora: così chiamano di preferenza gli ungheresi la Beata Vergine Maria. Da santo Stefano, primo re dell'Ungheria, che le offrì la sua corona e affidò il suo regno prima di morire nel 1038, la Madonna è la Grande Signora degli ungheresi, la "Patrona Hungariae".

Tuttavia vivevo interiormente separato dal mondo della Congregazione. Conducevo una vita del tutto diversa, eppure vivevo in essa insieme ai miei compagni della Congregazione: fui eletto a coprire diverse cariche, una dopo l'altra; quando frequentavo l'ottava classe fui perfino nominato prefetto. Tuttavia era come se la Vergine Maria mi istruisse, mi educasse direttamente all'Amore, proprio *al Bell'Amore*, per sé, per Gesù e, in una prospettiva futura, per tutti gli uomini. A quei tempi neanche capivo tutto ciò in questo modo, solo *ora* lo comprendo. Allora ne godevo solamente.

Avvenne così. **[10]** Mio zio era solito celebrare la Messa all'altare maggiore della bella chiesetta delle Orsoline ogni mattino alle sei e mezzo ed io gli facevo da chierichetto. Alla Messa partecipavano pochissime persone. Dopo rimanevo solo in chiesa. Semplicemente m'inginocchiavo davanti all'altare, chiudevo gli occhi e subito si apriva il Cielo. Era il mio Cielo personale, soltanto mio e soltanto per me. Anche in questo momento lo rivedo come in quel tempo, soltanto non in modo altrettanto vivo e reale.

Un prato di gigli che si estendeva all'infinito, una luce di indicibile dolcezza che non feriva la vista, ma la faceva piuttosto riposare; in mezzo la Vergine Madre, con in braccio Gesù Bambino. Mi guardavano dolcemente, sorridendo. Ed io li guardavo, li vedevo e ricambiavo il loro sorriso, ma sentivo che il mio sorriso era il riflesso del loro sorriso sul mio volto, sulle mie labbra, sui miei occhi, sul mio corpo e sulla mia anima. Irradiavano su di me la beatitudine del *Bell'Amore*.

Quanto tempo durava? Credo dieci minuti, un quarto d'ora, a volte forse più ancora, perché questo non mi accadde una sola volta, ma innumerevoli volte specialmente quando frequentavo la sesta classe. La Madre del Bell'Amore irradiava in me il Bell'Amore, Gesù, ed io amavo molto ricevere la comunione. Il tabernacolo era la tenda nuziale in cui mi introducevo come furtivamente, in spirito, e la Madre del Bell'Amore mi dava il cibo degli Angeli. *Il Bell'Amore* appagava tutti i miei desideri.

Amavo e cercavo questo in tutto. Lo studio, le lezioni e le mie letture servivano a questo scopo. Ella ricopriva tutto di bellezza.[26] Velava con il suo velo bianco le cose, la città, i prati di Nagyszombat e le persone, specialmente alcune. Era come se vivessi nell'Immacolata mia Madre. Mi circondava, mi difendeva, mi portava e, se cadevo nella palude, subito me ne traeva fuori. Ad un tratto mi sono purificato, divenni candido come la neve. Vivevo **[11]** come se la terra, il fango e la sporcizia non esistessero più. Vivevo nella Madre Immacolata, *nel Bell'Amore*.

Non provavo né odio, né avversione alcuna, provavo affetto per tutti, facevo del bene a tutti. A Keszthely, nelle quattro classi inferiori del ginnasio ero stato un'alunno mediocre. Qui a Nagyszombat divenni un ottimo alunno, ma la pagella non mi interessava molto. Non mi importava niente, mi interessava solo il Bell'Amore. Quando frequentavo l'ottava classe fui eletto presidente del circolo letterario e prefetto della Congregazione. I miei compagni mi volevano bene. Sentivo di non meritare i massimi voti, soprattutto in fisica e in matematica credevo di riceverli a causa degli altri ottimi voti e forse per il prestigio di mio zio. Questi mi incoraggiava a competere con tutti nello studio, ma non ne sentivo alcun desiderio. Volevo avere solo la Vergine Madre. Non lo dissi però allo zio. La grazia divina si spandeva su di me. Veramente non avevo meriti. Ero assolutamente consapevole della mia nullità. Mi sentivo come un piccolo mendicante vestito da principe ereditario, portato al palazzo reale e trattato come un vero principe. Sapevo e sentivo di essere un mendicante ed ero infinitamente felice.

Lasciavo che la Regina dei Cieli ed il suo Bambino Gesù mi vestissero, mi immergessero nell'acqua viva della grazia, che era pura come il cristallo e quando Essi mi rialzavano dalle mie sciocche cadute, lasciavo che mi coccolassero ancora di più. Il poeta László Mécs[27] direbbe: «Mi sono lasciato amare, mi sono

---

[26] Padre Marcello qui intende dire che tutti i particolari della sua vita concreta – volti, fatti, relazioni – acquisivano con Maria un fascino nuovo penetrato di autentica bellezza.

[27] László Mécs (1895-1978): prete insegnante dei Premonstratensi, uno dei poeti cattolici ungheresi più famosi del secolo XX. Terminò la sua vita nell'abbazia benedettina di Pannonhalma che il governo comunista gli assegnò come residenza. Secondo

lasciato guidare». Ero un bambino, un vero bambino. Non mi prefiggevo nessuno scopo, *mi sono lasciato prendere*, mi abbandonavo solamente al Bell'Amore.[28]

Alle nostre feste venivano ottimi predicatori, anche preti di alto rango, e spiegavano in maniera eloquente come dovessimo *noi* plasmare, scolpire, riprodurre il Cristo nella nostra anima, come una statua d'arte. Mi venivano i brividi. Per un attimo persi ogni speranza: io non posso diventare Cristo, io non so modellare, scolpire, battere, non sono scultore;[29] **[12]** io non

---

le testimonianze dei confratelli, padre Marcello amava citare le sue poesie con predilezione.

[28] Padre Marcello ricorda che, senza particolare riflessione, per una reazione spontanea, già da ragazzino visse in quell'atteggiamento dell'abbandono completo che è l'unica risposta autentica all'Amore rivelato di Dio in Cristo Gesù. L'immagine del bambino, con il quale egli illustra questo atteggiamento, gli viene ispirato dalla propria giovane età, in cui egli stesso fu capace di vivere per un periodo, e dal vangelo in cui Gesù stesso, parlando della condizione per entrare nel Regno di Dio, pone un bambino davanti ai suoi discepoli (cfr. Mt 18,3-4; 19,14). Inteso in questo modo, l'atteggiamento illustrato con il bambino ha proprio il significato opposto dell'infantilismo: indica infatti l'atteggiamento di una persona matura, capace di dare tutto se stesso come esso viene rivelato pienamente nell'autodonazione di Gesù Cristo. Padre Marcello, come anche santa Teresa di Lisieux, comprende che «amare è dar tutto, anche se stesso» (cfr. l'ultima poesia di santa Teresa di Lisieux, «Perché t'amo, Maria», str. 22) e cerca di imparare la risposta adeguata all'amore di Dio alla scuola di Maria. Gli appunti del suo Diario dimostrano chiaramente cosa intende padre Marcello con l'immagine del bambino che desidera imitare: «Il bambino!!! Che cosa darebbe? – Dà se stesso. Tanto che non ha nulla!... Né argento, né beni, né talenti: non ha nulla se non il suo essere bambino! E dà questo: i suoi occhi, il suo sorriso, la sua freschezza, la sua completa innocenza, la sua purezza assoluta, dà la sua fiducia, il suo essere bambino. Le sue braccia, il suo bacio, il suo amore. Dà tutto se stesso – per tutti!» (28 giugno 1958). «Il bambino si dà così come è; anzi, si consegna, in modo innocente. Non sa fare altro che amare. Non analizza il suo amore, non lo esamina, tutto il suo essere è penetrato dal sentimento del bisogno della mamma. Insomma quello che nella vita spirituale chiamiamo con l'espressione specifica "dono di sé" è la caratteristica più propria del piccolo bambino. È questo il suo modo di farsi amare. Ed è in questo che consiste la sua graziosità. Pure Dio ama particolarmente questo dono di sé nell'anima umana: è in questo modo che l'anima si getta nelle braccia di Dio. [...] È tanto bello e tanto grazioso questo spirito di bambino! Dio se ne innamora e anche noi. È questo amore il Bell'Amore» (9 maggio 1965).

[29] Per l'esperienza vissuta, padre Marcello già da giovane comprese che sul cammino della perfetta conformazione a Gesù Cristo il primato è della grazia di Dio, accolta con l'atteggiamento dell'abbandono totale sul modello della maternità di Maria, di fronte all'attivismo ascetico espresso con i termini «modellare, scolpire, battere Cristo». Tutto ciò corrisponde perfettamente a quello che descrive san Luigi Maria Grignion de

so niente, assolutamente niente, non sono capace di fare nulla. Abbandonando questi maestri nell'arte del vivere, correvo dalla mia candida Madre e davanti alla porta dorata del Tabernacolo bussavo alla porta a Gesù Bambino. Attendevo così la mattina, la Santa Messa nella chiesa delle Orsoline. Vedevo l'immenso prato di gigli e in mezzo la Vergine Madre, con il Bambino divino in braccio. *Il Bell'Amore* mi sorrideva e, per ben quattro o cinque anni, la Grazia divina plasmò in me almeno una pallida copia del Cristo.

Perché lo fece? Penso perché gli lasciavo "mano libera". Non opponevo resistenza, gli consegnavo tutto, soprattutto il mio libero arbitrio. Lo sapevo e lo comprendevo fin nel profondo dell'anima, impregnato come ero della consapevolezza che non potevo fare nulla da me stesso, ma con Lui potevo fare *tutto*.[30] In quel tempo non ero ancora "testardo". Mi immer-

---

Montfort nel suo *Trattato della vera devozione a Maria* al riguardo della differenza fra i due modi di intendere la riproduzione di Gesù Cristo in noi, illustrando con l'immagine dello «stampo» e con quella dei «colpi di martello»: «Ti prego di porre attenzione a ciò che ho detto: i santi sono modellati in Maria. C'è una grande differenza tra scolpire un'immagine in rilievo a colpi di martello e scalpello, e produrla gettandola in uno stampo. Gli scultori e gli statuari lavorano molto per realizzare le immagini nel primo modo e vi impiegano molto tempo; ma nel secondo modo ci mettono poco tempo e faticano meno. Sant'Agostino chiama la Santa Vergine: *forma Dei,* cioè lo stampo di Dio, uno stampo adatto a dare forma e a modellare degli esseri divini. Chi viene gettato in questo divino stampo, viene presto formato e modellato in Gesù Cristo e Gesù Cristo in lui: con poca spesa e in poco tempo, diventerà dio, poiché è stato gettato nel medesimo stampo che ha dato forma a un Dio. Mi sembra di poter paragonare molto a proposito i direttori spirituali e le persone devote che vogliono formare Gesù Cristo in sé o negli altri per mezzo di altre pratiche diverse da questa, agli scultori che ripongono fiducia nel loro saper fare, nel loro ingegno e nella loro arte: essi danno un'infinità di colpi di martello e scalpello a una pietra dura, o a un pezzo di legno grezzo, per farne un'immagine di Gesù Cristo. A volte non riescono a dare i lineamenti di Gesù Cristo al naturale, sia per mancanza di conoscenza e di esperienza di Gesù Cristo, sia per qualche colpo dato male, che ha rovinato l'opera. Quelli invece che abbracciano questo segreto di grazia che io propongo, li paragono giustamente a dei fonditori e modellatori, i quali avendo trovato lo stampo buono di Maria, nel quale Gesù Cristo è stato naturalmente e divinamente formato, non si fidano della loro bravura, ma contano unicamente sulla bontà dello stampo, e si gettano, e si perdono in Maria, per diventare il ritratto al naturale di Gesù Cristo» (nn. 219-220, pp. 199-200, Edizioni Monfortane, Roma 200).

[30] Cfr. Fil 4,13.

gevo, mi lasciavo sprofondare nella bontà del Bell'Amore. Era così dolce cullarsi in questo Oceano divino ed ancor più sapere di essere una goccia insignificante in esso. All'Università, quando diventai "testardo" sperimentai anche la caduta... Ma per ora non voglio parlarne. Restiamo ancora a Nagyszombat!

Stranamente la vocazione al sacerdozio scomparve del tutto dalla mia anima. Fino ad allora volevo diventare sacerdote secolare, ma qui a Nagyszombat, a quindici anni ricevetti da mio zio la «Tragedia dell'uomo», scritta da Madách[31], con ampie annotazioni. Mi applicai a leggere quel dramma con una vera passione; giorno e notte mi immersi in esso, ne presi appunti, lo studiai, lo assaporai e ad un tratto dichiarai: «No, non mi farò sacerdote, diventerò professore laico». L'ultima frase della tragedia mi impressionò molto: "Lotta ed abbi fiducia in te!". A quei tempi non percepivo ancora il pessimismo del dramma, perché il mio temperamento ottimista e soprattutto il mio animo del tutto cattolico addolcivano l'austero insegnamento delle quindici scene.

[13] Penso che la Madre del Bell'Amore mi facesse distillare miele cristallino da ogni cosa. Nelle figure femminili della tragedia cercavo sempre l'Ideale, il verginale, l'amore celeste e non quello della terra. Nelle figlie di Eva, le loro debolezze e la loro corruzione non mi facevano rabbrividire, sentivo piuttosto una compassione profonda e una volontà di aiutarle: come si sarebbe potuto toglierle "de lacu miseriæ et de luto

---

[31] Imre Madách (1823-1864): drammaturgo e scrittore ungherese. Partecipò alla guerra d'Indipendenza del 1848 in Ungheria e dopo il crollo venne sempre più emarginato. Nacque da questa esperienza di isolamento e di fallimento politico «La tragedia dell'uomo», l'opera principale di Madách. L'opera fu tradotta in più di 18 lingue e venne rappresentata largamente nel mondo. «La tragedia dell'uomo» è influenzata dal Faust di Goethe ed elabora dei concetti affini. L'opera è composta di quindici scene nelle quali vengono rappresentate dieci epoche storiche. I personaggi principali sono Adamo, Eva e Lucifero. I tre viaggiano nel tempo facendo tappa nei momenti decisivi della storia umana. Lucifero cerca di convincere Adamo che la vita è senza senso e lo sarà sempre di più, finché il genere umano non si estinguerà. Le ultime parole dell'opera indirizzate dal Signore ad Adamo – «Lotta ed abbi fiducia in te!» – impressionarono fortemente anche il giovane Boldizsár Marton come egli qui racconta.

fæcis" (Sal 39), dalla fossa della morte e dal fango della palude e stabilire i loro piedi sulla roccia, e mettere sulla loro bocca un canto nuovo...

Mi piacevano molto le poesie di Vörösmarty.[32] Nel suo animo puramente cattolico, nelle sue figure femminili c'era il riflesso della bellezza della Vergine Madre Immacolata. Frequentavo la sesta classe del ginnasio. Durante le vacanze di Pasqua lessi giorno e notte le sue opere complete – compresi i drammi –, prendendo appunti. Facevo mia quella visione della vita, quel modo di pensare e l'animo del poeta e, soprattutto nelle sue figure femminili, "amavo e cercavo"[33] la Vergine Madre. Era sempre Lei che cercavo, anche se inconsapevolmente.

L'Immacolata vegliava perché in me la terra fosse ricoperta di Cielo, perché il suo manto – il bel firmamento celeste – scendesse sulla terra fangosa e rendesse la valle di lacrime un giardino pieno di fiori. Mi educava per farmi suo. Oh, tutto era così facile a quei tempi... Come sarebbe stato difficile invece dopo la caduta, come sarebbe stato difficile recuperare il Paradiso perduto!

I miei Ideali erano san Luigi Gonzaga, ed ancor più sant'Emerico.[34] Lo chiamavo sempre così: sant'Emerico, il principe casto. Quando vennero le forti tentazioni dell'adolescenza, mi bastava dare uno sguardo ad una bella immagine sacra di sant'Emerico e subito vinceva – il Giglio! Cercavo la stessa cosa[35] anche in alcune ragazze amiche. L'Ideale che non subiva mai "sconfitte" era sempre la mia Vergine Madre. Se La dimenticavo, me ne pentivo amaramente.

A cosa servirono quei quattro anni vissuti come figlio di Maria? "Mitte radices in electis meis". Metti le radici nei miei

---

[32] Mihály Vörösmarty (1800-1855) è con Sándor Petőfi e János Arany uno dei più grandi poeti ungheresi del periodo romantico.

[33] Allusione al versetto 8, 2 del libro della *Sapienza* che servì come motto del *Bell'Amore*.

[34] Sant'Emerico (Imre in ungherese) era figlio di santo Stefano, primo re dell'Ungheria. Fu il principe ereditario al trono ungherese, ma morì in un'incidente di caccia quando suo padre era ancora vivo. È venerato come Patrono della gioventù ungherese.

[35] Cioè la bellezza della Vergine Madre Immacolata.

eletti[36] – dice il Signore a Maria secondo la Chiesa **[14]** (dall'epistola della festa dell'Assunzione di Maria). La Madre del Bell'Amore mise le sue radici in me. Mi sia consentito dirlo con umile gratitudine: ero il suo eletto.

A quei tempi le radici germogliavano con una rapidità impressionante, e tutto era coperto di fiori, ma la vita falciò i fiori per lungo tempo. Le radici però rimasero!

***

La Stella, la Stella del Mare si accese
e rifulgeva nel cielo della mia giovane anima
con una bellezza meravigliosa,
poi si oscurò, come se fosse caduta, come se
fosse scomparsa…
Ma non scomparve per sempre! No! No!
La Vergine Madre ha dei progetti su tutti i suoi figli.
E chi una volta L'ha molto amata, anche solo
una volta,
sarà salvato da Lei per sempre
anche se pareva perduto.

[36] Cfr. Sir 24,13 (secondo la *Vulgata*).

PARTE II

Si oscura

1. All'Università

Accadde tutto in modo diverso da come avevo immaginato. Dopo l'esame di maturità (1905) mi iscrissi alla Facoltà di Lettere a Budapest. Mi sentivo come un pesce fuor d'acqua che si dibatte per vivere, trovandosi senz'acqua, il suo "elemento naturale", l'unica cosa che gli permette di vivere. Proprio così ero anch'io.

Venni raggiunto da mille influssi, mille impressioni e da migliaia e migliaia di delusioni. Quello non era il mio mondo. Ero stato gettato a riva e cominciai a "dibattermi". Povero "pesciolino"! Che fine aveva fatto "l'acqua viva"? Quella, fuori nel mondo, non era *vita*, ma un vero dibattersi. [15] La gioventù universitaria organizzava una dimostrazione dopo l'altra contro il governo, contro il governo "alabardiere" e sui boulevards scherniva i poliziotti. Alla Facoltà di Lettere ad un tratto, durante lo svolgimento delle lezioni, si udì l'inno di Kossuth[37]; gli studenti di giurisprudenza picchiavano alla porta dell'aula: «Ragazzi, venite!». Il povero Emil Ponori Thewrewk fu costretto ad interrompere la sua eruditissima esposizione intorno a qualche discorso di Cicerone. Tutti uscirono fuori nel corridoio, tutti cantavano e i "cittadini" universitari agitavano i bastoni (a quei tempi tutti portavano il bastone). Ad una svolta del corridoio si

---

[37] Lajos Kossuth (1802-1894) fu governatore della nazione ungherese durante la guerra d'Indipendenza del 1848-1849.

presentò un professore di legge molto agitato. Mi pare che fosse Eugenio Balogh, più tardi ministro della Giustizia. Provò a fermare la folla urlante che agitava i bastoni: «Sapete perché fate la dimostrazione? Ne avete una qualche idea? Che cosa volete?». La sua voce si perse tra le grida.

Alloggiavo in via Üllői nel collegio di S. Emerico istituito in quei tempi, ma mangiavo alla mensa universitaria di via Molnár. Non passava giorno senza che un oratore dei famosi studenti anziani non arringasse gli studenti che pranzavano o cenavano nel grande refettorio; il tutto era accompagnato dal forte rumore dei piatti.

La gioventù si riteneva enormemente importante come componente della società. Diceva di avere come ideale la gioventù del 1848, ma noi, i successori, gli imitatori della gioventù del 1848 non eravamo affatto a livello di quell'ideale. Ci piaceva la politica, meno lo studio. I politici dell'opposizione ci adulavano e altrettanto facevano i giornali dell'opposizione, lodando le nostre adunanze e il nostro coraggio. I poliziotti invece, specialmente i vigili urbani a cavallo, disperdevano la folla a colpi di spada.

Rimasi deluso per sempre dal "corpo maggiore" dei cittadini universitari. A quel tempo vennero riportate in patria le spoglie mortali di Rákóczi.[38] Andammo incontro alla splendida carrozza d'onore fino a Kiskunfélegyháza.[39] La gioventù si entusiasmò ed eccedette nel bere. Era una cosa disgustosa sentire con quali oscenità i famosi capi divertivano "il loro gregge". La loro bocca, la loro anima, il loro comportamento… Oh, non voglio parlarne! Il solo ricordo mi fa soffrire! Stentavo **[16]** a crederlo: è vero questo?! A Nagyszombat facevamo l'abbona-

---

[38] Ferenc Rákóczi II (1676-1735): grande personaggio della storia dell'Ungheria, guidò la guerra d'Indipendenza degli ungheresi fra gli anni 1703 e 1711. Dopo la sconfitta, dovette fuggire in esilio in Turchia dove morì. Le sue spoglie furono trasportate in Ungheria nel 1906.

[39] Kiskunfélegyháza è una città situata nella Grande Pianura Ungherese, a sud-est da Budapest.

mento ai giornali universitari. Nel giornale tutto era bello ed ideale, invece la realtà era questa?

Il pesce era stato gettato a riva e boccheggiava... La politica ungherese trascinava tutti. Essa consisteva nel tricolore. Cominciavamo ad adorare noi stessi, noi ungheresi, noi giovani, io pure. Ma guarda! Come se avessi la vena oratoria! Una volta parlai fuori, nelle vigne di Monor... Poi costituimmo una società di scienze sociali. Dovevamo essere in sei o sette. Tenevamo le "sedute" in una stanza del Regnum Marianum.[40] Qualche volta invitammo anche Prohászka[41] che abitava lì. Soprattutto uno dei nostri compagni cercava di interessarlo alle sue domande. In seguito eleggemmo anche il corpo di un ufficio di presidenza.

Era come se anch'io fossi stato visitato dalla malattia ungherese. Nascevano in me delle ambizioni. All'esame di fine semestre fui lodato dal professor Beöthy Zsolt.[42] Federico Riedl[43] intuì nel mio elaborato le qualità dello scrittore. La scienza iniziava ad occupare un posto sempre più grande. Sapere, sapere sempre di più, acquisire una vasta e appariscente erudizione, poi viaggiare, vedere e fare esperienze. Ero molto appassionato di arte, sotto tutti gli aspetti. Monaco divenne "la mia città". Conobbi, vidi, gustai i suoi dipinti e le sue sculture. Frequentavo il terzo anno di università e avevo già viaggiato in Italia e in Svizzera. Il mare mi faceva quasi impazzire con la sua bellezza! Pensavo di diventare scrittore... uno scrittore famoso, naturalmente.

---

[40] «Regnum Marianum» è comunità sacerdotale del preti catechisti della gioventù di Budapest. Ebbe un grande influsso sulla gioventù, ragione per cui il regime comunista lo sciolse e distrusse la sua chiesa.

[41] Ottokár Prohászka (1860-1927) fu vescovo di Székesfehérvár, grande predicatore e scrittore notevole, uno dei personaggi più importanti del cattolicesimo ungherese dell'inizio del secolo XX.

[42] Zsolt Beöthy (1848-1922): membro dell'Accademia Scientifica Ungherese, professore ordinario e titolare della cattedra di estetica all'Università di Budapest.

[43] Frigyes Riedl (1856-1921): storico della letteratura con un grande influsso sulla formazione di intere generazioni di professori di letteratura a livello nazionale, membro dell'Accademia Scientifica Ungherese, professore ordinario della storia della letteratura all'Università di Budapest.

Intanto l'Immacolata, la Stella del mare, si oscurava. Il Cielo era coperto di nuvole. E apparve... il peccato. Ahimé! Satana era lì in agguato, alle calcagna della Donna; e il serpente maledetto mi morse. Le confessioni divennero sempre più rare. Non aspettavo più con ansia l'aprirsi della porticina dorata del tabernacolo. Prohászka tenne alcune prediche **[17]** nella cappella del collegio. Le ammiravo, ma non mi interessavano più. La mia fede cominciava a indebolirsi...

Uno dei miei professori teneva lezioni sul determinismo etico. Parlava con una forza suggestiva ed io mi lasciavo convincere dalle sue argomentazioni, mutuate da un filosofo tedesco. Conoscevo benissimo il suo libro su questo problema. Il libero arbitro viene quindi condizionato dal determinismo, per cui non esiste una responsabilità personale nei confronti del peccato... E la morale? La religione? Esse non erano ormai che semplici deduzioni del mio spirito.

Il professore era un prete apostata, membro di un Ordine dedicato all'insegnamento. Ora, barbuto e ridivenuto laico, sedeva sulla sua cattedra universitaria. (In seguito da carmelitano, venni a sapere che questo famoso professore di "Etica" si riconciliò con la Chiesa al momento della morte). Poi non andai più a confessarmi, per sedici anni!

Suonava e risuonava la canzonetta goliardica: «O jerum, jerum, o quæ mutatio rerum!...».[44] Quante volte con questa melodia internazionale ho cercato di chiudere dentro una bara l'Acqua viva! Infatti non mi trovavo più nell'Acqua viva, neanche sulla riva. Avevo dimenticato, avevo dimenticato del tutto la Vergine Madre. Lei però non dimenticava me; seguiva il figlio prodigo. Pregava per lui, anzi pregava al suo posto. Poi tesseva, intrecciava la sua sorte, il suo futuro. No. Lei non mi abbandonava. Lei è una reale, vera Madre. Ero io che la abbandonavo. Se non me lo avesse impedito, avrei pianto la mia terribile infedeltà per sempre.

---

[44] Canzonetta studentesca medioevale.

Lei è Mater Admirabilis, è la Madre Ammirabile che si servì in modo "ammirabile" della mia orribile infedeltà! Dimostrò il suo potere. Lei è Virgo Potens, è la Vergine Potente che seppe ricavare dal massimo male il massimo bene. Durò a lungo, ma ne valeva la pena, poiché si trattava della vocazione carmelitana.

***

Come ho detto, la Vergine tesseva, intrecciava il mio destino in modo che non cadessi per sempre nella depravazione. **[18]** Per un lungo periodo mi guidò verso una famiglia signorile. L'ambiente di gusto raffinato ebbe un benefico influsso su di me. Cominciai nuovamente a cercare l'Ideale... Beatrice – come avrebbe detto Dante... Ma la Vergine Madre era molto prudente, non a caso la si chiama Virgo prudentissima, la Vergine prudentissima!

2. Salisburgo

Dopo aver ottenuto il diploma di professore, lo Stato mi nominò professore supplente in Transilvania, lontano, tra le montagne. Ero stato io stesso a chiedere nella domanda, un impiego fra le montagne. Quando ricevetti l'avviso dal Provveditorato agli Studi, riuscii a stento a trovare sulla carta geografica la piccola moderna città di minatori, situata fra il monte Retyezat, il passo di Szurdok e il fiume Zsil. Trovarmi in un ambiente di poca fede e di morale corrotta non mi avrebbe certo fatto bene!...

Un mese dopo ero in viaggio su di un rapido, attraverso tutta l'Ungheria e l'Austria, verso il confine bavarese. Dovevo fare il mio anno di leva a Salisburgo, nella guarnigione più bella e più elegante della Monarchia. Ero sempre stato particolarmente sensibile alle bellezze naturali. Ero innamorato della natura. La mia cara Madre benedetta si servì di questo mezzo perché le *"radici"*,[45] un tempo da lei piantate nella mia anima, si mante-

[45] Cfr. Sir 24,13 (secondo la *Vulgata*).

nessero e germogliassero a suo onore, anche se dopo lunghissimo tempo. Questo periodo fu l'anno più bello della mia vita laica – a parte gli anni trascorsi a Nagyszombat.

L'addestramento delle reclute si svolgeva nel piccolo campo militare della caserma Kellerbrunner, fuori della città. Le esercitazioni erano talvolta penose, ma fra le nuove reclute nessuno era felice quanto me. I miei occhi divoravano il meraviglioso panorama. L'aurora **[19]** sorgeva per me, il rosseggiare del primo mattino mi sorrideva, le gigantesche cime dei monti trasportavano in alto la mia anima, tutto il paesaggio meraviglioso delle Alpi esisteva soltanto per me. Ponevo il mio Ego al centro della natura vergine. E questo Ego crebbe, divenne adorato e pagano, pagano... Eppure cercavo, amavo (exquisivi, amavi)[46] quel Qualcuno che avevo dimenticato, ma che si sarebbe fatto di nuovo presente in un lontano futuro – e che, attraverso la natura, inondava di splendore la mia anima, diventata gonfia di orgoglio.

Di sabato persuademmo il benevolo sergente – naturalmente molti mesi dopo l'addestramento e quando eravamo già divisi in varie compagnie come caporali con due stellette – di lasciarci passare in borghese a Berchtesgaden di Baviera per ammirare il bellissimo Königs-See.[47] Vidi la profondità dell'acqua e l'altezza delle ripidissime montagne. Mi attirava molto Watzmannspitze. L'acqua cristallina dei torrenti inondava la mia anima e le formidabili vette dei monti la innalzavano come sopra le ali.

Avevo bisogno di ideali: i puri, luminosi strati innevati su in alto, i ghiacciai splendenti, le cascate scroscianti. Alcune altissime cascate, come ad esempio la Gollingener Wasserfall, elevavano la mia anima smarrita e la mantenevano a lungo in alto. Purtroppo quella altezza non era soprannaturale, ma soltanto naturale. Tuttavia anche questo serviva da scalino e l'Immacolata se ne serviva per il suo fine. Amavo pazzamente quei monti. Avevo la costante sensazione che il mio cuore fosse capace di

---

[46] Allusione al versetto 8,2 del libro della *Sapienza* che servì come motto del *Bell'Amore*.

[47] Il lago del Re.

amare moltissimo, di diventare un mare di fiamme e di innalzarsi fino ai cieli.

Già da lungo tempo avevo dimenticato Nagyszombat ed anche il Creatore e la sua creatura più bella – Tota pulchra – la Tutta Bella. Era rimasta la creatura grazie a Dio, non la creatura umana, ma la pura natura vergine. Il peccato era come sopito in me. **[20]** La cara Madre lo teneva addormentato con la bellezza suggestiva della natura.

La nostra compagnia faceva le esercitazioni sui pendii situati in alto e nelle valli del Hohe Tauern nel bellissimo mese di maggio, per diverse settimane. «Come sarà il tramonto lassù?» – chiesi a un mio compagno di leva, studente di medicina a Vienna, con il quale ci intendevamo benissimo. Era lui a darmi da leggere gli esemplari più belli dell'Universal Bibliothek. Così partimmo per la salita ardita, ma egli non la resse e tornò indietro. Mi attraeva, mi attirava il maestoso sole al tramonto: non cedetti alla stanchezza ed arrivai in cima. Vidi davanti a me Dachstein, Watzmann, tutto Salzkammergut. Il panorama magico brillava inondato di splendore; il bordo della volta celeste che baciava le vette e i ghiacciai incantava la mia anima. Sentivo che era la Bellezza a farmi vivere. La bellezza della natura?

La mia anima presentiva, toccava la bellezza dell'*Eternità*. Esiste Dio? Esiste l'Eternità? Non mi ponevo tali domande, né le facevo agli altri. Cominciò a farsi buio. Destatomi dai miei pensieri, non potei più trovare la via del ritorno. Non importa! Andiamo giù diritti, lungo il pendio! Un cespuglio mi fece cadere il berretto. Non riuscii a vedere dove fosse rotolato. Tanto peggio: domani saranno guai! Un soldato senza berretto! – Non me ne dispiaceva, ero pieno di Bellezza, di sole, della luce gialla e calda, dorata, già da lungo tempo sparita dall'orizzonte. I miei muscoli mostravano una forza virile, ero agile e coraggioso, anzi temerario, pieno del presentimento di una vita misteriosa, del grande silenzio e della solitudine. Feci ancora alcuni salti, la mia mano trovò il berretto per caso e corsi giù trionfalmente al nostro alloggio. Dormivano tutti. Entrai furtivamente. Non pregavo già da lungo tempo. Allora dal mio cuore sgorgò una profonda preghiera di ringraziamento… a Qualcuno…

[21] Non sapevo che fosse Lei, quel "Qualcuno" che mi accarezzava. Una mano candida si posava sul mio viso, sul mio capo, sul mio cuore. Fu una mano immacolata, una mano materna. Non vedevo l'ora che suonasse la sveglia.

Una volta marciammo per 45 chilometri con armi e bagagli. Tutti erano sfiniti sul terreno alpino. Quando arrivammo, mi lavai nell'acqua precipitosa del ruscello e salii subito sulla vetta più vicina, ma non per la via solita, bensì per il lato più ripido della montagna. Non avevo bisogno né di cantina, né di compagnia. D'inverno frequentavamo la scuola di ballo. C'erano signorine eleganti! Ma via...! Trovavo l'Alpenglühn più bello di loro. Mi piacevano di più l'alba, il tramonto, le cime, le cascate, la neve candida, la natura maestosa!... Durante tutto il mio anno di leva vissi castamente. Il peccato era come addormentato.

L'Immacolata mi incantava con la natura vergine. A quei tempi non lo sapevo, ma adesso lo so che è così come dico: la Madre celeste ama in modo celeste anche il suo figlio peccatore, ingrato e infedele. Lo attira, lo riserva e ne "preserva" almeno le *radici* in ogni modo – i suoi mezzi sono estremamente vari. A quel tempo nel mio caso usò la purezza della Natura vergine.

Sarei stupido, anzi senza intelligenza, se dicessi che Ella non si curava di me perché ero in stato di peccato mortale. Tutt'altro! Era proprio allora che si prendeva veramente cura di me, suo povero figlio peccatore! Tesseva, intrecciava il suo destino, lo proteggeva, lo tutelava anche allora. Altrimenti come potrebbe essere Madre? Per di più la Madre Celeste, la più Perfetta, la Madre vera, la Madre di Dio?!...

3. In Transilvania

Ai primi di ottobre del 1911 rientrai dall'indimenticabile Salisburgo al confine romeno per insegnare. Mi abituai a stento al mondo ungherese. C'era in tutto una brama di guerra. Si avvertiva il bisogno di un uragano purificatore. **[22]** Di colpo mi trovai immerso nella vita di società. Ero un giovanotto interessante da sposare, come lo erano tutti gli altri. Ci si divertiva, si ballava, si facevano conoscenze – eravamo boriosi, frivoli. Tutta la nostra vita era menzogna. Io ero ancora ebbro dell'aria delle Alpi e stavo in mezzo al mondo stupido, sciocco, che era già pronto per il castigo e doveva perire, con una ingenuità incompresa dagli adulti. Mi seducevano, mi facevano il predicozzo... E chi erano costoro?! Meglio non parlarne!

Però avevo due grandi consolazioni, direi: due tavole di salvezza. Era Lei, quel "Qualcuno", la Signora, l'Immacolata, a procurarmele! La prima erano i miei alunni. La seconda erano le montagne.

Oh, la mia piccola classe! Eravamo del tutto uniti. Ci volevamo bene. Scalammo insieme il monte Páring; andammo al Csetatya Boli, in riva al fiume Zsil, al confine, a Vajdahunyad[48] per ammirare il mare di fuoco della ferriera: come si scioglieva il duro minerale di ferro in un liquido rovente!... Un giorno anch'io avrei dato così il mio libero arbitrio fiero ed ostinato... a Gesù! Come si versava, serpeggiava il ferro fuso nelle forme, così un giorno... in un futuro anch'io mi sarei versato nella forma divina della Vergine Madre benedetta e sarei diventato ... Gesù, oh mio Dio!...

Cantavamo molto e ci riposavamo su prati ameni a mille metri di altezza. Nessuno dei miei alunni voleva rimanere a casa, neanche il piccolo Beppe Z., mingherlino e debole di torace: ci supplicava e lo portavamo con noi. In salita me lo caricavo sulle spalle. Così li istruivo, li educavo a modo mio; anche il più birbante dei ragazzi mi obbediva...

Era il *Bell'Amore* a formarli, scaldarli ed animarli. La Madre del Bell'Amore era in me o su di me, mi circondava. Soltanto non sapevo che fosse Lei... Non osavo parlare con loro né di fede, né di religione e neanche con me stesso. Credevo di non avere più fede! Eppure l'avevo!

---

[48] Vajdahunyad è una città della Transilvania (oggi più conosciuta sotto il nome rumeno di Hunedoara), centro dell'industria metallurgica. La sua fortezza era proprietà della famiglia Hunyadi, i cui membri più conosciuti sono János Hunyadi, vincitore della famosa battaglia di Belgrade (1456) contro i turchi, e suo figlio Mátyás (1440-1490) uno dei re più famosi dell'Ungheria.

[23] Creai nella mia classe un circolo autodidattico. Dovetti riconoscere con mia grande sorpresa, che avevo ricopiato il programma della Congregazione Mariana di Nagyszombat, della quale un tempo ero stato prefetto! Ora però gli davo un nome pagano.

Durante le mie lezioni, le escursioni, e perfino nei giochi sulla pista era sempre l'anima a guidarmi, non il corpo; l'Ideale e non la materia. Eppure simpatizzavo con le correnti moniste, con le idee moderne e fallaci del giornale "Il Mondo". Cominciavo a rifiutare la Chiesa e a criticare dentro di me i dogmi, mi creavo una religione personale. Dove sarei andato a finire?! Però mi salvavano, mi trattenevano i miei alunni e le montagne; *il Bell'Amore*, la cui Madre mi accompagnava sempre misteriosamente e copriva con il suo manto la moltitudine dei miei peccati.

Matrimonio? Ci pensavano gli altri al posto mio, ma senza successo. Una volta però feci anch'io un serio tentativo, ma la mia buona e dolce Madre mi fece uscire in tempo da quella trappola.[49] Era Lei, l'Ideale puro, la tutta Bella che involontariamente cercavo! Era Lei che mi ricopriva, mi proteggeva e mi preservava...

Una volta, durante le vacanze estive, andai a Parigi. Per un mese intero visitai attentamente il museo del Louvre; non era altro che pura vanità. Rimanevo seduto per ore ed ore davanti alla Venere di Milo, convincendo me stesso di non potermi staccare dalla sua "bellezza". Lo stesso facevo con tutto il resto. Mi mettevo addosso tutti gli stracci del mondo ingannevole della cultura di allora. Andavo a vedere, ad osservare tutto in quella

---

[49] László Székely, un collega del liceo di Zalaegerszeg in cui Boldizsár Marton era professore racconta a questo riguardo nei suoi ricordi: «[Boldizsár Marton] incominciò la sua attività di professore a Petrozsény. Qui era fidanzato con una ragazza. Le presentava con l'entusiasmo di uno studente universitario il progetto del loro viaggio di nozze per prepararla a vedere tante bellezze, parlandole molto dei tesori dei musei e delle pinacoteche. Mentre così parlava, gettò una improvvisa occhiata alla sua promessa sposa e percepì nel suo sguardo che ella si annoiava a morte e che non era per nulla interessata a quanto le diceva. Bódi Marton allora in un istante intuì il suo intimo e comprese che non sarebbe potuta essere una moglie adatta per lui, così il giorno dopo le restituì l'anello di fidanzamento».

moderna Babilonia. Quando però la giovane «Madame»[50] della famiglia francese presso cui alloggiavo mi chiese se avessi già trovato "qualcuna", riferendosi a quelle forme di convivenza fra i colleghi del quartiere latino, arrossii come un peperone. Certamente *no*! L'Immacolata preservava il mio pudore ungherese e perdonava volentieri i miei passi falsi.

Nella Pasqua del 1914 partii per Roma. Oh, come mi vergogno! **[24]** La prima cosa che feci fu di correre al Foro Romano. Per la mia gioia di cultura quasi cantavo sopra quelle pietre logore quando percorrevo, passavo davanti alle sue antiche rovine. Ero a Roma e non vidi il Papa. Il Santo Padre[51] era malato in quel tempo e non riceveva nessuno. Non ne sarei stato degno. Io volevo vedere, prima di tutto, i ricordi pagani. A Tivoli feci sfoggio della mia erudizione sulle «Memorie» di Orazio. La primavera di fine marzo era bellissima. Salii sulla cupola di S. Pietro, visitai le catacombe e le chiese, con la guida Baedeker in mano, ma la mia anima non s'interessava più del Tabernacolo, non avvertiva il profumo del sangue dei martiri. Napoli, il Vesuvio, Pompei, Castellamare, la notte lunare di Sorrento mi incantavano, ma non ero altro che un Kulturmensch, sul tipo di quei Schöngeist[52], come se ne trovavano a dozzine nel mondo di quel tempo.

Immediatamente prima dello scoppio della Prima Guerra Mondiale andai a Berlino. Penso fosse la vanità e forse un'inquietudine sempre più grande e visibile a condurmici. Cercavo la quiete, l'armonia assoluta e la pace dell'anima. Non osavo ancora confessare a me stesso che il nostro animo è inquieto finché non riposa in Te, mio Signore![53] Le angosce di sant'Agostino affioravano sempre più spesso nella mia piccola anima, di epigono.[54]

---

[50] Madame: parola francese nel testo originale.

[51] San Pio X.

[52] Termine tedesco «Kulturmensch» = uomo colto, intellettuale; «Schöngeist» = bello spirito.

[53] Cfr. SANT'AGOSTINO, *Confessioni,* libro I, cap. 1°, 1.

[54] Epigono: imitatore che si accontenta di ripetere le idee dei suoi predecessori ed è privo di capacità di un contributo originale. È in questo senso che usa ed interpreta padre Marcello lo stesso termine più tardi (Cfr. *Il Bell'Amore,* 56).

Una volta, la famiglia che mi ospitava mi condusse alla spiaggia in riva al lago Grünwaldsee, se ben ricordo il nome. Un vero e proprio disgusto mi riempì l'essere. Fui preso da una nausea anche fisica a quella vista: i corpi nudi, ammassati gli uni sugli altri, erano pigiati come sardine.[55] È interessante: il Lido di Venezia era stata la prima spiaggia che avevo visto, ma lì non mi si sciorinava davanti quella orribile nudità; forse perché i miei occhi, abituati ad orizzonti puri, vi potevano godere l'azzurro del mare infinito.

[25] Scoppiò la guerra. Vidi una folla mostruosa nella piazza del Palazzo che, mentre l'imperatore Guglielmo teneva il discorso, gridava il canto dell'odio, l'Hasslied. Ne rimasi fortemente impressionato. Il mio viaggio di ritorno durò tre giorni.

Lascia pensosi costatare la durezza con cui Dio punisce la superbia! Colui che è superbo, è ripugnante davanti a Dio e Dio resiste ai superbi: «Deus superbis resistit».[56] Ma non ero anch'io superbo?! Forse no! Piuttosto vanitoso, cioè stupido, stupido, stupido!...

Oh, Madre del Bell'Amore, ti prego di estirpare perfino le più piccole radici di ogni tipo di vanità, poiché "hai piantato in me *le Tue radici*"...[57]

---

[55] Gli appunti del *Diario* di padre Marcello scritti dopo la soppressione degli Ordini religiosi dimostrano quanto si trasformò il suo sguardo quando egli viveva di nuovo nel mondo: unendosi a Cristo, non vedeva che uomini bisognosi dell'unico Salvatore per i quali desiderava offrire la propria vita: «Per le strade, sul tram e dappertutto era Lui a vedere e ad amare la gente dentro di me. Non potevo più giudicare gli uomini, né le donne poco vestite, gli uomini indifferenti e sempre in movimento, nessuno e niente, solo amavo tutti e tutto. Era Gesù a vivere in me, ed era Lui a vedere, ad amare, a perdonare, a capire e ad essere indulgente. Io così ho avuto l'esperienza che tutto è per Lui, con Lui e in Lui» (4 luglio 1961). «Oh, mio Gesù, dammi questa o quella anima, dammi queste che ritrovano nell'autobus, sul tram o nella folla. Muoio per loro. Mio Gesù! E le donne quasi nude? "Sono le mie" - dici, mia Vergine Madre. Salvale! [...] Oh, mio Gesù, ti amo in tutti, oh, mia Madre, ti amo specialmente nelle donne! Come è facile così! Le vedo, infatti, ma non le guardo. Così quello che mi divertirebbe o farebbe una tentazione, mi porta piuttosto verso il Cielo» (15 aprile 1963).

[56] Cfr. Gc 4,6; 1Pt 5,5; Pr 3,34 (LXX).

[57] Cfr. Sir 24,13 (secondo la *Vulgata*).

4. La Prima Guerra Mondiale

C'era un caos totale nel paese, che assomigliava ad un alveare o piuttosto ad un formicaio impazzito. La moltitudine delle formiche (cioè gli ungheresi che correvano qua e là all'impazzata) era brutalmente schiacciata da un gigante senza misericordia e senza riguardi (cioè da una guerra insensata).

I treni con i soldati adorni di fiori, partivano uno dopo l'altro. I giovanotti vestiti con la giubba grigio-bluastra gridavano a gran voce: "Fermo, razza di cani!...".[58] La tipica bravata ungherese sprizzava scintille nelle osterie e nelle caserme. La monarchia batté la testa al muro. Passò solo qualche settimana, qualche mese, e i nostri soldati già tornavano a casa delusi dalla guerra, zoppicanti, ciechi, chi con un braccio al collo o con la testa fasciata; oh, quanti e quanti invalidi... per sempre! Gli ospedali – le scuole e gli edifici pubblici trasformati in ospedali – erano pieni zeppi dei ragazzi rimasti in vita. Gli altri cadevano a Sud, poi a Nord. Intere guarnigioni erano sterminate. **[26]** La menzogna e la mistificazione invadevano la Grande Ungheria in modo tale che alla fine non ne rimase altro che un minuscolo troncone – un'isola nella marea di altri popoli *stranieri*.[59]

Durante le vacanze estive venni trasferito di nuovo nella mia provincia a Zala. Per il momento ero esentato – in riserva – in quanto "indispensabile" al corpo insegnante. Avevo fatto tutto il possibile per essere trasferito. Ora capisco che quella grande sollecitudine mi era suggerita da Dio: la cara Madre dimenticata, da me messa da parte tesseva, intrecciava il mio de-

58 Canzone ungherese dei soldati della Prima Guerra Mondiale.

59 Prima della guerra l'Ungheria, unita alla Croazia e inclusa nell'impero austro-ungarico, copriva una superficie di 320.000 chilometri quadrati nella quale vivevano diversi popoli che parlavano per il 50% l'ungherese. Dopo il trattato di pace firmato dopo la guerra nel 1920 presso il palazzo Trianon a Versailles, questo stato millenario fu diviso in sei parti e ogni Stato confinante occupò un territorio. L'Ungheria conservò solo circa 93.000 chilometri quadrati. Fuori dei confini rimanevano, in masse più o meno compatte, oltre 3 milioni di ungheresi. Questo crollo lasciò tracce profonde nella psiche ungherese; un trauma dal quale finora non è ancora del tutto guarita.

stino... La Stella era eclissata da lungo tempo, ricoperta dalle nuvole dell'anima; ormai non pensavo più a Lei, non mi veniva in mente.

Nel mio nuovo posto di lavoro ero l'unico celibe. Il corpo insegnante era incomparabilmente concorde e ottimo. Sperimentai personalmente anche in seguito – ed anche i provveditori agli studi lo affermavano – che l'armonia, lo zelo nell'insegnamento e l'affetto che regnava fra i vari membri era ineguagliabile. Poiché ero il più giovane tutti mi coccolavano. L'insegnamento non mi presentava alcuna difficoltà, ero nato per la pedagogia: insegnare era per me una gioia. Gli alunni, soprattutto quelli della mia classe, mi ascoltavano e mi seguivano.[60] *Educavo* anche loro. Mi vergogno quasi di dire "li educavo". Neanche io ero a posto. La mia anima? Oh, la mia anima a quei tempi somigliava ad una notte senza stelle. Non avevo il coraggio di guardarvi dentro per non doverne rabbrividire! Ahimè, ero "in stato" di peccato mortale...

Cosa fare, dunque?! Suvvia, a questo mondo esiste anche il buon umore ed io ce l'avevo. Un mio bravo collega osservò: «Il tuo buon umore è fittizio, non viene dal tuo cuore... tu fuggi da te stesso!». Poteva essere questo il senso delle sue parole. Aveva ragione. Ed io "mi divertivo" come si fa a Zala, ma con una stravaganza: non bevevo mai. Lo dissi ai miei compagni: se mi costringete a bere anche solo un bicchiere di vino, me ne vado subito. Me lo perdonavano, perché non potevano fare a meno di me. Sapevo "divertirmi" e divertire gli altri.[61] **[27]** Nella no-

---

[60] Un ex-studente del liceo di Zalaegerszeg, Ferenc Kováts conferma in questo modo nei suoi ricordi l'affermazione di padre Marcello riguardo al suo rapporto con suoi studenti: «Non solo insegnava ma educava anche i ragazzi fra i quali non v'era uno che non si sarebbe gettato nel fuoco per lui».

[61] Il racconto messo per iscritto nei suoi ricordi di Dott. Dezső Keresztúry, ex-studente e figlioccio di cresima di Boldizsár Marton sembra confermare le parole di padre Marcello: «Recitò ben presto un ruolo importante nella vita sociale di Zalaegerszeg. Era un conversatore brillante e portava sempre un po' di vivacità nei salotti per lo più tediosi o inclini al semplice pettegolezzo. Era spesso al centro della compagnia e si comportava con estrema giovialità, anche se non beveva mai e si limitava a imitare gli ubriachi. Considerava l'alcolismo come la malattia più pericolosa per la mezza età».

stra compagnia di tavola si suonava, anzi aleggiava il canto, e poi seguivano gli scherzi. Ormai tutta la città mi conosceva. Ero un ottimo ballerino. Il velo copriva il mio vero "io". Nella mia anima faceva molto buio.

Intanto dov'era la Vergine Madre? Cosa faceva la Madre celeste? È incredibile, però è cento e anche mille volte vero..., "si mise", si nascose nella mia madre terrena. Come una volta si era nascosta nella grande, maestosa, pura Natura vergine, adesso si nascose nella più buona, la più bella, la più delicata, la più comprensiva, la più dolce madre, nella mia madre terrena.

Mi ricordo delle vacanze, quando tornavo a casa da scuola! Noi due: madre e figlio! Non avevo alcun segreto davanti a lei. E lei cosa faceva? Cucinava, cuoceva i miei piatti preferiti. Mi guardava, si dilettava di me ed io la seguivo: in cucina, in cortile, nelle stanze. Eravamo inseparabili: "madre e figlio" nel senso più stretto del termine. In seguito sarebbe stato così anche con la Madre celeste...

La mia madre terrena mi amava moltissimo anche allora, come in passato da bambino. Divenuto ormai adulto, come sapeva gioire di me! Ascoltava il gran bene che si diceva di me; venivo lodato da tutti davanti a lei. Correva voce che forse mi sarei sposato, si parlava di ottimi partiti e mia madre vi aveva creduto e ne era felicissima. E quando la smentii, fu contenta ugualmente. Era contenta di tutto ciò che mi riguardava. Una cosa sola contava per lei: *io*, il suo figlio. Era una Madre Perfetta. Sì, sì! La Vergine Madre viveva in lei per me...

Poi si ammalò. Soffriva gravemente di asma. Una volta ricevetti un telegramma: mia madre stava morendo. Mentre andavo dalla stazione al paese cominciò a suonare la campana a morto. Capii subito che suonava per mia madre.

Non ero mai stato ad un funerale simile. Non vedevo niente e nessuno, soltanto la bara nera. Piangevo a calde lacrime, singhiozzavo, non mi si poteva consolare. **[28]** Era come se avessi perduto tutto in questo mondo. Per giorni e settimane continuai a vedere mia madre quasi nella realtà dei sensi; la vedevo con il suo volto triste, vestita di nero, immobile, nella sua pallida bellezza.

Il nostro parroco disse che a stento era riuscito a persuadere mia madre a confessarsi, ella aveva rifiutato più volte. Mi disse che dubitava della sua salvezza eterna. Il racconto del parroco non mi impressionò. A quei tempi qual era la mia fede?! Ma la mamma mi mancava molto!

Mia madre lasciò una bella eredità. Andavo a Vienna. Per dimenticare? Non so cosa mi spingesse e mi inseguiva!... Ero inquieto e il peccato mi tentava! Nella capitale austriaca mi imbattei in una compagnia che avrebbe potuto pervertirmi – in senso mondano –, perché la mia anima, a livello soprannaturale era in rovina, in un caos totale, in confusione. L'apparenza però mostrava tutt'altro e adesso anche questa iniziava ad essere in pericolo. Le signore viennesi mi attorniavano, quelle eleganti, «gemütlich»[62], gioviali signore con la loro voce, con le loro canzoni dell'allodola e d'usignolo, con le loro maniere "alla bohème" tipiche degli artisti; e c'erano trappole e insidie ovunque...

Ma venne la mia madre. Ad un tratto vidi la sua figura, il suo volto pallido, serio e sempre, sempre triste. Era vestita di nero, tutto di nero: il suo abito e il suo fazzoletto. Tutto lutto, tutto dolore. Si mise davanti a me e il peccato... si ritirò; perché non aveva il coraggio di essere "audace" verso di me? No! No! Allora con chi non osava essere audace? Verso di quel "Qualcuno" ... La Stella eclissata da lungo tempo, che si era nascosta dietro le nubi... La Stella del Bell'Amore... Pensavo fosse la mia mamma defunta...

Quante volte mi ricordai della scena descritta da János Arany.[63] Una sera, quando era ancora ragazzo, fece la conoscenza di un'attrice che, vedendo quel giovanotto tanto ingenuo, gli diede una pacca sulle spalle. Egli certamente non voleva il peccato! Non "se ne intendeva"! Non lo volevo neanch'io! **[29]**

---

[62] Termine tedesco per «graziose».

[63] János Arany (1817-1882) insieme a Sándor Petőfi (1823-1849) è il poeta più famoso dell'epoca della guerra d'Indipendenza del 1848-49. Arany è considerato il poeta ungherese più grande del genere epico.

E "non me ne intendevo"!... Avevo paura del peccato. Temevo sempre il peccato! Eppure ero immerso in esso ...

4.1. *La Signora Misteriosa*

Nel 1916 eravamo già profondamente immersi nella guerra. Il conte Apponyi[64] intervenne al Parlamento: bisognava riesaminare le esenzioni. Così venne anche il mio turno: ero l'unico celibe nel corpo insegnante. Revocarono la mia esenzione. Ne fui molto contento. Non sarebbe dovuto andare un altro, un padre di famiglia – nel pericolo.[65] Per me non c'era alcun danno: a chi sarei mancato?! Eppure i miei alunni se ne rammaricarono e i miei buoni amici ed i miei conoscenti posero sulla mia testa un'aureola.[66] Un mio amico un po' più grande di me che mi rispettava e mi voleva molto bene osservò: "Mancava solo questo alla tua grande popolarità!". Ma in realtà non erano questi motivi ideali a spingermi...

Nella mia anima faceva buio, non potevo rimanere da solo a lungo. Mi tormentava quel "Qualcuno" che è sempre in cerca di accoglienza, cui non ero capace, non volevo fare spazio. Mi tormentava il Dio personale: Gesù che stava alla porta sempre più spesso e bussava.[67] Ma non volevo sentire la sua voce che chiedeva di poter essere ammesso, per questo avevo bisogno di avventure, di paesaggi e di paesi nuovi: per far tacere la voce della coscienza!...

---

[64] Il conte Albert Apponyi (1846-1933), uomo politico, fu due volte ministro del Culto e della Pubblica Istruzione in questa epoca.

[65] L'ex-superiore provinciale di padre Marcello nel Carmelo, p. Miklós Gyula Hajós esplicita in questo modo l'allusione di padre Marcello a questo padre di famiglia nei suoi ricordi: «Nell'inverno del 1917, un decreto ministeriale impose la riesamina della posizione degli insegnanti rispetto al servizio di leva, chiamando al fronte tutti coloro che non erano indispensabili a scuola. Le disposizioni del decreto furono eseguite anche nel liceo di Zalaegerszeg, ragion per cui fu deciso di privarsi dell'insegnante più giovane di tutti, perché fosse inviato al fronte. Questi però era sposato ed era padre di due figli. Allora si fece avanti padre Marcello e si offrì di sostituire il collega».

[66] Affiora qui il senso ironico di padre Marcello.

[67] Cfr. Ap 3,20.

Feci le valigie. Eravamo in novembre. Pioveva a dirotto. La sera, nel buio vennero i piccoli, gli alunni più piccoli. Vennero a prendere congedo da me. Quei graziosi alunni erano ancora dei veri bambini. Mi portavano il loro cuore, ma io ero già… "adulto". Non potevo dare loro un cuore di bambino. Forse un cuore "paterno"? – Non lo so... Sentivo di avere un cuore del tutto spento. Fui molto gentile con loro, come sempre. Li consolai e certamente feci loro delle belle raccomandazioni, diedi dei consigli, ma in me tutto era già spento. Andarono via tristi, con delle lacrime dal loro cuore di bambino…

[30] Ma l'ultima sera avvenne qualcosa. Andai a prendere congedo da una famiglia molto cara per me. Stavo già prendendo il cappello per andarmene, quando mi si avvicinò un mio alunno, figlioccio di cresima e mi diede una medaglia della Madonna, senza che gli altri se ne accorgessero. E con tutto l'affetto grazioso della sua anima di bambino mi chiese, supplicando sottovoce: «La prego di portarla con Lei e di conservarla!».[68]

Da allora in poi riconquistai il cuore di bambino[69] che avevo perduto e mi pareva che da quella piccola medaglia dipendesse

---

[68] Il figlioccio di Cresima di Boldizsár Marton, Dott. Dezső Keresztúry, evoca in questo modo la scena descritta ne *Il Bell'Amore* nei suoi ricordi: «Mi restò specialmente impresso, e pare, anche a lui, la scena del suo addio prima di partire per il fronte. Stava parlando nel soggiorno con la mamma, nella stanza attigua alla nostra di figli maschi. Ad un certo punto mi chiamarono e mi dissero semplicemente che lo zio Bódi – ormai lo chiamavamo familiarmente così – era in procinto di partire per la guerra. Io, con terrore mortale, scoppiai in pianto, poi gli consegnai una medaglietta della Madonna. L'avevo ricevuta poco prima da un padre, credo francescano, che ci aveva dato lo Scapolare che continuai a indossare anche dopo fino a qualche tempo. Questa medaglietta ricevuta insieme allo Scapolare gliela diedi affinché lo proteggesse e che egli avesse un ricordo del suo figlioccio. La rammento ora perché nei suoi scritti attribuì a questa medaglia un ruolo pressoché fondamentale nella sua vita e ne fece spesso menzione. Quando gliela diedi, si commosse un po', anche se ritenni a lungo che questa commozione fosse dovuta più che altro alla circostanza dell'addio, poiché allora egli non si comportava da credente e nell'opinione pubblica della città era considerato "un libero pensatore"».

[69] Come il comportamento di Boldizsár Marton dimostrato dopo la guerra e la narrazione stessa lo mettono in evidenza – soprattutto quando egli parla dello spirito dell'infanzia spirituale sotto il titolo della «Signora della solitudine» della II parte – non gli bastò l'accettazione di una medaglia della Madonna per ricuperare il «cuore di

la mia vita, la mia morte, la mia felicità, la mia sorte, il mio futuro e la mia Eternità. L'anima cominciava a scuotersi. Portavo la medaglia come un tesoro gelosamente custodito. Mi sono attaccato ad essa. Come un giocatore disperato, anch'io puntai tutto su di essa, ma non per disperazione: al contrario, un dolce senso di sicurezza cominiciò ad impadronirsi di me.

Mia madre si presentò molte volte anche in seguito. Io però dovetti andare lontano, molto lontano, in zone selvagge, mai viste e mai immaginate, perché non potevo più sopportare il buio interiore. Se c'è qualcuno che sappia cosa sia vivere senza Dio, ebbene questo sono proprio io!

I miei incartamenti furono messi da parte al Ministero. Se avessi voluto, forse sarei potuto rimanere a casa fino alla fine della guerra, perché il mio caso era stato "trattato" con tanta benevolenza. Ma ero io che non lo volevo. Lo sollecitavo. Non potei restare più. Finalmente potei presentarmi in servizio a Pilsen. Ma il colonnello del comando del distretto militare di Nagykanizsa, per amicizia, mi fece tornare a Nagykanizsa, trasferendomi nell'arma degli honvéd[70], per farmi "sentire a mio agio", per poter essere vicino a casa mia. Era proprio quello che non volevo. Quasi mi seccava: tutti volevano aiutarmi, ma dopo tutto non si poteva gironzolare per mesi e mesi a casa. Come potrebbero aiutarmi? Finalmente fui inviato in Albania per sostituire un tenente ammalato.

Era proprio ciò di cui avevo bisogno! Non riuscivo a fermarmi. Tutto sarebbe stato interessante. Sarebbe stato un paese esotico! **[31]** Non avrei più dovuto occuparmi "della mia coscienza". Non avrei dovuto guardare all'interno, ma soltanto

---

bambino», anche se la presenza della medaglia nella sua tasca suscitò, pur senza una particolare riflessione o un approfondimento cosciente della fede cristiana, un atteggiamento di una audacia finora sconosciuta nelle situazioni pericolose e di una fiducia già dimenticata verso Colei che essa rappresentava. Come osserva più tardi ne *Il Bell'Amore* sull'influsso che la medaglia esercitava sulla sua anima: «Giù nel profondo, nel mio subconscio la fede già viveva, anzi cercava di farsi sentire. Non avevo ancora letto la Parola, ma la intuivo: "Tutto posso in colui che mi dà la forza"» (*Il Bell'Amore,* 33).

[70] Honvéd è un soldato nazionale ungherese.

verso fuori, verso le cose esteriori: il mare, le montagne, i musulmani, ecc...

Tutti pensavano che fossi impazzito dal momento che ero così allegro. I soldati della retrovia (Bosnia, Cattaro, Montenegro) vi andavano a testa bassa. Giunsi all'Albania meridionale, nella vicinanza della Grecia: tutti i soldati, tutti gli ufficiali maledicevano quel posto e avrebbero voluto liberarsi da quell'inferno, un paese di scorpioni, di vipere, di vendetta, di caldo terribile, di malaria. Io invece cantavo, avevo sempre il sorriso sulle labbra e cercavo sempre di incoraggiare gli altri.

Non vale la pena descrivere le mie esperienze di guerra, poiché esse hanno un unico suo nucleo, un unico "ritornello": *la medaglia*. Ne racconterò invece la conclusione; ripeterò cioè, parola per parola, le ultime esperienze così come una volta, già da carmelitano, le ho pubblicate – per santa obbedienza – in una rivista dell'Ordine.

Ho pensato di non cambiare nulla, perché ciò è conforme al desiderio celeste della Vergine Madre Benedetta poiché il racconto venne dal mio cuore. Eccolo insieme al suo titolo:

4.2. *A bordo di una nave in fiamme*[71]

Un carmelitano – ormai anziano – racconta la propria esperienza.

Non vi è missionaria migliore della Vergine Madre. Lei va dietro ai suoi figli, cattivi cristiani diventati pagani, seguendoli

---

[71] Padre Marcello inserisce a questo punto del suo racconto, il testo di un suo articolo apparso precedentemente nella rivista del Carmelo ungherese sul potere misterioso della Madonna dello Scapolare. Esiste anche un altro racconto più lungo, un romanzo autobiografico di Boldizsár Marton, sulle sue esperienze avute sul fronte albanese con il titolo *Su tombe musulmane,* pubblicato nel 1922 in Ungheria. Anche se Marton Boldizsár rinnegò questo libro prima di entrare nell'Ordine, esso però ha un importante valore autobiografico. Oltre ad essere un racconto interessante delle avventure di un giovane ufficiale ungherese durante la Prima Guerra Mondiale, il romanzo offre una descrizione commovente delle grandi delusioni patite dal protagonista a causa dell'uccisione di una ragazza musulmana della quale si era innamorato ed era corrisposto, a causa degli errori colossali della direzione della guerra e dimostra le grandi virtù umane del protagonista:

in paesi lontani, sui fronti di guerra, su mari rumoreggianti e fragorosi per convertirli di nuovo. E che cosa usa a tale scopo? Uno scapolare, una medaglia della Madonna, alcune belle preghiere mariane...

Il fatto avvenne ancora durante la Prima Guerra Mondiale. Un giovane ungherese marciava come soldato insieme ai suoi compagni per i monti e le valli della buia e selvaggia Albania. Non era ateo, non parlava mai contro la fede, ma la sua fede non faceva altro che tremolare nella lampada senz'olio della sua anima. Pensava di avere ormai perduto la fede, ma si sbagliava perché c'era qualcosa in cui credeva, in cui riponeva una fiducia senza limiti: era una medaglia, una semplice piccola medaglia della Madonna. Gliela aveva messa furtivamente, inavvertitamente in mano un ragazzino, con tutto il calore del suo piccolo cuore e con le lacrime brillanti dai suoi occhi neri, quando si erano salutati prima che partisse per il fronte.

Da allora in poi la portava in tasca, non aveva un tesoro più gelosamente custodito di quella medaglia. Prima di andare a letto e la mattina al risveglio, la toccava sempre per essere sicuro di averla ancora, di non averla perduta. Poi prendendola in mano, la baciava e all'istante sentiva nelle membra e nell'anima una grande forza misteriosa, inspiegabile. Pensava tra sé: «Non posso perdermi».

Ci furono durissimi combattimenti e lotte con le truppe regolari nemiche, con gli animali dei Balcani, le vipere, gli scorpioni

---

l'atteggiamento improntato a pietà, a misericordia e a compassione di un ufficiale che ha grande cura dei propri dipendenti e di tutti i bisognosi e che è difensore dei deboli. Paragonando il romanzo con il racconto de *Il Bell'Amore*, il lettore può percepire con chiarezza il decisivo approfondimento teologico avvenuto nel cuore e nella mente di padre Marcello circa la lettura degli avvenimenti della sua vita. Ciò nonostante il racconto de *Il Bell'Amore* non sostituisce il valore documentario del romanzo perché non è capace di far vedere con sufficiente chiarezza il perché della ricaduta del protagonista, malgrado le esperienze vissute attraverso la medaglia con Maria durante la guerra, in uno stato d'animo ancora peggiore che prima. Come fa notare lo stesso padre Marcello prima di inserire l'articolo ne *Il Bell'Amore*, con esso non ha l'intenzione di evocare le sue avventure avute durante la guerra e di descrivere il suo stato d'animo, ma solo mettere in evidenza quell'«unico nucleo», quella forza invisibile che lo proteggeva prodigiosamente in tutti i pericoli e che lo riportò sano e salvo dagli orrori della guerra.

e con il nemico più grande: la malaria, cioè con il clima. Per miracolo non subì mai alcun male. Era sano, fresco e allegro.

Mentre si moltiplicavano i pericoli per le truppe e per le singole persone e si profilava sempre di più l'incubo della sconfitta e ci furono pochissimi a non cadere nello scoraggiamento e a non aver perso la speranza, egli teneva stretta in mano la medaglia della Vergine Madre e aveva la certezza che sarebbe uscito indenne dalla guerra.

Un tempo da bambino, aveva amato molto la Vergine Madre, che era tutto per lui. Quando pregava, quasi la vedeva: in Paradiso in un bellissimo prato fra i gigli, con Gesù Bambino in braccio. Non c'era nessun'altro. Non parlavano, soltanto si guardavano e sorridevano. Lasciava perciò a fatica la bellissima chiesetta delle Orsoline; il suo cuore, la sua anima traboccava. Com'era bella la Vergine Madre e Gesù Bambino lo guardava con tanta dolcezza che il suo cuore quasi si struggeva di felicità!

Passarono molti anni da allora. Maria gli venne rubata... Le compagnie, i professori universitari, i libri, la "cultura" e soprattutto il peccato originale, cioè la superbia fu tutto ciò a spogliare il suo cuore.

E venne la prima catastrofe mondiale. In quell'inferno materiale e morale fu un ragazzino innocente a regalargli Maria. È vero che era soltanto una medaglia, ma sembra che la Madre celeste possa vegliare benissimo sui suoi figli anche mediante una medaglia. Guardava la medaglia, ma era Maria in cui aveva fiducia. Perché? Neppure lui lo sapeva.

Altrove la guerra era già finita da lungo tempo. Arrivò a Cetinje, la capitale del Montenegro, sporco, umiliato e sconfitto. Un giorno prima, il suo cavallo era stato inghiottito dalle rapide onde del fiume Moracsa. Egli invece, che si era trovato isolato dalla sua truppa in frettolosa ritirata, alla fine si era salvato: la medaglia non andò perduta. Quel Qualcuno, la cui immagine era impressa sulla medaglia, lavorava benissimo…

L'Intesa minacciava i soldati ungheresi: per la loro lentezza nel ritirarsi sarebbero stati internati. Vennero così nuove umiliazioni, il disarmo, la terribile attesa di due, tre settimane in novembre sulle rive del golfo Cattaro, lo scioglimento della disciplina, i tentativi di fuga, la disperazione di poter tornare a casa che minava l'anima e il cuore.

La medaglia di Maria era però al suo posto. Quante volte la cercava con le dita, quante volte ne sfiorava la figura in rilievo: la sua fiducia era illimitata. In che cosa? Nella medaglia? No! In Colei la cui immagine era sulla medaglia, ma non osava ancora pronunciare il suo nome.

Aspettavano una nave. Se potessero arrivare fino a Fiume! Ma la nave non arrivava. Molti soldati non sopportarono l'attesa. Si avviarono verso i monti neri e vi morirono. Il suo buon umore era infrangibile, poiché aveva la medaglia – la medaglia miracolosa – in tasca. Finalmente la nave arrivò![72] La nave che li avrebbe portati dall'inferno al paradiso, dai Balcani in Ungheria. Era una nave mercantile ungherese, chiamata «Zsigmond Kemény», con capitano ed equipaggio francesi.

Il capitano era giovane e fece amicizia con gli ufficiali. Voleva far piacere e dare sollievo anche ai soldati di truppa. Fece mettere fibre di lana sui singoli piani del fondo della stiva - una gentilezza che era però insensata. È vero che laggiù era vietato fumare, ma si trattava di truppe in disfatta. Chi obbedisce con fermezza in quei casi?

I soldati introdussero clandestinamente una botte di rum e cominciarono a giocare a carte. Gli artiglieri e i fanti erano laggiù, al piano di mezzo. Bevvero e litigarono. Calò la notte. L'ispezione ufficiale era stata assegnata, ma in realtà non venne rispettata. Del resto, si poteva eludere tutto… Sorse l'alba. La nave era vicino a Ragusa, in mare aperto, quando un grido terrificante fece gelare il sangue nelle vene: «La nave è in fiamme!». Il fumo saliva vorticosamente dalla stiva posteriore della nave e le fiamme diventavano sempre più alte. Nella parte interna

[72] Padre Marcello qui modestamente passa sotto silenzio che l'arrivo della nave non avvenne per caso, come racconta nel suo romanzo autobiografico *Su tombe mussulmane,* ma fu grazie alla sua personale insistenza e alla sua fatica instancabile con cui lo implorava alle autorità militari.

della nave c'era un tumulto terribile. I fuggitivi si calpestavano e si schiacciavano sulle scale. Alcuni si dibattevano sul ponte in preda alle ustioni. Altri erano rimasti carbonizzati nella stiva della nave... Quanti erano? Chi poteva dirlo?! In seguito, quanto si contarono i soldati, mancava questo, mancava quello... Ne mancavano moltissimi.

Fu dato l'ordine di tamponare il buco a bordo da dove si sprigionavano le fiamme ardenti per isolare il fuoco, per "localizzarlo": «Presto! Forza con le tende! Con i cappotti! Gettateli sul fuoco per spegnerlo!». Gli ordini si susseguivano, ma sul ponte, eccetto alcuni, nessuno, né i soldati né gli ufficiali, si muoveva. Era come se tutti fossero inchiodati al loro posto! Guardavano inebetiti la tremenda catastrofe, il cielo grigio e austero di novembre, le onde immense che s'infrangevano fragorosamente.

Tutti tremavano di freddo, ma non dicevano neanche una parola. Aspettavano che arrivasse la «Fine». La bora soffiava terribilmente e sferzava senza pietà i corpi tremanti degli sventurati. Nessuno pregava, nessuno nominava Dio, non ci pensavano nemmeno. E la medaglia miracolosa?! Il suo proprietario non se ne ricordava più. In quell'ora tremenda aveva dimenticato tutto, anche la medaglia, anche Colei che vi era raffigurata e anche Dio. Una cosa sola teneva a mente: la *Fine*! Ma cos'è la *"Fine"*? – È il nulla! Gli venne in mente un pensiero che lo fece congelare: «Si cessa di esistere», e dopo? – *Il nulla!*

Il battito del cuore era regolare, senza anomalie. Gli venne in mente la "ragione fredda". Pensava che tutto il suo essere fosse fredda ragione. Anche il suo corpo. Anche il suo cuore. Tirò fuori dalla tasca l'orologio. Quanti minuti mancavano ancora affinché fosse finita questa... Non riusciva a dire: vita. Con fredda ironia pensava piuttosto a quanti minuti mancassero ancora al nulla. La vita è nulla. Anche ciò che viene dopo è nulla...

Si volle fare un altro tentativo. Il capitano francese tentò di rimediare al suo errore: le fibre di lana; fu infatti a causa di ciò che la nave aveva preso fuoco. Misero quindi delle travi incrociate sul buco e poi sopra di esse, vestiti e roba a portata di mano.

I due giovani, il capitano francese e un tenente mitragliere, vi lavoravano su eroicamente e senza sosta. Sistemavano la "roba" messa sulle travi. Sembrava che riuscissero a spegnere il fuoco. Il fumo fu lentamente soffocato e le fiamme non si vedevano più. All'interno della nave veniva pompata acqua ininterrottamente. Dicevano che bisognava fare presto perché se il fuoco avesse arroventato i rinforzi esterni della stanza dei motori e fosse arrivato ai magazzini dei serbatoi di carburante, tutta la nave sarebbe esplosa. Bella prospettiva – pensava tra sé.

E la medaglia? – Non si faceva viva.

E Maria? – Sembrava non comparire neanche Lei.

Ad un tratto si udì un crollo spaventoso! Le travi messe sul buco insieme alla "roba" messa sopra di esse caddero giù. Dovevano crollare, perché il fuoco bruciava le travi dal di sotto. Insieme a queste caddero in quel baratro di fiamme anche i due ufficiali, quello francese e quello ungherese. Il fuoco riprese il suo vigore terribile, accendendosi di nuovo. Ma alla fine l'acqua riempì la stiva a tal punto che le fiamme si spensero ed un fumo fetido uscì dalla grande falla. Sulla superficie dell'acqua galleggiavano i corpi bruciati dei morti. Il terribile mare di fuoco faceva bollire l'acqua pompata all'interno della nave…

Intanto egli teneva ancora l'orologio in mano. La nave doveva o affondare o esplodere. Era uguale. La «Fine» era inevitabile… Venne colto da una calma mortale. Una calma che vede solo il presente con una "ragione fredda". Il passato era del tutto svanito dalla sua memoria, il futuro era un nulla, non esisteva, anche quello era un nulla. La terribile bora – il gelido vento settentrionale – soffiava, fischiava, sferzava terribilmente la pelle e i nervi.

Era uguale. Non gli doleva. Dentro di lui tutto era già impietrito: il sangue, il cuore, il cervello e l'anima. Era indifferente come uno che non è più in grado di sentire. Soltanto con gli occhi – a livello sensibile – vide ad alcune centinaia di metri, una torpediniera italiana che si dirigeva a grande velocità verso sud. Invano fecero cenno con tutti i modi, essa non si fermò nemmeno; i marinai, che gironzolavano a bordo della torpediniera con le mani in tasca, guardavano la nave in fiamme senza alcuna compassione. Non passò loro neanche per la testa di aiutare quelli che erano nei guai… Ed egli vide tutto ciò soltanto con i suoi occhi. E la sua anima? La sua anima attendeva il nulla. Anche quello faceva con indifferenza: attendeva la morte da cui non c'è risurrezione.

Eppure la nave riuscì toccare la riva. Si trascinò al golfo di una cittadina dalmata. Moltissime imbarcazioni vennero in aiuto di quella nave colpita a morte, che stava ormai affondando. I soldati sopravissuti vennero portati a riva.

Il padrone della medaglia tirò un sospiro di sollievo. La vita tornò in lui ed egli riscoprì di nuovo la medaglia, la medaglia dimenticata, la medaglia che era svanita dalla sua mente. Riscoprì anche Maria? Il figlio prodigo e infedele non osò pronunciare il suo nome neanche allora, ma ormai sapeva che era stata la Signora della medaglia miracolosa a salvarlo dall'inferno della nave in fiamme.

E già, sulla riva del mare sconfinato, agitato e mugghiante, cominciò a "predicare" come un apostolo prete ai soldati tristi e disperati, che erano quasi impazziti per le atroci sofferenze subite: «Su, coraggio! Fiducia!». Forse non erano quelle le parole, ma era quello il significato. Tornò ad essere quello di prima, come se lo avessero di nuovo cambiato. Forse divenne ancora più invigorito, più energico, più saldo e pieno di fiducia e di entusiasmo. Sentiva di trovarsi sulla soglia di una *vita nuova*.

Quella stessa notte una piccola e miserabile imbarcazione italiana li prese a rimorchio fino a Fiume. Ci vollero tre giorni. Giunsero alla frontiera ungherese affamati, ustionati, sporchi, pieni di pidocchi. Da allora sono passati molti anni.

La buonissima Madre lavorava senza riposo. Il suo figlio prodigo diventò sacerdote! Oggi, a bordo della bellissima nave della vita soprannaturale, naviga direttamente verso il porto dell'Eternità beata.

Fedeltà ad una semplice medaglia di Maria! Tutto consiste solo in questo! Da allora in poi, ripete sempre con animo lieto e riconoscente: si deve amare Maria moltissimo, non fosse che una volta soltanto!… E Maria non sa più dimenticarlo. In questo sta il segreto della vita felice!

Il racconto finisce qui.[73] Il proprietario della medaglia ero io. In seguito quell'orribile ricordo riaffiorò nella mia immaginazione per molti anni, specialmente quando non riuscivo a dormire, quando il vento freddo ululava battendo alla mia finestra. "È la bora!..." – gemevo istintivamente, e trasalivo.

[32] Non posso passare sotto silenzio la forza morale datami da quella semplice medaglia. Mi dette prima di tutto il *coraggio*. Oh, io comprendo con tanta facilità e vedo chiaramente il dono, la virtù della «Fortitudo» (fortezza, coraggio) nella vita soprannaturale; ma Dio misericordioso ne gettò le basi per me laggiù al fronte con la medaglia, perché l'avevo accettata e la portavo di buon cuore, fedelmente.

La medaglia, cioè la Signora misteriosa, la Rosa Mystica era stata il mio scudo, la mia corazza, la mia lancia, la mia arma di difesa e di attacco. Ella era nascosta in me, attorno a me, senza che io ne fossi consapevole, nella mia anima. Come nei santuari mariani il pellegrino che ha molta fede avverte in modo particolare, anzi sperimenta nella sua anima lo spirito della dolce Vergine Madre e si abbevera del suo celeste sorriso tutto spirituale, riempiendosi della forza della divina grazia perché riceve il Cibo degli Angeli – Gesù Sacramentato – con particolare devozione, fede, fiducia illimitata e amore ardente, così anche la medaglia, custodita, portata con fede pareva assicurarmi la Grazia misteriosa, quella forza che non viene dalla terra: in quel tempo la Vergine Madre vincolava il suo aiuto a *quella medaglia*.

Un giorno arrivò un ordine dal corpo d'armata: c'era bisogno di un ufficiale che si incaricasse volontariamente di perlustrare la rottura del fronte a capo di una cosiddetta pattuglia da ufficiale, composta da soldati scelti. Correvano brutte voci sui crudeli senegalesi là infiltrati. Bisognava esplorare i boschi e le alte montagne che circondavano il lago Ochrida. Sembrava un'impresa terribile, del tutto insicura! Chi aveva il coraggio di incaricarsene? Nessuno! – Ci fu dunque una designazione.

---

[73] Finisce a questo punto il testo inserito, scritto precedentemente e pubblicato nella rivista del Carmelo, come detto sopra.

Mi venne da pensare che sarei stato mandato io. Il mandato sembrava essere una follia. "Fui mandato e andai" lieto e coraggioso. Forse che io avevo qualche pregio personale, o un coraggio innato, o ero un soldato particolarmente valoroso? No di certo! Non esagero nell'affermare che ero tanto codardo e maldestro quanto la maggior parte dei miei poveri compagni di sventura.

[33] Ma mi portava la forza nascosta nella medaglia, la forza della fede: «Non mi succederà del male, non può succedermi del male! "Qualcuno" mi difende, mi protegge..., "Qualcuno" tesse e intreccia il filo del mio destino».

Mi pare che due terzi dei miei soldati fossero allo stremo delle forze. Per due settimane ci aggirammo per i bellissimi versanti di montagna e per estese foreste. Per non venire attaccato di sorpresa vegliavo con la rivoltella in mano sui sogni dei miei soldati, che dormivano completamente esausti. Inoltre, dopo quelle immani fatiche scalai da solo la vetta di un monte, forse per bravata ungherese e per poter vedere il mare lucente e poter scorgere, se non altro con l'immaginazione, il monte degli dei greci, l'Olimpo. Non posso negare: in tutto ciò c'era molta, moltissima vanità. Ma chi e che cosa me ne davano la forza e il coraggio? Forse la mia "forza ancestrale"?! O la mia volontà ostinata, pronta a superare qualsiasi ostacolo?! Mi viene da ridere!

Ero una piccola figura da nulla, privo di talento, un uomo comune quanto alla corporatura e anche alla forza fisica. Non ero nato "eroe"... Ma la mia fede andava aumentando. Giù nel profondo, nel mio subconscio la fede già viveva, anzi cercava di farsi sentire. Non avevo ancora letto la Parola, ma la intuivo: «Omnia *possum* in eo qui me confortat» (Fil 4,13). Tutto posso in colui che mi dà la forza. Era quel "Qualcuno" a infondermi, a trasmettermi la forza. Questa fede – la fede in quella Forza – era la mia vita al fronte. Fin quando avrei pensato alla medaglia e ne avrei avuto cura, fin quando avrei avuto fiducia in Essa, cioè nella Rosa veramente mistica, misteriosa, *tutto mi sarebbe riuscito*.

Chi avrebbe pensato che là nella pianura Podgorica sul Montenegro, mentre i nostri giorni erano già contati – gli italiani, i serbi e le bande armate comitagi[74] infatti, stringevano sempre più il cerchio intorno a noi – la Vergine Madre si sarebbe servita del mio piccolo cavallo per salvarmi? Fu Lei che diede il "coraggio" a me ed anche ad esso. Il mio cavallo si chiamava Odin, nome di un dio germanico. **[34]** Era piccolo, ma abile e muscoloso. Dovevo dividere le truppe e poi condurle passando attraverso il ponte e a guadi, sotto il fuoco nemico. Le pallottole mi fischiavano intorno. Mi lanciai al galoppo in mezzo all'attacco nemico con il mio Odin. Dovevo trasmettere gli ordini e indicare le possibilità di ritirata o piuttosto di fuga. Il cavallo Odin ed io eravamo una cosa sola: c'era una intesa nel corpo, ma anche nei pensieri e nei sentimenti. Eravamo diventati una cosa sola.

Quanto più la situazione sembrava assurda, tanto più credevamo a un futuro per noi. Pensavo che anche il mio cavallo, a modo suo, sentisse che saremmo scampati al pericolo. Esso naturalmente poteva sentirlo solo con l'istinto (nessuno pensi che io voglia applicare il termine "credere" anche al cavallo), poteva però in qualche modo far sua la mia certezza che saremmo riusciti a fuggire. In quel momento dissi stupidamente anche di dovere tutto a Odin. Oh, no! Fu la medaglia... *il Bell'Amore* di Maria...

Non potevo più attraversare il ponte della Moracsa a cavallo perché i nostri soldati lo avevano fatto saltare, temendo di venire raggiunti dai serbi: «Dunque, Odin! Dove andiamo adesso?!». Eravamo rimasti in tre su quella sponda del fiume con i nostri cavalli: un capitano, un sergente ed io. Il capitano ed io saltammo su una barca incustodita e il sergente portò i tre cavalli in acqua con l'intenzione di poter arrivare all'altra riva. Il Moracsa, un fiume rapido e profondo di montagna, travolse i tre cavalli insieme al sergente. Ad un tratto scomparvero. Noi

[74] Comitagi: termine proveniente dall'adattamento della parola turca «komitaci» riferito alle bande armate ed anche agli appartenenti ad esse che agirono, a cominciare dall'ultimo decennio del XIX secolo, in Macedonia e sostenute dalle diverse nazionalità che abitavano quella regione, allo scopo di ottenere l'indipendenza dai Turchi, e in seguito di prevalere nelle lotte intestine dei gruppi etnici.

due, cioè il capitano ed io arrivammo all'altra sponda, poi andammo a cercarli più giù.

Il sergente e il mio cavallo erano stati gettati su una specie di isolotto sottostante a delle grandi rocce. Il pover'uomo era grondante d'acqua, batteva i denti e gridava come impazzito: «Salvatemi! Aiuto!». **[35]** Lo incoraggiai invano, cercando di farlo venire da noi a nuoto, ma non ottenni nulla. Allora dissi al mio cavallo: «Odin, vieni qua!». Lo chiamavo e "l'intelligente" cavallo si avviò e venne a riva. Intanto il capitano e il sergente scomparvero. Rimasi solo con il mio cavallo. «Proviamo su sulla costa!» Ma tutto era pura roccia a precipizio.

«Odin, metti qua le zampe!» – gli mostrai come fare e il cavallo provò e riprovò, ma fu impossibile... Intanto si era fatto buio ed il nemico sarebbe potuto arrivare di soppiatto in ogni momento e le nostre truppe erano ormai fuggite lontano: non si avvertiva più nessun rumore, neanche il minimo suono! Ero rimasto solo con il mio cavallo. Non potevamo aspettare oltre, dovevamo separarci. Gli occhi dell'intelligente cavallo – come avrei potuto immaginare in un altro modo?! – erano pieni di tristezza. Lo abbracciai stringendolo al collo, ci salutammo... Non lo vidi mai più.

A stento riuscii a raggiungere le nostre truppe a notte inoltrata. Ormai pensavano che fossi spacciato. Mi gettai sul letto di una locanda e rimasi a lungo immerso in un sonno profondo. Ero salvo. La Mulier Fortis – la Donna Forte – mi aveva salvato. Ebbene?! Da dove era venuto il coraggio?

E cosa accadde al mio bravo e fedele Odin? Non gli sarebbe toccato niente della "forza" della Medaglia? Sarebbe perito miseramente? – Forse saltò di nuovo nel rapido fiume ed approdò da qualche parte... Non posso saperlo. La Madre del Bell'Amore poteva provvedere anche al mio cavallo, forse per farmi piacere... Perché non potrei supporlo da Lei?... Ma a cosa serve questo episodio con Odin?... Serve a lodare anche per questo la Madre del Bell'Amore!

***

C'era una forza, una forza morale stava in quella Medaglia "miracolosa", vale a dire nella fede con cui la portavo. Non mi dava soltanto il coraggio, mi dava ancora di più, mi dava una cosa ancora più grande e più bella: l'*umiltà*.

[36] Mi sarei potuto insuperbire molto facilmente, sarei potuto diventare fiero, superbo e orgoglioso, così da farmi respingere da Dio, perché Dio resiste ai superbi.[75] Ovviamente il peccato originale in me c'era ed in una misura assai grande; ma la Medaglia stemperava e sgonfiava il mio orgoglio, insegnandomi a non affidarmi alle mie sole forze, ma soltanto «in eo, qui me confortat».[76] In quella vita piena di pericoli, in quel mondo feroce dei Balcani, lontanissimo dalla mia patria e dalla civiltà, la mia unica speranza era diventata la persona raffigurata sulla Medaglia.

L'umiltà è una virtù fondamentale: l'unico e vero fondamento che dispone l'anima ad orientarsi verso l'Eternità. Non esiste altro fondamento. La pietra angolare è Gesù. Egli però ha detto: «Imparate da me che sono mite e umile di cuore».[77]

Continuai a portare fedelmente la medaglia, ma l'umiltà imparata sul fronte, a casa ben presto scomparve. Era come se essa fosse annegata nelle acque della Moracsa, è vero: nella palude[78], insieme al mio cavallo Odin.

5. Nel fondo della miseria

Arrivai a casa alla fine di novembre del 1918, pieno di vermi, ma il verme più grande lo avevo nell'anima.

Il paese era in preda al caos e alla rivolta.[79] Anche la mia anima era in uno stato simile. Già nel maggio del 1919 avevo

[75] Cfr. Gc 4,6; 1Pt 5,5; Pr 3,34 (LXX).

[76] Allusione al versetto già citato: Fil 4,13.

[77] Mt 11,29.

[78] Gioco di parole. In ungherese, infatti, la pronuncia della parola palude («mocsar») assomiglia al nome del fiume menzionato.

[79] Con il crollo della monarchia austro-ungarica, l'Ungheria si affrancò dagli Asburgo, ma la classe dirigente di allora fu incapace di gestire la situazione, per cui

cominciato a fare dei progetti. Sarei andato prima a Graz, poi di là in Svizzera: «Via di qui, voglio lasciare questo paese!». La meta finale sarebbe stata – «risum teneatis»[80] – l'Australia.

Nella mia anima faceva sempre più buio. Portavo ancora la medaglia, ma non la toccavo, non la baciavo più e non la custodivo gelosamente così come al fronte. Ballavo moltissimo come un pazzo. Più di una volta inventai passi di danza del tutto personali in qualche serata familiare. Non bevevo mai bevande alcoliche, al massimo qualche volta un bicchiere di birra qua e là. Massimo a mezzanotte me la svignavo: fuggivo la compagnia "all'inglese".[81] Facevo il mio dovere relativamente con coscienza. Ne ero geloso.

[37] Così arrivò il settembre 1919, il primo anno del cosiddetto "corso cristiano",[82] di brutta memoria. Poi vennero *gli Anni Venti!...* Recitavamo molto. Eravamo patrioti ricoperti del tricolore dalla testa ai piedi. Si servivano anche di me. Tenevo discorsi e splendide conferenze. Mi preparavo come un

---

il potere scivolò nelle mani di elementi irresponsabili. Questi, prima lasciarono che la Romania, la Serbia ed i cechi, intenti a costituire un proprio stato, occupassero una buona parte dell'Ungheria, poi, ormai non più padroni della situazione, passarono il governo in mano ad un manipolo di comunisti che nel marzo 1919 dichiararono la Repubblica dei Consigli. Questo primo comunismo alleatosi alla Russia già trovatasi precedentemente sotto il governo bolscevico, causò un terrorismo inutile e sanguinoso di 133 giorni di durata nel paese già allo stremo dopo la guerra e fu soppresso dall'invasione dell'esercito romeno.

[80] «Risum teneatis»: Frenate le risa! (espressione proveniente da Cicerone).

[81] «All'inglese»: cioè senza salutare nessuno.

[82] «Corso cristiano» è il titolo ironico conferito dalla stampa di sinistra alla politica dei governi ungheresi che seguirono la Repubblica dei Consigli del 1919. Dopo il crollo di quest'ultimo il potere cadde, ottenendo il riconoscimento da parte delle Grandi Potenze vittoriose, nelle mani delle forze controrivoluzionarie composte in maggioranza da ufficiali dell'antico esercito imperiale. Pur conservando l'antica forma monarchica dello Stato, l'Ungheria, in assenza di un re, fu retta dal governatore Miklós Horthy (1920-1944). Il quarto di secolo tra le due guerre fu segnato da una politica volta ad ottenere la revisione del trattato di Trianon e a rimediare ai torti subiti. Per quanto riguarda la Chiesa cattolica, essa poté ricuperare i suoi beni espropriati in seguito alla laicizzazione decretata durante la dittatura dei comunisti e la gerarchia della Chiesa ebbe anche la possibilità di difendere e far valere i propri interessi per la sua partecipazione al potere legislativo e, di conseguenza, appoggiava la politica intitolata dal nome del primo ministro István Bethlen (1921-1931) per conservare le proprie posizioni.

attore, fuori nel bosco. Pura vanità! Ero totalmente preso dall'amore dell'«io». Divenni borioso, avido di gloria.

Volevo comparire, parlare dal podio, scrivere su giornali e riviste e mi aspettavo, anzi esigevo una valanga di applausi e di lodi, ma temevo e fuggivo le critiche! Ero incredibilmente popolare. Il mio prestigio andava crescendo... Le mie conferenze letterarie conquistavano totalmente il pubblico.

Il ricordo della mia defunta madre a poco a poco sbiadiva. Non badavo più alla Medaglia. È vero che la portavo costantemente in tasca, ma per il resto l'avevo dimenticata. Ero circondato dalla luce, dal fuoco fatuo della fama e della gloria. Compravo tutti i libri di moda. Naturalmente non li leggevo, al massimo li sfogliavo.

Una volta Bertalan Vass[83], provveditore agli studi, ascoltò una mia esposizione di letteratura tenuta davanti ad un vasto pubblico; e quando quel pedagogo, così cauto e per nulla prodigo di lodi, presentò la mia esposizione come modello davanti ai giovani e se ne congratulò con me in maniera insolitamente calorosa, la gente cominciava a perdere il lume della ragione nei miei confronti e quasi ad idolatrarmi: la gloria mi dava alla testa. Non mi mancava altro che dire con il vanitoso Gabriele D'Annunzio[84]: «Ho scritto o ho detto ciò che può farmi estasiare di me stesso...».

Ero stordito e quando qualche volta ero desto, allora non facevo altro che adorarmi. **[38]** E non mi chiedevo neanche dove sarebbe andato a finire tutto ciò! Ero un fariseo nel senso più pieno del termine, ero un sepolcro imbiancato... Nessuno vedeva la mia anima. Molti erano gelosi di me, anche se non me ne accorgevo nel mio accecamento; ancora più numerosi mi volevano bene – o almeno così mostravano – e moltissimi mi adulavano.

[83] Bertalan Vass (1857-1935): religioso cistercense, prete insegnante di grande autorità, direttore del ginnasio superiore cistercense di Pécs.

[84] Gabriele D'Annunzio (1863-1938): poeta, romanziere, drammaturgo e uomo politico, si distinse anche per una vita fastosa ed eccentrica, permeata di una ricerca ossessiva del lusso e della sfrenatezza, cui era sotteso un elemento estetico più profondo dell'arte e della letteratura.

Tutto era apparenza. L'inizio del salmo 4 era indirizzato proprio per me. Avrei potuto scriverlo sulla mia porta affinché colui che entrava potesse vedere la verità su di me: «Filii hominum, usquequo gravi corde? Ut quid diligitis vanitatem, et quæritis mendacium?» (Fino a quando, o uomini, sarete duri di cuore? Perché amate cose vane e cercate la menzogna?) Queste tre parole esprimevano perfettamente la verità su di me: *vanitas* (vanità), *mendacium* (menzogna) e *gravi corde* (duro di cuore).

Avevo il cuore indurito, indurito davvero. Ci sarebbe stata una via d'uscita a tutto ciò? Si sarebbe potuto? In fondo, sarebbe stato possibile?!... Sì! Sì! Sì! E questa sarebbe stata la grande gloria della Vergine Madre. Lei è lo specchio della Verità, ed io in Lei avrei visto la Verità: Gesù.

E chi è Gesù? – È il Bell'Amore. E chi è Maria? – È la Madre del Bell'Amore. E io? – Io diventerò il «Figlio del Bell'Amore».

PARTE III
Riappare

Dov'era frattanto la Stella del Mare? – Splendeva nel bellissimo firmamento azzurro del buon Dio, sopra le nubi. Era solo che io non la vedevo. Era coperta dalle nubi.

Dov'era frattanto la Madre del Bell'Amore? Continuava a intrecciare, a tessere la mia sorte, il mio futuro? – Sì! Ma come? – In modo tale da "ricavare" il massimo bene da questa caduta terribile. **[39]** Come la "teoria" della pallina di gomma: quanto più la si getta in basso, tanto più rimbalza in alto. E Satana mi gettava a *terra,* ben bene, ma ero nato "pallina di gomma", e rimbalzai fino alle altezze celesti – se posso dirlo con umiltà e gratitudine –, fino al seno di mia Madre.

L'Immacolata, la Madre del Bell'Amore "giocava" con me. Se il mio traviamento non fosse stato così orribilmente grande, se non fossi caduto così deplorabilmente in basso, sarei potuto rimbalzare così in alto fino al suo seno?!... «Abyssus abyssum invocat...» (Sal 41,8). Un abisso chiama l'abisso. Una voragine chiama una altitudine. Ero caduto in un abisso, ero in un baratro orribile e quell'orribile "abyssus" gridava verso il cielo, perché esso era molto profondo...

Il figlio prodigo mangiava nel trogolo dei porci[85]; forse più in giù, più in basso di così non si sarebbe potuto cadere... Cosa infatti poteva accadere ancora dopo tutto questo? Oh, mio Dio, mio buon Dio: il Pane degli Angeli, Salutaris Hostia – l'Ostia salutare.

---

[85] Cfr. Lc 15,16.

Questa è la vocazione della cara Vergine Madre. Questo è il suo compito: condurci a Gesù, darci Gesù, anzi insegnarci a diventare Gesù. Nel mio caso come lo fece? Lo racconterò.

1. Maria tutta candida

Cominciò con un ciliegio in fiore.

Negli anni 1920-'21 la primavera fu bellissima. Fui preso dal desiderio di andare a casa ogni sabato pomeriggio con il primo treno, ma non andavo fino al mio paese, scendevo prima, in una piccola stazione e attraversavo i campi direttamente fino ad un vigneto, non il nostro. Un amico di mio padre[86] aveva lì una specie di villetta molto graziosa: la chiamavo la «Casina delle Fate». Lì tutto era mio: gli alberi in fiore, la solitudine, il canto degli uccelli, il prato e tutta la bellezza di quella piccola valle nascosta. Lì scoprii – non ancora la mia anima – ma un ciliegio bellissimo.

[40] L'albero si trovava dietro l'edificio, sul pendio della collina, fra i fili rigogliosi di un tappeto d'erba simile alla seta. Era un albero di ottima qualità e somigliava ad un enorme cespuglio. Il tronco si ramificava subito alla base e i rami formavano quasi una sfera perfetta.

Tutti i rami erano coperti di fiori bianchi così fitti che sembravano un soffio. Fu impossibile non pensare al grande Artista Creatore. Me ne stavo sotto i rami e godevo di questa grande bianchezza. Era come se avessi cessato di esistere… Per me esisteva solo quel mare di fiori bianchi, i petali candidi, il loro profumo e il loro colore… Rimanevo lì a guardarli per delle ore, ne gioivo e sorridevo.

Pensavo di essere solo… Eppure Lei era lì, Lei, la Bianca Signora che mi ricopriva del Suo candore perché quel candore

---

[86] Un ex-collega del liceo di Zalaegerszeg, László Székely allude così nei suoi ricordi al rapporto di Boldizsár Marton con questo amico del suo padre: «(Boldizsár Marton) si recava spesso a casa, nel paese dei suoi genitori, a Kiskomárom. Abitava là il possidente László Péczely, padre di otto figli, fervente cattolico. Marton si trovava davvero a suo agio in compagnia di questo signore oltremodo intelligente, di campagna».

era santo. Potevo anche pronunciarlo: «Oh, Santo Candore!». Toccavo i petali con immenso tenerezza.

Era come quando la prima neve cade sulla terra fangosa... Si vede soltanto la neve, non la terra e il fango: essi sono scomparsi, non ci vengono neanche in mente. È solo la neve, la neve bianca e nitida che riempie la nostra anima e il nostro cuore ed è l'unica cosa che abbiamo. Come posso dire: né il fango, né la terra, ma solo la candida neve. Tale ero io con il ciliegio in fiore.

Con esso, in esso e per esso giunse il candore celeste e spirituale che ricoprì la mia anima sporca di terra e di fango. D'ora in poi sarà questo il suo modo di fare... Mi copriva del suo candore. Poco a poco scoprii che quel "Biancore" era un candore celeste. Dopo aver contemplato quei petali bianchissimi, anch'io ero puro. O piuttosto, non sentivo più di essere sporco. Ero puro, ero bianco come la neve. Ero innocente? Era come se fossi un bambino. Le persone, le vanità e tutto il mondo ingannevole scomparivano. Il sabato pomeriggio e tutta la domenica vivevo immerso in una totale realtà di "sogno" puro e bianco... Alla sera tornavo a casa!

Venivano a trovarmi degli amici, degli uomini, ma per me non esisteva nessuno.

[41] Tutto era candido, pulito ed innocente. E tutto era... vero. Ero nella Verità o guardando nel suo Specchio, scoprivo la Verità. Mi sdraiavo spesso sotto il ciliegio e i petali bianchi mi cadevano sopra. Dimenticavo me stesso, "l'adulto" che ero e ritrovavo il "bambino".

Non avevo pensieri particolari. Non filosofavo. Semplicemente vivevo, godevo... *Amavo*!... Che cosa amavo? Il Candore. – Ora lo so: mi si presentava il Bell'Amore. La Madre si manifestava al suo figlio.

2. La Signora dell'Eternità

In seguito, trascorsi le vacanze estive sempre nello stesso luogo. La Madre del Bell'Amore si presentò anche allora, facendo questa volta un passo "strategico". Mi capitò fra le mani un libro scritto in tedesco, tradotto dal russo; si intitolava «Leonardo da Vinci», scritto da Mereskovszkij.[87] E l'*Eternità* mi piombò addosso.

Lessi soltanto alcune pagine dei pensieri di quell'insigne genio e dovetti posare il libro, perché ero già nell'Eternità. Ma io non "meditavo" affatto, assolutamente no. – Era l'autore del libro a filosofare, a vaneggiare, a giocare con l'idea dell'Eternità. E io che cosa facevo? –Semplicemente "vivevo" in essa... amavo. Che cosa? – L'Eternità, non la sua idea, amavo l'Eternità stessa... la santa realtà dell'Eternità vera.

Sentivo e sperimentavo cosa volesse dire: «Pondus Æternitatis», ossia il peso dell'Eternità. Non la sua idea, ma essa stessa: l'Eternità! In quei giorni benedetti vivevo in essa. Il suo "peso" non mi opprimeva – al contrario, mi innalzava verso di essa, in essa o sopra di essa, come una gigantesca gru.

Spesso andavo dalla valle al bosco, innumerevoli volte, non tanto intrattenendomi sul pensiero dell'Eternità, ma gustandola, sperimentandola come una realtà vissuta. **[42]** Essa veniva con me, si chinava sopra di me, mi guidava, mi si offriva e io dovevo prestarle attenzione e ascoltarla, captando il leggero sussurro che non è di questo mondo. Dovevo ascoltare questa specie di sacra "Persona" dell'Eternità, cioè la Signora potente dell'Eternità.

Era lei – senza dubbio. A quei tempi non lo sospettavo neanche; ma Ella mi teneva già così in suo potere. Quanto è maestoso il suo nome: La *Signora dell'Eternità,* la Beata Signora! La Grande Signora! «Domina Nostra ab Aeternitate»!

Stranamente, in mezzo a un bosco di carpini altissimi, scorsi... *la chiesa*. Camminavo sotto quegli alberi. In alto, le loro corone di foglie si chinavano, si convergevano. È un'arcata,

---

[87] Dmitrij Sergeevič Merezkovskij (1865-1941): poeta, romanziere e critico russo. Nacque a Pietroburgo. Dopo la Rivoluzione d'Ottobre nel 1920, fuggì dalla Russia con la moglie, la poetessa Zenaida Hippius e si trasferì a Parigi, dove riprese la sua intensa attività di studioso e di scrittore. La sua fama si diffuse con la trilogia *Cristo e anticristo (Giuliano l'Apostata – Il romanzo di Leonardo da Vinci – Pietro il Grande),* preludio di una creazione letteraria imponente e inimitabile, ricca di oltre 40 opere magistrali.

che magnifica chiesa! – esclamai. Qui bisogna pregare! E, senza parole, senza suono, parlavo all'Eternità come ad una Persona, senza ancora pronunciarne il nome: parlavo al buon Dio, al Dio maestoso…

3. La Signora della Solitudine

Da allora in poi cominciai ad evitare la gente. Cercavo la santa e dolce *solitudine*. Rinunciavo agli inviti, alle cene, al tè. Per un certo tempo mantenni ancora le abitudini "convenzionali": gli atti di cortesia, le visite, i balli; ma anche per tutti questi ad un tratto, sarebbe venuto il loro turno…!

In quel momento mi prendeva, mi attirava come una calamita, la *Signora della Solitudine* tanto che anche ora il mio scrivere ne è condizionato. Non potevo liberarmene. E neanche lo avrei voluto… Sentivo che quella «Calamita» non veniva da questo mondo, era una «Calamita Celeste»: la *Calamita del Bell'Amore*. Com'è dolce e facile[88] obbedirle: lasciarsi andare, abbandonarsi ad essa… Ma solo la Calamita del Bell'Amore è così irresistibile. Solo l'Immacolata, la Madre di Dio!... Mia Madre…

[43] Il ricordo e l'immagine della mia defunta madre mi tornavano in mente sempre più spesso allorché mi trovavo sulla "soglia" del peccato e delle frivolezze. Non sono del tutto certo di questa mia affermazione, ma devo trarre la conclusione della sua veridicità dagli avvenimenti successivi.

Spesso nella mia anima provavo una grande tristezza, per così dire, non terrena, come se me la portassero il suo volto e i suoi occhi!… Come se ella mi suggerisse, stimolandomi: «Riprenditi! Guarda nella tua anima! Quando è stata l'ultima volta che ti sei confessato? Prima o poi devi scaricare il tuo peso, il mare di peccato». In tali occasioni ero molto triste. Non potevo sopportare la tristezza del suo volto, dei suoi occhi. Ma era veramente la mia madre terrena?!...

---

[88] Cfr. Mt 11,30.

Cominciai a rientrare sempre più profondamente in me stesso. Mi resi conto dove ero andato a finire e come ero precipitato in basso! Dov'era però la gru che doveva rialzarmi dall'abisso?! – L'Eternità? Oh, sì! Là nel bosco, nella santa Solitudine, mi rialzavo così in fretta e facilmente! Ma qui, fra la gente, in questa società moderna corrotta fino in fondo, dove tutti mentono e, da farisei, nascondono il putridume dei sepolcri!...

Ero ormai abituato e imbevuto della connotazione più colpevole e più deplorevole della cultura moderna: la *presunzione*. Ora dovevo gettare via proprio ciò come uno straccio per rimanere come il *«bambino»*, con semplicità naturale, con cuore aperto e con amabilità... Oh lo so, un tempo ero stato un bambino, pieno di tali disposizioni! Amavo la mamma, quella terrena come quella Celeste; ma poi mi si era attaccata addosso e si era impressa su di me questa "cultura" europea bugiarda, farisaica e ipocrita e mi sentivo come prigioniero di una corazza d'acciaio, la corazza della superbia che non osa, che non vuole, che non è capace di piegarsi, che aborrisce perfino al pensiero di ridiventare bambino!

Eppure questo è il pensiero fondamentale del Vangelo, questo è l'Ideale: "Se non vi convertirete e non diventerete come i *bambini*, non **[44]** entrerete nel regno dei cieli".[89] Il Paradiso è l'infanzia spirituale. Perciò ero triste... per quel Paradiso. Ancora non ero in grado di essere "bambino". Ero orgoglioso, vanitoso, presuntuoso, ipocrita. Ero un «Kulturmensch», anzi un "Übermensch"![90] Poi, ad un tratto, arrivò la piccola Teresa!

Io ero allora una specie d'intellettuale, un uomo che aveva viaggiato molto, anche un po'... artista.[91] Appassionato di letteratura, guardavo però con un certo disprezzo le opere scritte da

[89] Mt 18,3.

[90] Termini tedeschi. «Kulturmensch» = un uomo di cultura; «Übermensch» = un superuomo (concetto creato da Nietzsche, indicando un uomo sfrenatamente individualista, senza scrupoli, desideroso del potere ad ogni costo).

[91] A questo punto s'interrompe il racconto del manoscritto fino all'inizio del punto seguente, cioè al punto 4 con il titolo *Mikófalva. La Madonna Addolorata*. Padre Marcello qui scrive nel manoscritto fra parentesi solo un'allusione ad un suo scritto proba-

donne. Un giorno, un pomeriggio, piombò all'improvviso nella mia stanza la figlia del mio padrone di casa. Era una creatura intelligente e di animo sensibile, con una bella cultura soprattutto in materia religiosa.

Mi porse un libro e mi chiese di leggerlo assolutamente, e cioè con molta attenzione. In copertina lessi: «Autobiografia di una certa suor Teresa di Gesù Bambino – La storia di un'anima». Le restituii il libro, un po' irritato: «Non mi piacciono le scrittrici!». Lei però insistette che dovevo leggere quel libro. Tagliai corto, stizzosamente: «Le donne devono tenere in mano il mestolo e non la penna!». Dissi qualcosa di simile, ma la ragazza non si offese. Per lei era più importante "la storia di un'anima",[92] vale a dire la storia della mia anima che poteva essere cambiata, liberandosi dalla sua alterigia e dagli stupidi pregiudizi grazie alla storia di quell'anima, anche se scritta da una donna.

La ragazza non riprese il libro respinto, ma lo posò dolcemente sulla scrivania e mi guardò di nuovo, con un grazioso sorriso supplichevole: «La scongiuro per pietà di leggere questo libro». Poi mi lasciò da solo.

Ero irritato e pensavo: «Queste donne mettono il naso in tutte le faccende altrui, ecc…». Decisi di non leggere il libro per dispetto. Dopo un po' di tempo presi bastone e cappello e andai a prendere un po' d'aria... «Suor Teresa di Gesù Bambino! Che cosa può mai essere questa suora?! Ma anche questa ragazza che cosa ha da vedere con la mia anima? Che c'entra con la mia anima?!... E soprattutto che c'entra con la mia anima questa suora chiamata "Teresa di Gesù Bambino"?!».

Non so se fossero proprio questi i pensieri che mi frullavano in mente; comunque, tornato a casa la sera, il mio primo sguardo cadde su quel libro che lì, sulla scrivania, quasi mi si offriva. Benché fosse scritto da una donna, non potevo distoglierne lo

---

bilmente già esistente, che racconta l'episodio del suo primo incontro con santa Teresa di Lisieux, con l'indicazione di inserirlo in questo punto nel testo dell'autobiografia.

[92] Allusione al primo titolo sotto il quale gli scritti autobiografici di santa Teresa di Lisieux vennero pubblicati.

sguardo. Ci fu ancora anche un'altra cosa: come se gli altri libri, i classici ma anche quelli moderni, come se si nascondessero e scomparissero ad un tratto! Pareva non volessero stare insieme ad una "scrittrice", che per di più era una... suora. Così rimasi solo con suor Teresa di Gesù Bambino. Ancora in piedi, presi il libro e cominciai a leggerlo... Non so quando mi sia seduto, ma non riuscivo a smettere di leggere. La luce elettrica illuminava la stanza e un profondo silenzio regnava attorno a me... Quella "donna" mi aveva conquistato.

Alcuni anni dopo la piccola Teresa, venne la grande Teresa, e dopo santa Teresa d'Avila giunse per sempre Colei che è benedetta fra le donne: la Beata Vergine Maria del Monte Carmelo. Da quando, per ultima, scrive la storia della mia povera vita, o meglio la storia della mia anima felicissima, questa Donna, Maria che è la vera scrittrice, *iscrive* nella mia anima il Verbo di Dio con fuoco e baci materni. Questo Verbo a sua volta, si fa carne ed abita in mezzo a noi[93], e si chiama *Gesù*.

La storia finisce a questo punto. Ma bisogna tener ben presente i singoli gradi della scala: la piccola santa Teresa, santa Teresa d'Avila, Maria, Gesù!...[94]

---

[93] Cfr. Gv 1,14.

[94] Il breve episodio inserito riguardo al primo incontro con l'autobiografia di santa Teresa di Lisieux finisce con questa frase. L'ordine stabilito da padre Marcello evidentemente non viene inteso in modo assoluto come se si potesse arrivare a Gesù seguendo unicamente questi singoli gradi. Ciò viene dimostrato dallo stesso racconto di padre Marcello che narra alle pagine seguenti come egli s'incontra con il mistero di Gesù crocifisso e con quello di Gesù sacramentato molto prima ancora della lettura della biografia di santa Teresa d'Avila. L'ordine stabilito di padre Marcello s'intende probabilmente nel senso che in una esperienza cristiana autentica tutto ha la funzione di portare la persona, prima o dopo, a Gesù. In questo processo l'insegnamento di santa Teresa di Lisieux e quello di santa Teresa d'Avila e soprattutto il ruolo materno di Maria possono costituire un aiuto particolarmente efficace per il cristiano, come dimostra l'esperienza di padre Marcello. Fu infatti attraverso l'autobiografia di santa Teresa di Lisieux che egli poté comprendere quell'atteggiamento fondamentale con cui mettersi davanti a Gesù; fu la biografia di santa Teresa d'Avila che lo illuminò sulle grazie che aveva ricevuto dalla misericordia del Signore, senza nessuno merito da parte sua (Cfr. *Il Bell'Amore,* 86-87), e fu attraverso Maria e in Lei che imparò progressivamente a corrispondere all'amore di Gesù, donando tutto se stesso a Lui (Cfr. *Il Bell'Amore,* 73).

***

Certo! Ma la Madre del Bell'Amore avrebbe dovuto faticare ancora molto negli anni successivi. E lo fece bene.

4. Mikófalva. La Madonna Addolorata

Era l'estate del 1922. Dove andare per le vacanze estive? Forse a casa da mio padre, nella nostra casa di famiglia dove, da quando mia madre era morta, viveva la mia carissima sorella insieme alla sua famiglia?! Una notizia sul giornale attirò la mia attenzione: la rappresentazione della Passione a Mikófalva.[95] L'intero racconto della Passione venne recitata dai semplici «palóc».[96] Qualcosa di simile a ciò che si fa ad Oberammergau…[97]

Una cosa mi sorprendeva sempre più spesso: non ero padrone di me, "Qualcuno" mi guidava, mi prendeva per mano e mi spingeva. Fu così anche quella volta. Ed eccomi subito in viaggio verso il paese dei «palóc», attraverso la città di Eger.[98] Era una bellissima domenica di luglio. Trovai alloggio nella casa del sindaco del paese. Era una camera semplice e pulita, dal pavimento in terra battuta.

Ero completamente solo. Non pensavo a niente. Tuttavia ero immerso in una specie di "contemplatio" – nella contemplazione di Dio – oscura e insieme dolce e ineffabile che mi cullava. Non mi accorsi neanche quando, durante il pranzo, qualcuno venne al mio tavolo nella locanda e mi rivolse la parola. Mi svegliai. Era un sacerdote, un mio vecchio compagno di classe di Nagyszombat, un mio buon amico.

---

[95] Mikófalva è un piccolo paese al nord-est dell'Ungheria, ai piedi settentrionali della montagna di Bükk.

[96] Palóc è una etnia ungherese della regione montuosa del nord.

[97] Oberammergau è un villaggio della Baviera, famoso in tutto il mondo per la rappresentazione della Passione di Gesù.

[98] Eger è una città storica del nord dell'Ungheria, famosa per la resistenza eroica contro l'occupazione turca nel secolo XVI.

In qualche modo accadde che rimasi di nuovo solo, **[45]** anche alla rappresentazione. Tutto cessò di esistere per me: il mondo, la gente, gli avvenimenti. Arrivò anche il Ministro degli Interni, ma non mi interessava niente e nessuno al di fuori di Gesù, *solo e unicamente* Gesù…

Era un contadino palóc a recitare la parte di Gesù. Era un bell'uomo, altissimo e magro. Parlava il dialetto palóc con una pronuncia del tutto pura, ma non era più lui, perché per me egli era diventato Gesù.

Tre particolari rimasero indelebili nella mia memoria. Non solo nella memoria, ma anche nella mia anima e nel mio cuore… Ne fui penetrato, imbevuto, sommerso…

Il primo fu il giardino del Getsemani. Una collinetta di sabbia, con quattro o cinque betulle piantate sopra. Gesù vi andava con i tre discepoli. Questi si lasciavano cadere ai piedi della collinetta, mentre Gesù – perché era Lui Gesù, interamente Lui, il Dio-Uomo, il povero Gesù, il Perseguitato, l'Agnello, l'Agnello di Dio[99]… Lui come dico –, andava avanti… anzi no, si trascinava… barcollando davvero come se perdesse i sensi per un dolore atroce…

E io piansi a calde lacrime. Piangevo Lui, Gesù, Dio che barcollava e quasi veniva meno dal dolore, l'«Uomo dei Dolori».[100] Intanto era come se udissi dentro di me in modo oscuro, ma con una infinita tristezza, le parole dell'ottava Stazione: «Non piangete su di me, ma piangete su voi stesse e sopra i vostri figli!…».[101]

La Madonna Addolorata si chinava su di me, sulla mia anima, sul mio cuore: era Lei che piangeva in me e attraverso di me suo Figlio e me: l'altro suo figlio… Per giorni, settimane e mesi mi tornò alla mente l'immagine di Gesù *barcollante* nel giardino del Getsemani…

---

[99] Cfr. Gv 1,29.
[100] Cfr. Is 53,3.
[101] Lc 23,28.

Il secondo fu quello in cui portavano Gesù sulla croce. Sfilava la folla. Quando urlavano: «Crocifiggilo!», lo urtavano, si facevano beffe di lui, lo percuotevano, lo schernivano. Gesù umiliato che *suscitava compassione*!

Non potei dimenticare neanche questa scena. Rimase indelebile dentro di me. – Nella mia memoria? – No, rimase nella mia anima, nel mio cuore… **[46]** «Oh, voi che attraversate la via, guardate e vedete se esiste un dolore come il mio?!…».[102] E il suo dolore mi invase, perché non era il mio dolore, ma quello della *Madre Addolorata*. A quei tempi non lo sapevo. Adesso lo so. Pensavo che fosse la mia madre terrena a piangere su di me. Invece era Lei: Maria!…

Il terzo fu quello della crocifissione: quando il cuore di Gesù venne trapassato, trafitto dalla lancia e il sangue rosso, il Sangue *Prezioso* sgorgava, correva dal suo cuore… Se il sangue fosse "misto" ad acqua[103], non lo vidi... Ma stavo lì, sotto la Croce, o piuttosto vi stava lei[104], *Stabat Mater Dolorosa*.

5. La Madre della «Buona Morte»

Avevo l'impressione che per me sarebbe iniziata una vita nuova. Quella di prima era finita. Come un abito logoro e strappato dovevo toglierla, gettarla via e indossare, mettermi quella nuova.

Ero seduto nel vagone ristorante del rapido (in quel tempo mi tenevo ancora sulle mie!…) e vedevo lontano, ma ciò che guardavo non erano i campi, i prati, le nuvole, ma tutt'altra cosa. Ebbi un'esatta sensazione: sto correndo direttamente verso… l'Eternità,[105] che non avrà mai fine. In tutto il mio essere brillava con una certezza totale e che non ammetteva alcun dubbio, la coscienza che il mio destino era segnato! Non ap-

[102] Lam 1,12.
[103] Cfr. Gv 19,34-35.
[104] Cfr. Gv 19,25.
[105] L'«aeternitas beata».

partenevo più a questo mondo, ma a quell'Altro. E solo quello è "l'unico necessario".[106]

La corsa precipitosa, la velocità folle del treno rafforzavano dentro di me l'amore di una Vita Nuova con una forza istintiva. **[47]** C'era un fuoco sconosciuto che ardeva in me, totalmente nuovo e non di questo mondo, e coraggio e forza mi lanciavano verso quell'altro Mondo, verso quello Nuovo. Il mio treno era diventato il treno dell'Eternità, era come se non fossi più dovuto scendere da quel treno!...

Così arrivai a casa, al mio paese natale. Incontrai per primo mio padre nel cortile: «Volevo aspettarti! Non volevo andarmene finché non fossi venuto». Aveva ottantasette anni. Il giorno seguente morì di una morte bellissima. Prima guardò fuori dalla porta della prima stanza. Come se avesse saputo il perché, la mia buona sorella disse: «Devo chiamare il reverendo parroco?».

Si confessò e si comunicò, poi si mise serenamente a giacere, ricevette l'estrema Unzione, dopo di che si addormentò in modo placido, con una pace e una tranquillità quasi celestiali. Il parroco disse di non aver visto una morte così bella da lungo tempo, e certamente non aveva visto un'anima che avesse tutto così in ordine.

Era di nuovo Lei che lo portava via e lo faceva proprio davanti ai miei occhi, per me. Fu per questo che mio padre doveva "aspettarmi". Di nuovo era quel "Qualcuno" che si mostra nei modi più svariati ed è sempre, ma sempre a nostra disposizione: la Madre Celeste, ora era come *la Signora della «Buona Morte»*. E la Signora della Buona Morte mi svelò gli insegnamenti della «Buona Morte». Le mie riflessioni si seguivano una dopo l'altra nella mia anima: «Mio padre deceduto era davvero un sant'uomo!». La Signora della Buona Morte mi fece rivedere tutta la vita di mio padre. Costatai che egli era un uomo di Dio, un uomo di preghiera. Era un perfetto cristiano perché cercava, contemplava e adorava in tutto la volontà di Dio.

---

[106] Cfr. Lc 10,42.

[48] Mi tornarono alla mente le cose una dopo l'altra. – Una volta, quando ero ancora bambino, si avvicinò una nuvola terribile. Mio padre aveva un bel podere: campi e una vigna. La tempesta si abbatté: la grandine piombava in una tale quantità da poterla spalare. Mio padre ed io eravamo alla finestra del corridoio. Egli giunse le mani in segno di preghiera e recitava il Padre Nostro e l'Ave Maria l'uno dopo l'altra. Il suo volto era sereno, non vi appariva nessun segno di preoccupazione, di paura o di disperazione vi appariva. Quando quel castigo di Dio vero e proprio terminò, disse solo seriamente, senza il minimo segno di mormorazione: «Il Signore ha dato, il Signore ha tolto! Sia benedetto il nome del Signore!».[107]

La grandine distrusse tutto il frumento e l'uva. Venne la gente a dirglielo, deplorandolo; ma mio padre fece solo un cenno di protesta contro il loro modo di parlare, mentre ripeteva: «Il Signore ha dato, il Signore ha tolto! Sia benedetto il nome del Signore!».

Un'altra volta eravamo nella vigna. Il cielo si oscurò, scoppiò un uragano. Cosa fece mio padre? Pregò. Pregava sempre. Dopo la sua morte, era proprio il fatto che egli pregava *sempre* a colpire la mia anima, nel vero senso della parola. Quello che Gesù dice così: "Bisogna pregare sempre, senza stancarsi" (Lc 18,1), mio padre lo faceva veramente. Il suo primo risveglio era la preghiera: mentre si lavava e si asciugava, pregava. Non si accorgeva neanche che gli altri potessero sentire le sue Ave Maria e le sue invocazioni.

Il suo modo di vedere e pensare sulla vita terrena era assolutamente cristiano. Adempiva il suo dovere in tutto e sempre nel modo più coscienzioso, perché – come diceva – Dio vuole così. Osservava interamente i comandamenti: i Dieci comandamenti e quelli della Chiesa. Adempiva ai due Comandamenti principali: **[49]** amava Dio con tutto il cuore e amava il suo prossimo come se stesso. Faceva ogni sacrificio per loro. Non rifiutava mai una richiesta. La gente poteva chiedergli qualsiasi cosa, egli

[107] Cfr. Gb 1,21b.

la dava senza esitare e senza pensarci su. Era riconoscente per ogni minima cosa che gli venisse fatta. Ringraziava sempre mio zio che tanto aveva fatto per me, e quando questi morì, prima della mia partenza per il fronte, benedisse ancora la sua memoria. Mio padre era un'anima felice, saggia e serena.

Ora tutto questo mi tornava alla mente, anzi in realtà, nel cuore. Potevo ripetere costernato: «Mio padre era un santo, è morto come un santo. E io?!...».

Ereditai un bel patrimonio e lo permutai in denaro. Si sapeva che avevo le mani bucate, perciò un mio buon amico, un giudice distrettuale me lo tolse proponendomi che lo avrebbe "amministrato" lui e che era preferibile non lasciarlo nelle mie mani. Egli aveva ragione. Non attribuivo già alcun valore ai beni e al denaro, non gli attribuivo valore veramente neanche prima, ma ora cominciavo a considerarlo sempre di più come spazzatura.[108]

"Una sola è la cosa necessaria".[109] La Signora della «Buona Morte» me lo stava insegnando. «Mors bona, nihil aliud». «Buona Morte», nient'altro. Non vi scrissi una poesia come László Mécs, ma lo avevo già "nel sangue". La vita di mio padre mi insegnò che il buon cristiano crede nella Divina Provvidenza senza riserve, ama Dio e il prossimo. La sua ricompensa è una buona morte.

***

Tuttavia, non ero ancora a posto. Non facevo *tutto* ciò che avrei dovuto. Non adempivo **[50]** a tutti i comandamenti, ad alcuni sì, ma ad altri no.

"Quella fine... se la potessi dimenticare!" – dice Adamo in Madách.[110] Neanch'io potevo dimenticarla. Cominciai nuovamente ad essere inquieto.

---

[108] Cfr. Fil 3,8.
[109] Cfr. Lc 10,42.
[110] Cioè nella *Tragedia dell'uomo* di Imre Madách.

Una sera tardi percorrevo nervosamente la carta geografica con le dita. Prendere il treno, prendere il treno! Volevo correre lontano, lontano… in un paese sconosciuto! Ma dove?! Dove non ero ancora stato?!…

Ad un tratto il mio sguardo cadde su un libro. Sulla copertina c'era un teschio e una immagine: un treno che usciva da una galleria ad alta velocità e in quel momento una giovane donna si gettava davanti alla grande locomotiva. Il titolo del romanzo esclamava: "Non c'è scampo!"

«Come? Non c'è scampo!?!… Ma sì! *C'è scampo*!» – esclamai anch'io ad alta voce. Guardai l'orario ferroviario e poco dopo ero su di un treno rapido diretto a Pécs.[111] Non vi ero mai stato ancora. Durante tutto il viaggio riecheggiava in me, a volte con rabbia, a volte con serena certezza: «C'è scampo! C'è scampo!… Ma dove?».

I miei muscoli si irrigidirono di forza, dal mio petto uscì un forte sospiro come dalla locomotiva a vapore, i miei occhi luccicavano, tutto il mio intimo fremeva: energie formidabili si agitavano dentro di me. «C'è scampo!» – Ma non in modo ragionato: ci doveva essere una soluzione, una via d'uscita e di conseguenza, si poteva dimostrare che esiste una via di scampo! Non era così affatto! Piuttosto così: «*C'è scampo!* Questa *verità* non tollera contraddizioni! C'è, c'è, c'è scampo!».

Scesi così dal treno e lasciai la stazione di Pécs. Ad un tratto cominciai ad osservare stupito: qui si andava *in salita;* i tram, le strade. Arrivai in piazza Széchenyi, anche quella andava in salita. Presi una camera all'albergo Nador: anche lì tutto andava in salita. Feci colazione in terrazza, di fronte **[51]** c'era la chiesa della Madonna della città vecchia, un tempo moschea turca (quante volte in seguito avrei predicato in quella chiesa!). Una grande scalinata conduceva al portone, un'anziana signora vi saliva. Poi vi andai anch'io: in salita! Sempre in salita finché

[111] Pécs è una delle città più belle e più antiche dell'Ungheria. Fu occupata per un lungo periodo dai turchi. Si estende sul versante meridionale della montagna Mecsek. È famosa la sua cattedrale di stile romanico.

arrivai in cima al monte Mecsek. Anche lì in salita al Belvedere. Sotto di me si estendeva il bellissimo bosco, la pittoresca città.

Domandai al custode: «Mi darebbe alloggio in questa torre per tre giorni?».

Il custode mi guardò, ci pensò un po' e disse: «Mia moglie ed io andremo a stare in cucina, lei potrà avere la camera da letto».

«Per ora riparto, ma tornerò il 7 settembre».

Tornai la settimana seguente, dopo aver preso alcuni giorni di ferie. L'8 settembre è la festa della Natività della Vergine. Non potevo immaginare che un giorno in quella città, mi sarei innamorato una volta per tutte della Vergine Maria Bambina![112]

Per la festa scesi dal mio eremitaggio, dal Belvedere e andai alla cattedrale. Alle nove cominciò la Messa pontificale. Il canto del coro mi affascinò, era tuttavia un'altra cosa la "sensazione" della mia anima.

Per prima cosa fu il canto del Gloria! Fui quasi annientato dalla maestà di Dio e poi fui innalzato come una foglia sollevata dal vento turbinoso – come dire? – alla gloria di Dio, di cui è piena ogni cosa. Gustavo, feci esperienza che Dio e la Sua gloria sono il Tutto e che tutto esiste per questo: per Dio e per la sua gloria! Anch'io, questa esile foglia di umanità!...

- Gloria in excelsis Deo!...

Per la prima volta compresi il "Gloria" della religione cattolica, cioè ne feci esperienza.

La seconda esperienza fortissima fu l'Elevazione. **[52]** Confesso di non essere più in grado di descriverla. La mia anima fu inondata di Pace, della «Pax Christi». Esistevo, eppure ero perduto in Lui, nel Cristo, nel grande e santo Silenzio e nel Tacere. Sperimentai che l'unico Scopo della mia povera vita umana era

---

[112] La devozione mariana e l'infanzia spirituale vissuta da padre Marcello trovarono un'icona viva nella figura di Maria Bambina soprattutto nell'ultimo periodo della sua vita. La devozione di padre Marcello verso Maria Bambina fu il frutto di esperienze mistiche a cui egli allude anche se molto modestamente nel testo de *Il Bell'Amore*: in questo punto e nell'epilogo (Cfr. *Il Bell'Amore,* 158-159).

Gesù, l'Ostia Bianca. La *santa e dolce pace del Bell'Amore* mi avvolgeva, mi ricopriva.

6. La Signora della Bontà

Trascorsi l'anno scolastico 1922-23 in uno stato quasi continuo di contemplazione, di contemplazione infusa, come viene chiamata.[113] Naturalmente a quel tempo non ne sapevo niente, neanche che esistesse un tale concetto, una tale denominazione. Ma dovevo tanto più "farne esperienza", perché la grazia misericordiosa del Signore mi avrebbe in seguito fatto entrare in un ordine religioso in cui «contemplatio potior pars», la contemplazione è la parte più importante.[114] Più tardi, in qualità

---

[113] San Giovanni della Croce, grande dottore della mistica, scrive a proposito della contemplazione infusa che «essa è scienza d'amore, cioè conoscenza piena di amore, infusa da Dio, che nello stesso tempo illumina e fa innamorare l'anima, fino a elevarla di gradino in gradino a Dio» (*Notte oscura,* libro II, 18,5). Padre Marcello non dà una definizione di questo concetto ne *Il Bell'Amore,* ma descrive bene i profondi cambiamenti esercitati da essa sulla sua vita. Nella narrazione emerge prima di tutto il protagonista di queste trasformazioni profonde: Dio-Amore che si comunica gratuitamente ed infonde nell'anima una conoscenza soprannaturale che fa vedere Dio e tutto il creato in una luce nuova, che genera amore nel cuore dell'uomo e che coinvolge tutto il suo essere, liberandola progressivamente da tutto ciò che ostacola la realizzazione di una comunione personale con Dio.

[114] Prima del Concilio Vaticano II si distingueva tra vita contemplativa, attiva e mista, catalogando le varie forme della vita religiosa. Come si constata anche dalle parole di padre Marcello, era l'esercizio della cosiddetta «potior pars», cioè la parte della contemplazione considerata come oggetto primario dell'attività del carmelitano che si cercava di assicurare anche con l'orario e con delle osservanze. Le basi di un apostolato fecondo vennero considerate quasi esclusivamente la preghiera e la penitenza, senza le quali ogni azione apostolica era considerata vana. Oggi, invece di parlare di divisioni troppo artificiali o di sistemi di subordinazione o di sovrapposizioni complicati, la vita consacrata va vista alla luce dei propri carismi e dei propri servizi ecclesiali che sono molto vari e s'integrano a vicenda per il bene di tutta la Chiesa che ha la caratteristica di essere «nello stesso tempo ardente nell'azione e dedita alla contemplazione» (SC 2). C'è un solo primato che conta veramente: quello della carità (Cfr. 1Cor 12-13) che, per essere autentica, è nello stesso tempo amore di Dio e del prossimo. Ogni vita cristiana, indipendentemente da ogni distinzione, nasce dall'unico principio profondo della carità che si manifesta nell'amore di Dio e in quello degli uomini. L'ultimo periodo della vita di padre Marcello vissuto – dopo la soppressione degli Ordini religiosi – di nuovo nel mondo, senza nessuna rottura nella propria vocazione, dimostra chiaramente che

di maestro dei novizi, avrei dovuto capirla; ma come sarebbe stato possibile se non ne avessi fatto esperienza personalmente? Tali esperienze erano certo "necessarie" anche per questo motivo; ma lo erano soprattutto in quanto Dio voleva salvare la mia anima. Era nel suo progetto. Egli mi aveva scelto per una missione che avrei dovuto compiere in seno al Carmelo. E questa missione – che mi sia permesso dire con la gratitudine più umile – sarebbe stata la lode della Vergine Madre.

Era per questo che la Vergine Madre mi *si presentava* continuamente in quel tempo. Lo faceva mostrandosi sotto il volto della mia defunta madre, ma non sarebbe passato un anno e avrei scoperto che *era Lei*.

Fu un anno scolastico del tutto speciale. Un unico pensiero occupava costantemente la mia mente: la *Bontà*. **[53]** Non tanto come un concetto, quanto piuttosto come Vita da vivere, da immergersi in essa che è il contenuto, l'essenza e forse anche l'ideale della vita stessa. Bisognava essere buoni, pieni di bontà con tutti, anzi con tutto, anche con gli animali, con le piante, con le cose. Bisognava però essere buoni soprattutto con gli uomini e – quello che veniva sottolineato in questo stato – senza eccezione. Non bisognava escludere nessuno, perché ciò gli avrebbe fatto del male, gli avrebbe causato dolore, l'avrebbe offeso.

Vedevo tutto nell'unità, cioè in Dio, ma non mi fermavo a dirlo o a specularvi sopra, semplicemente vivevo in questa santa, dolce e deliziosa Bontà. La Bontà era in me, su di me e con me. La possedevo? – Questo non lo pensavo e non avrei avuto il coraggio di affermarlo. Piuttosto avevo un'idea vaga che "Qualcuno" poneva sopra di me quella bontà o mi immergeva in essa e, soprattutto, che essa valeva tutto e per essa valeva la pena di vivere e ancor di più: che l'unico scopo e il senso

---

le circostanze esterne non sono primordiali nell'assicurare l'autenticità e la fedeltà di una vita cristiana che trova il suo principio unificatore nella carità. Come scrive padre Marcello nell'ultimo anno della sua vita nel suo *Diario*: «È evidente per me che amo l'Amore e do la mia vita volentieri per i miei fratelli e che sacrifico tutto per le care anime, cioè per tutte le anime, senza eccezione! Tutto questo è tanto semplice. Perché? – Perché amo. E questo è tanto semplice. Dio stesso è Amore» (6 settembre 1965).

della vita consistesse nel vivere in una tale bontà. Sentivo anche che soltanto questo avrebbe avuto un esito, soltanto tale vita avrebbe potuto produrre dei frutti. Avrei potuto dire: "L'albero buono produce frutti buoni".[115]

Ricordo che il treno correva con me attraverso le coltivazioni autunnali. Abbracciavo quei campi della provincia di Fejér[116] neri ed arati, pronti a produrre il loro frutto ed ammiravo quanta "bontà" si trovasse in essi. Ovunque parlavo di questa bontà feconda e con tutti coloro con i quali dovevo parlare, ma soprattutto con i miei alunni. Insegnavo letteratura ungherese nell'ottava classe, ma ormai non era più l'argomento letterario ad interessarmi, ma solo la bontà.

In seguito, scoprendo la mia vocazione religiosa, avrei capito **[54]** che tale bontà non è altro che la Sapienza stessa e questa Sapienza non è altro che il Bell'Amore. Nella mia vita carmelitana, una delle esperienze più belle sarebbe stata quando, ancora novizio, avrei dovuto cantare la prima lezione del Primo Notturno del Mattutino[117] solenne nella festa della nostra santa Madre Teresa: «Optavi et datus est mihi sensus» (Sap 7,7) – era questo il mio più grande desiderio, la mia più grande ambizione e mi fu dato il senso, cioè la conoscenza; «invocavi et venit in me spiritus sapientiae» – implorai e venne in me lo Spirito della Sapienza. E continuava così: «La preferii a scettri e a troni, stimai un nulla la ricchezza al suo confronto; *tutto l'oro al suo confronto è un po' di sabbia* e come fango sarà valutato di fronte ad essa l'argento. L'amai più della salute e della bellezza, preferii il suo possesso alla stessa luce, perché non tramonta lo splendore che ne promana»,[118] etc. etc.

Vale la pena di leggere spesso questo libro meraviglioso, cioè il Libro della Sapienza, perché è veramente tale e leggendolo,

[115] Mt 7,17.

[116] Una provincia del Transdanubio, a sud-ovest da Budapest.

[117] La preghiera notturna della liturgia delle ore il cui inizio era a mezzanotte nel convento di Győr dove padre Marcello era novizio.

[118] Sap 7,8-10.

entrano nell'anima la Sapienza, il Bell'Amore, la Bontà, il Cielo, il Paradiso – il buon Dio!

Ero pieno di questa "Bontà". Si trattava di contemplazione pura, di contemplazione di Dio che è il prezioso *dono gratuito* – «infinitus thesaurus»[119] - della sua Bontà infinita. Tuttavia ero in stato di "peccato mortale".[120] In seguito, leggendo i nostri santi, venni a sapere come ciò sia possibile. E dietro a tutto questo si nascondeva la "Signora della Bontà". Mi sentivo proprio come l'autore del Libro della Sapienza: «Godetti di tutti questi beni, perché la sapienza li guida, ma *ignoravo* che di tutti **[55]** essa è madre» (Sap 7,12). «Et lætatus sum – dice il testo latino – in omnibus, quoniam *antecedebat* me ista sapientia». – Sì, Ella *mi precedeva*, come la nube precedeva gli Ebrei, e guidava la mia mano – «et *ignorabam*» – e io non lo sapevo.

E venne il peccato, l'occasione ad esso, anzi ne avevo cercato l'occasione io stesso; eppure, malgrado tutto, mi ricopriva la Bontà, il Bell'Amore.[121] Il velo puro della Signora della Bontà copriva i miei occhi, il mio corpo, tutto il mio essere e io dovevo parlare della Bontà e dovevo agire secondo Bontà! Cosa voleva

---

[119] Ricchezza incalcolabile (Cfr. Sap 7,11).

[120] Attraverso le prescrizioni della morale della sua epoca Boldizsár Marton viveva in stato di «peccato mortale» per il semplice fatto che – come egli stesso confessa nella sua autobiografia – ormai da ben 16 anni non si confessava, (Cfr. *Il Bell'Amore,* 17), non si accostava ai sacramenti, non frequentava la chiesa. Tutto questo però era la conseguenza di un fatto molto più profondo che egli cominciò a percepire solo progressivamente, illuminato dalla luce soprannaturale: che aveva perduto quell'atteggiamento del «bambino» che è l'unico modo di accogliere l'autodonazione di Dio-Amore. Come scrive a questo proposito: «...Mi sentivo come prigioniero di una corazza d'acciaio, la corazza della superbia che non osa, che non vuole, che non è capace di piegarsi, che aborrisce perfino al pensiero di ridiventare bambino! (...) Ero orgoglioso, vanitoso, presuntuoso, ipocrita» (*Il Bell'Amore,* 43-44). La liberazione da questi atteggiamenti provenienti dell'orgoglio è opera di Dio che non agisce perché l'uomo, essendo buono, l'accoglie, ma opera per dimostrare quanto Egli sia fedele a se stesso.

[121] L'insegnamento profondo di santa Teresa d'Avila sulla miseria dell'uomo e sulla misericordia di Dio illumina molto l'esperienza di Boldizsár Marton e diventa una grande grazia per lui quando avrà l'occasione di conoscerlo (Cfr. *Il Bell'Amore*, 87). Anche santa Teresa confessa con grande stupore la misericordia del Signore esercitata nei suoi confronti, rivolgendosi a Lui: « Sì, castigavate i miei peccati con l'abbondanza dei vostri doni» (*Autobiografia,* 7, 19).

fare di me il Signore? Voleva realizzare il suo progetto con me, tanto è vero che "Egli mi precedeva nel suo amore"[122] e riversava su di me la sua Bontà, mi colmava, mi immergeva in essa.

Quante volte avevo visto nei cortili fangosi delle fattorie le tracce dei passi degli animali e l'acqua sporca della concimaia in esse: era disgustoso da vedere! Ma potevo ugualmente vedere quando il sole che sorgeva le illuminava: esse tutte risplendevano, brillavano nei raggi del sole. Anche la mia anima era *questo*.

Optavi, desideravo, bramavo quello che da allora in poi sarebbe diventato il mio tutto: il tesoro dei tesori! Ma per possedere tale tesoro perfettamente e definitivamente, non soltanto per un mezzo anno, per qualche mese o per qualche ora, la Signora Misteriosa doveva allontanare per primo i nemici di questo Tesoro: *le mie passioni*.

Qual era a quel tempo, la mia passione più grande? La passione più grande e la più pericolosa, quella cui maggiormente e nel modo più appassionato ero attaccato?! Questa era – chi potrebbe crederlo? – la letteratura con i grandi poeti e i grandi scrittori. Li consideravo pari a me. Naturalmente con presunzione pensavo solo ai più grandi, ai veri geni, [56] non agli epigoni, agli imitatori, ma ai geni originali. Erano questi ultimi i miei "alter ego". Sapevo leggerli, commentarli agli altri in modo delizioso a magistrale. Soprattutto ai miei alunni. Naturalmente ero io a considerare che il mio modo era "magistrale" e pretendevo che anche gli altri pensassero lo stesso; e, purtroppo per me, pareva che anche gli altri lo pensassero.

Poi un giorno, la Signora della Bontà mi tolse ogni illusione in un solo attimo. Fu un capolavoro della pedagogia divina. Come avvenne? Durante le vacanze di Natale ero ospite presso una famiglia. Una delle ragazze mi chiese: «Per favore, legga qualcosa di A.!».[123]

---

[122] Cfr. Gal 2,20b e 1Gv 4,19.

[123] Probabilmente si trattava di Endre Ady (1877-1919), il più grande poeta ungherese dell'inizio del secolo XX.

«Con piacere, soltanto mi porti uno dei libri che preferisce». Ero contento dell'invito e già godevo in anticipo del libro come anche del mio talento nel declamare, non ero mai abituato a far brutta figura. Oh, quanta vanità c'era in me!!...

La ragazza mi portò un volume famoso e cominciai a leggere una bellissima poesia, scelta a piacere. Rimasi stupito! Cercai invano di recitare la poesia in modo gradevole e con arte, ma non riuscivo a trovarvi niente di bello, non potevo goderne! O per dire meglio: non mi piaceva affatto.

Da allora in poi tutta la letteratura con tutta la sua produzione perse *sapore* per me. L'effetto fu radicale, davvero radicale.[124] A scuola non ero più in grado di insegnare le materie di mia competenza amate appassionatamente, *con entusiasmo*. Non mi piacevano più né gli scrittori, né poeti classici, né quelli moderni, neppure i modernissimi. Non li "amavo", anzi non li "stimavo" più. Come aveva detto lo Spirito Santo: «Tutto l'oro al suo confronto è un po' di sabbia, e come fango sarà valutato di fronte ad essa l'argento».[125]

Solo la «Sapientia», la vera, divina Sapienza, la Bontà aveva senso per me, **[57]** almeno in confronto alla letteratura e alla poesia. *La Bontà* ebbe la meglio. La letteratura fu sconfitta.

Dio lasciava da parte le altre passioni per ora, o almeno le metteva a tacere, ma in seguito, quando avrei avuto il dono della vocazione religiosa, anche le altre passioni avrebbero avuto il loro turno.

Intanto pensavo sempre più a mettere ordine nella mia anima. Pensavo sempre di più a confessarmi, a liberarmi del mio peso. Erano passati sedici anni dalla mia ultima confessione. Che pe-

---

[124] La narrazione di padre Marcello mette chiaramente in evidenza l'effetto dell'infusione dell'amore divino che rivela le molteplici schiavitù che assediano l'uomo e lo libera da esse. Questa liberazione può avvenire in seguito ad una grazia mistica come per esempio nel caso di santa Teresa d'Avila raccontato nella sua *Autobiografia* (24, 5-6), ma anche senza di essa, dando una libertà all'uomo di fronte alle realtà che prima lo dominavano come nel caso di santa Teresa di Lisieux (*Scritti autobiografici,* 45 r°-45 v°) o in quello di Boldizsár Marton.

[125] Sap 7,9.

riodo lunghissimo nella storia di un'anima! Il solo pensiero mi riusciva difficile, terribilmente difficile! Più si rimanda questo bagno spirituale, più sarà difficile farlo. Oh, capisco benissimo i poveri peccatori che nel mio confessionale quasi non osano dirmi la data della loro ultima confessione e la ragione per cui l'hanno tanto differita. Anch'io feci lo stesso. Anch'io ero così.

Ho sentito a questo riguardo, un caso divertente dal vescovo di Pécs. In un comune svevo[126] un padre missionario non aveva successo: i fedeli non volevano confessarsi perché era ormai da molto tempo che non lo avevano fatto e ne avevano timore. Il padre cercò di incoraggiarli in questo modo: "Occorre fare come il bambino che la mamma vuole lavare, ma egli protesta contro l'acqua calda. Se la mamma lo mette all'improvviso nell'acqua, il bimbo, dopo qualche grido paura, si riconcilia con l'acqua e non vuole più uscirne. Così bisogna fare pure con la confessione: «Nur hineinspringen!»[127], saltare dentro senza pensarci. E come sarà bello dopo!" Il giorno dopo di buon mattino, qualcuno bussò timidamente alla finestra della sagrestia del padre missionario; si presentò un giovane contadino.

«Che desideri?» – domandò il padre.

«Hineinspringen! Saltare dentro!...» – fu la risposta.

Io ero ancora meno coraggioso del giovane contadino; **[58]** ma si presentò di nuovo la Madre della Bontà e con quale delicatezza, con quale pedagogia magistrale! Sebbene la confessione venisse ancora rimandata l'anima stava maturando. Prima o poi mi sarei dovuto buttare nel confessionale! La maturazione dell'anima avvenne così. Fu un evento indimenticabile, una magnifica prova della Misericordia Infinita di Dio di cui non si può mai essere abbastanza riconoscenti.

***

[126] Il termine designa i discendenti delle colonie tedesche stabilitesi in Ungheria dopo l'espulsione dei turchi dal territorio ungherese, per compensare la diminuzione della popolazione causata dalle guerre.

[127] Termini tedeschi.

Trascorsi le vacanze di Pasqua vicino al lago Balaton, presso una famiglia che mi era molto cara. Era il pomeriggio del Sabato Santo. Eravamo seduti su una carrozza: due ragazzi, una ragazza ed io. Andavamo alla processione della risurrezione al paese vicino! Insomma, risorgere! – fu il pensiero che fece trasalire la mia anima. Entrammo nel cortile della famiglia di un proprietario, vi trovammo un gruppo di ragazze ed un giovanotto, un mio amico che dirigeva la fattoria. Merenda, conversazione: presi parte a tutto come una persona socievole, senza alcun disagio. Ma ormai da lungo tempo ero già un po' "strano", essendo preso dalla contemplazione, dalla Bontà!...

Era una bella e solenne serata di aprile. Il paese era ben spazzato e pulito, pronto per la Risurrezione. Si percepiva che vi era ciò che tutto e tutti attendevano. C'era la luna piena e noi giungemmo finalmente alla chiesa. La processione si avviò e anche noi ci mettemmo in fila. Ad un tratto le campane squillarono; il sacerdote diede la benedizione con il Santissimo da sotto il baldacchino. Tutti s'inginocchiarono nella polvere; vi fui costretto anch'io da una dolce e inaspettata forza. I miei occhi si coprirono di un velo e da quel momento dimenticai ogni cosa, anche la mia comitiva, le signore verso le quali sarebbe stato conveniente essere premuroso, i pantaloni stirati **[59]** cui prima di allora tenevo tanto. Ora tutto era nella polvere: il mio abito, il mio corpo, le mie ginocchia. E pure la mia anima vide qualcuno: Gesù!

Fu quel "Qualcuno" a condurmi a Lui, a portarLo davanti a me, ai miei occhi, alla mia anima, al mio cuore...

Ad occhi chiusi vidi l'Ostia Bianca e sentii che Gesù sacramentato era lì, era lì solo per me! Era il mio Re, il mio Signore Maestoso, il mio Dio, il mio Tutto, forse anche il mio Amore!... Vivevo, comprendevo con grandissima delizia che Lui era il mio Unico Scopo, che dovevo vivere e morire per Lui, e che lo già stavo facendo: Vivo per Lui, muoio per Lui!... A ciascuno dei tre colpi di campanello, mi prostravo con sempre maggior fervore: Lo pregavo, l'adoravo – forse non ero io, ma era la Signora della Bontà in me. Era però una preghiera, un'adorazione perfetta: Egli era divenuto il mio sovrano Signore, il mio Dio, ed io mi misi a sua disposizione senza premeditazione e senza riserve. Oh, pietoso Misericordia!...

Ci affrettammo ad avanzare in chiesa ed occupammo i posti a noi riservati nel presbiterio. Non vedevo nessuno, non badavo a nessuno, tutto il mondo era niente per me. Avevo solo un ardente desiderio – «Optavi» – che mi si scorgeva negli occhi; la mia anima ed il mio cuore si vedevano sulle mie pupille: scorgere l'Ostia Bianca, Lui, Gesù!...

Poteva sentirsi sicuramente così Zaccheo arrampicato sul sicomoro.[128] Aspettavo ansiosamente, con l'anelito dei desideri che spezzavano la mia anima, il momento in cui sarebbe entrato dalla porta della chiesa il mio Dio, la mia Salvezza, il mio Tutto! L'Ostia Bianca che è insieme Gesù, Dio stesso! Ad un tratto apparve il Candore, si fermò sulla soglia Lui, Gesù e disse: «Pax vobis! Ego sum! Alleluia!».

[60] Queste parole, «Pax»: Pace! e «Ego sum»: Sono io!, piombarono su di me con la loro forza creatrice. E venne la pace: «Pax», la pace perfetta, «Pax Christi», nel mio corpo, nella mia anima e nel mio cuore...

Il giorno seguente, il mattino di Pasqua, non so se andai alla Santa Messa, ma un santo stordimento folle mi spinse: «Via di casa, lontano dagli uomini, fuori nella santa, dolce Solitudine per stare da solo a solo con Lui: con Gesù! Su in alto, fra le rovine di Csobánc!».[129] Tornai per pranzo e nessuno sapeva né aveva visto dove fossi scappato. «Ma dove era?» – mi chiesero. – «A Csobánc» – risposi, e non potei dire altro. Il "resto" era un segreto fra noi due. Serbai quel "segreto" per giorni e per settimane.

* * *

---

[128] Cfr. Lc 19,3-4.

[129] Csobánc: è uno dei cosiddetti «monti testimoni» di origine vulcanica situati al nord del lago Balaton da cui si scorge un panorama meraviglioso. In cima al monte si vedono le rovine di una piccolo castello antico, costruito nel secolo XIII che serviva agli ungheresi come fortezza dei confini nel secolo XVI, durante l'occupazione turca.

La Signora della Bontà cercava di allontanare dalla mia anima tutto ciò che impediva il suo impossessarsi di me. Infatti fu già durante il Carnevale, che mi fece perdere il gusto per un'altra mia passione: il ballo. Come alla letteratura, così anche al ballo Ella pose fine in maniera radicale...

Andavo ad ogni ballo e ballavo fino alla fine, cioè fino all'alba. Per me ballare era come una droga. Avevo bisogno che le proteste della mia coscienza fossero placate, addormentate. Avvenne forse al ballo della provincia, dopo mezzanotte, circa alle tre del mattino. Provai un disgusto totale di me stesso. Tutta la mia miseria, la mia frivolezza, la mia vanità, la mia vita bugiarda fu messa interamente davanti a me, davanti ai miei occhi. Smisi di ballare, mi sedetti e un potente senso di nausea mi invase. Provai una nausea profonda alla vista della sala da ballo, del parchetto, delle coppie che ballavano, dei corpi pieni di sudore, del mio smoking, dello sparato[130], del colletto, dei polsini. – "Dunque, era questa la vita?" – mi venne alla mente questa precisa domanda e gettendo via la sedia sulla quale ero seduto, **[61]** mi avviai, con un movimento risoluto, a casa. Non andai più a ballare, rinunciai ad ogni invito e ad ogni divertimento per sempre, davvero per sempre. La conversione ormai non era lontana...

7. La Madre dei peccatori

Satana fece il suo ultimo tentativo. Mi tentò fortemente. Non aveva però più la forza. La grazia divina era più forte. Gesù stava ormai alla porta e il suo bussare si faceva sempre più risoluto.[131] La porta cominciava ad aprirsi. La serratura arrugginita ormai da molto tempo e la maniglia al di dentro cominciavano a cedere. Ci voleva solo uno strappo: "Hineinspringen". Un salto risoluto!... Solo quello, mancava solo quello. Ero pronto sulla

---

[130] La parte anteriore della camicia maschile, bianca e inamidata, che appare fra i due risvolti della giacca ed è propria dell'abito di sera.

[131] Cfr. Ap 3,20.

riva, sulla riva dell'Acqua della Vita. Ci voleva solo un movimento. Un grido...

Partii per la capitale. La lista, l'orribile lista dei peccati era già pronta, scritta. Bisognava solo leggerla, così sarebbe stato più facile. Mi misi in fila davanti al confessionale della chiesa dei Gesuiti. C'erano molti in fila. Giunse finalmente il mio turno. Dovevo solo inginocchiarmi davanti al confessionale. Ma non ebbi il coraggio, fui preso da una terribile codardia: mi tirai indietro e fuggii, non osai entrare nel confessionale.

A Győr mi capitò un caso simile con un giovane. A quei tempi naturalmente ero già padre confessore. Un sabato sera, al momento di chiudere la chiesa, ad un tratto si buttò qualcuno nel confessionale dicendo press'a poco queste parole, perché non ricordo esattamente: «Sono un grande peccatore, mi faccia confessare!». **[62]** Da molto tempo non avevo visto un uomo così felice. Mi raccontò che stava davanti al confessionale già dalle cinque del pomeriggio, ma ogni volta che veniva il suo turno tornava furtivamente all'ultimo posto della fila. Aveva continuato così sino alle sette e mezzo, ora della chiusura. Anche allora avrebbe voluto andarsene, ma scoprì la scritta sul confessionale: "Dio non vuole la morte del peccatore, ma che si converta e viva".[132] Leggendo ciò si decise e si buttò nel confessionale.

Io invece differii il termine ancora di due giorni. Il giorno seguente partii per Esztergom per farmi coraggio. Non ero mai stato a Esztergom. Feci la conoscenza di un giornalista svizzero. Salimmo insieme sulla cupola[133] e nel pomeriggio ci imbarcammo sul battello. Sulla riva di Pest c'era già la delegazione della stampa cattolica ad attenderlo: all'improvviso mi congedai da lui, quasi fuggendo davanti agli avvenimenti che potevano distrarmi e farmi dilazionare con quella ferma risolutezza che il

---

[132] Cfr. Ez 33,11.

[133] Nel centro della città di Esztergom, sede del primate dell'Ungheria, si erge la cattedrale più grande dell'Ungheria, costruita sopra una collina sulle rovine della prima chiesa edificata da santo Stefano, primo re degli ungheresi.

giorno seguente, per forza o per amore, mi sarei inginocchiato nel confessionale, senza remissione.

Andò più facilmente di quanto pensassi. La Madre dei Peccatori non mi abbandonò. Fatta la confessione, non si poteva immaginare un uomo più felice di me nel mondo intero! Mi sentivo leggero come una piuma, non solo nell'anima, ma anche nel corpo. Era una bellissima giornata di maggio, era come se si fosse aperto il firmamento – il Cielo, la Terra, l'organo della chiesa suonavano per me; i banchi, le colonne, il cancello della comunione, l'altare, l'uomo cantavano, giubilavano come se mille dolci uccellini fossero entrati nella casa di Dio e tutti cinguettassero per me. Anzi, perfino le mie unghie, i miei capelli, il mio abito, le mie scarpe sorridevano e la mia anima volava, aleggiava e cantava come un felice uccellino. Traboccava in me la gioia, perché la gioia di Gesù era in me e la mia gioia era completa.[134]

Trascorso non so quanto tempo, mi ritrovai in strada; **[63]** passando davanti al negozio di Korda di colpo mi venne in mente che non avevo un rosario: dovevo comprarlo. Entrai nel negozio e ne acquistai uno. Già fuori, mi resi conto che avevo dimenticato i misteri del rosario e il modo di recitarlo. Tornai alla chetichella al negozio a capo basso e con rossore sul viso domandai se c'era qualche libretto che spiegava i misteri. Lo ricevetti; così imparai nuovamente a dire il rosario, da lungo tempo abbandonato.

Giunto a casa chiesi molto confidenzialmente ad uno dei familiari come si recitasse l'Angelus. Spalancò gli occhi, fissando lo sguardo su di me: «È mai possibile?». Poi imparai il Credo. Acquistai un libro di preghiera. Dovevo ricominciare tutto daccapo, cioè la "tecnica" della mia santa religione.

E vennero giornate magnifiche, un periodo meraviglioso. No, in realtà non camminavo più sulla terra, al massimo i miei piedi toccavano terra, ma io mi elevavo verso il Cielo.

---

[134] Cfr. Gv 15,11.

***

Non ero più un "povero" peccatore, ma un essere mortale felice anche se peccatore. L'«Exsultet» del Sabato Santo fu indirizzato a me: «O felix culpa»... o felice colpa che...

Non ricordo più esattamente come in quel periodo capitai a Seckau, in Austria, nel bel monastero che i Benedettini di Beuron possedevano in quel villaggio. Questo avvenne dopo essermi messo in contatto epistolare con loro. Perfino il viaggio fino a quella località fu tutt'altro che prosaico: fu una divina poesia. Sentivo una tranquillità perfetta, la pace in me. Niente mi innervosiva: arrivare in ritardo, perdere quasi il treno e non sapere dove prenderne un altro a Graz o a Bruck an der Mur. Viaggiavo come uno che avesse perso il senso delle cose terrene; il Signore dava ordine ai suoi angeli perché non inciampasse nella pietra il mio piede.[135] Mi conduceva veramente "Qualcuno", mi portava in grembo, in braccio.

[64] Passai una intera giornata a Leoben in una città di minatori, ero completamente immerso in Dio. Mi confessai e mi comunicai. Vidi la sfilata dei giovani minatori, ma era come fosse un sogno!... Tutta la vita è un sogno... Il Paradiso è la dolce realtà. Ed esso era in me.

Trascorsi un mese a Seckau. Presi alloggio in una locanda semplicissima, ma passavo poco tempo a casa. Di buon mattino ero già in chiesa, e vi rimanevo fino alle otto circa. La comunione era tutto per me. Poi mi avviavo verso i monti e i boschi. Non smettevo di scrivere il mio diario, mettevo sulla carta delle bellissime meditazioni con la mia matita, ai piedi dei pini. Ma mi accorsi che un po' di vanità si infiltrava nelle frasi: lo stile letterario bello, bello poetico! Eppure esse contenevano la verità: la grande misericordia di Dio.

Quelle meditazioni trattavano quasi senza eccezione di Dio. In una di queste fui preso dal più profondo pentimento: avevo offeso Dio tantissime volte e tanto gravemente. Piansi a calde

---

[135] Cfr. Sal 90,11-12.

lacrime tutta la mattina; piangevo *sinceramente,* piangevo i miei peccati, ma non per me stesso, ma esclusivamente perché avevo contristato Dio, la Bontà Infinita, l'Amore. La mia anima era candida, pura, innocente come quella di un bambino. La sentivo così.

Passarono i giorni, le settimane… Avevo l'abitudine di salire su un bellissimo dorsale del monte su cui si trovava un Calvario. Avevo sempre l'impressione di vedervi mia madre. La mia anima parlava con lei. Ad un tratto mi si fece definitivamente chiaro qualcosa. Mentre parlavo con lei il suo abito diveniva ogni giorno più luminoso, il suo viso sempre più sereno e ad un tratto, stava davanti a me Maria Candida, l'Immacolata, la mia benedetta Vergine Madre! **[65]** Dunque era sempre Lei, non la mia povera madre terrena defunta. Ma poiché l'amavo tanto, Maria si prendeva il suo volto – perché così poteva preservarmi per il futuro. Non posso certo assicurare che ciò corrisponda in modo oggettivo e veramente realistico alla verità poiché, essendo solo un uomo, non lo posso sapere. Lo sa solo il buon Dio e la benedetta Madre Celeste! Ma fu questa la mia esperienza. I risultati dimostrano che quel dolce, celeste, santo "trucco" (la Vergine Potente mi perdoni mille volte tale espressione) mi fu di grande vantaggio.

***

Presi quasi l'abitudine di andare in pineta subito dopo la comunione e di scrivere là le mie meditazioni. Poi veniva il momento ancora più dolce del mio programma quotidiano "di arte di vita": l'incontro lassù sul dorso della montagna con la Vergine Madre, l'Immacolata, la candida Madre di Dio. Ricordo che sul calvario c'erano solo tre croci, nient'altro; eppure io mi dilettavo solo della Vergine Madre. Conversavo con Lei ed ero sempre più felice di salutarla: Ave Maria!

Le mie letture? – Non c'era nessuna. Non ne avevo bisogno. Ero già arrivato al fine, a Dio: per Lui, con Lui e in Lui era Gesù!… A quel tempo già capivo che la meditazione non può essere un fine. Essa è un mezzo, naturalmente intesa come mezzo è perfetta, ma se si raggiunge ormai il fine, anzi, se ci troviamo già nel Fine, non occorrono più mezzi né via.

Le mie meditazioni scritte di mattino diventavano sempre più forzate. Si vedeva che vi si mescolava la vanità! Tuttavia mi capitò fra le mani un libro: «Ein Tag im Kloster» – Una giornata nel chiostro – scritto da un religioso benedettino. Lo acquistai dal fratello portinaio. Di tutto il libro, **[66]** la parola di Gesù, il motto divino, da solo mi bastò: "Se qualcuno vuol venire dietro a me rinneghi se stesso, prenda la sua croce e mi segua" (Mt 16,24). Questa sola frase mi animò per un intero mese. Quella parola divina mi nutriva, mi abbeverava; io mi saziavo di essa; mi penetrava, entrava dentro di me: diventava totalmente *mia*.

Seguire Cristo! Quella sarebbe stata d'ora in poi la mia esistenza umana. Dovevo vederlo, quasi percepirlo attraverso una immagine viva. Ci pensò la Vergine Madre. Passeggiavo nei dintorni immediati di Seckau, sui prati del monastero. Ad un tratto mi si presentò vivamente la famosa statua della chiesa rappresentante Gesù che porta la croce. Chi non conosce quella graziosa – in modo commovente – bellissima statua! Entrando in chiesa, la statua si trova nella navata sinistra, su di un piedestallo: Gesù carico della croce.

Ebbene, era come se quella statua prendesse vita del tutto. La vedevo ovunque, nei campi, per le strade. Ovunque guardassi, a destra e a sinistra, davanti a me vedevo Gesù che portava la croce, che mi guardava dolcemente e mi incoraggiava dicendo serenamente: «Anche tu, figlio mio, farai così come me, proprio così! Lo farai di buon cuore, con gioia, con serenità per Me, per i tuoi fratelli...».

Non so quanto tempo durasse la visione, ma si ripeté più volte, anche nei giorni seguenti. Era per insegnarmi in questo modo cosa sarebbe stata la mia vita futura: portare la croce, una continua abnegazione (scriveva in tutte le particelle del mio essere: «abneget seipsum», rinneghi se stesso), prenda la croce («tollat crucem suam») e tutto questo sarà per seguire Cristo («et sequatur me»).

Era ancora tempo di vacanze estive, ai primi di agosto tornai in Ungheria. A Sopron mi aspettava un mio amico, alloggiavo da lui: **[67]** «Amico mio, non ti si riconosce più. Sei diventato completamente clericale!», mi disse il vecchio amico artista con aria annoiata.

Partii per l'Ungheria orientale, per paesaggi che non conoscevo. Mi vergognavo di conoscere meglio l'estero che la mia patria. Andai a Debrecen e stavo a Hortobágy[136] desiderando di vedervi i miraggi. Li vidi. Ne avevo visto tantissimi durante la mia vita terrena fino a quel momento ed anche dopo. Ma costatai felicemente che la mia vita futura non sarebbe stata un miraggio. "Il regno di Dio era in me".[137]

Durante il mio viaggio ebbi qualche fuggevole tentazione di peccare. Ma ne derivò un gran bene: a Szeged[138] ne piansi e divenni molto cauto.

Arrivò il ferragosto, il giorno dell'Assunta. Mi invase la gioia. Andai al pellegrinaggio di Máriaremete.[139] Ero lì: la mia anima assorbiva la devozione della gente semplice. Stavo in mezzo alla gente, nella folla: vi erano ungheresi e svevi... Cantavano le lodi della benedetta Vergine Madre. Non mi vergognavo di stare in mezzo a loro, gente di campagna. Il mio abito era ancora elegante, ma la mia anima era già semplice. Ero innamorato dei cuori puri, della devozione senza artifici, degli uomini senza falsità, della Verità, del Crocifisso, dell'Ostia Santa – dell'Immacolata, di Maria Candida. Ero innamorato dell'umiltà, del giglio...

Ancora un'ultima volta mi baluginò la "bellezza" di questo mondo nelle sembianze di una persona cara incontrata nel battello sul Danubio, ma fu solo lo spuntare di una tentazione passeggera. La Madre dei peccatori mi stringeva completamente al suo cuore. Il fascino della terra svanì definitivamente; era scomparsa per sempre...

---

[136] Hortobágy è un posto desertico vicino alla città Debrecen, seconda città dell'Ungheria dopo la capitale, a oriente del paese, parte della Grande Pianura ungherese. Nei giorni più caldi d'estate vi si formano dei miraggi.

[137] Cfr. Lc 17,21.

[138] Szeged è una bella città universitaria a sud-est dell'Ungheria, vicina alla frontiera serba.

[139] Máriaremete è un santuario mariano di Budapest.

[68] PARTE IV
Risplende

[69] Eccomi arrivato *fino a questo punto*. Ma cosa vuol dire: "fino a questo punto"? Vuol dire che la Vergine Madre era di nuovo per me e io per Lei.[140] Come quando ero stato scolaretto! Ma ora in una maniera tutta diversa!!... Quanti oceani di peccati e di prove si erano riversati su di me e in me! Come ero stato sballottato dalla vita, ero stato gettato a terra da Satana, ma la misericordia pietosa di Dio mi aveva trascinato in alto, come un ciclone! E quante, quante esperienze avevo fatto?! – Come era stato riempito di saggezza il mio bagaglio?!

Infatti chi non è stato provato che cosa sa?[141] "Essendo caro davanti a Dio era necessario che tu fossi provato" – fu detto a Tobia (Tb 12,13), ma io non ero affatto Tobia. Non agivo come lui, ero infedele. Eppure dal massimo male derivò il massimo bene. Chi può competere con Dio? Chi può misurare la sua Sapienza, chi può valutare la sua Bontà? "Misericordias Domini in aeternum cantabo". Canterò senza fine le grazie del Signore (Sal 88,1). Cos'altro potrei fare?

Quella Stella luminosa, la Stella del Mare, la Stella della Vita umana che rifulse nella mia infanzia poi si offuscò e infine

[140] Cfr. Ct 2,16. Tutta la narrazione de *Il Bell'Amore* racconta della storia di questo processo, come scrive padre Marcello alla fine della pagina 70 del manoscritto: «In che modo Ella mi rese totalmente suo? Definitivamente?!». L'esperienza di padre Marcello però dimostra che, donandosi a Maria, si vive allo stesso tempo anche la propria appartenenza a Gesù e alla Trinità stessa. Come ne scrive padre Marcello un po' più tardi ne *Il Bell'Amore*: «La Madre del Bell'Amore mi donava suo Figlio, il Bell'Amore, e Gesù diventava mio e io ero per Lui. L'avevo ricevuto dalle mani di sua Madre che me Lo aveva portato e che mi aveva condotto a Lui, mi aveva dato a Lui perché io vivessi in Lui» (73). «Vedevo chiaramente chi era Gesù per noi, o allora piuttosto per me e che appartenevo totalmente a Dio Trino ed Uno!» (72).

[141] Cfr. Sir 34,10.

scomparve, ora brillò di nuovo con una luce più bella, più intensa che mai: *risplende!*

Immaginiamo la stella più bella del firmamento; la conosciamo, ne godiamo per lungo tempo, poi le nubi cominciano ad andare e venire, la stella di tanto in tanto scompare, poi non la vediamo più per lungo tempo; un continuo strato invernale di nubi e di nebbia la nasconde. Più tardi la coltre di nebbia si dirada e ci sembra già di vedere una luce tenue, fortemente velata; infine le brutte nuvole ad un tratto scompaiono e la stella risplende lì, sul firmamento terso. **[70]** Da allora in poi anche la mia Stella riprese a risplendere per sempre!

1. Candido raggio di luce

Ella divenne definitivamente la stella predominante nel firmamento della mia anima. E Gesù, la Stella matutina, la vera Stella del mattino era tutt'uno con la Vergine Madre. *Così*: «Qui me invenerit, inveniet vitam» – Chi trova me trova la vita (Prov 8, 35). Per chi avrà trovato la Vergine Madre, Gesù diventerà il suo tutto. Non può essere altrimenti. Gesù è presente in sua Madre nel modo più perfetto, più completo che in ogni altra creatura.

Quando amo Maria, al tempo stesso glorifico Gesù – quindi il Padre – perché amo la *volontà* di Dio. Perché Lei *è voluta* da Dio... Può esistere santità di vita che sia vera in chi non è disposto ad amare molto la Madre di Dio come la propria Madre, temendo che ciò possa sottrarre qualcosa a Gesù? Che ne direbbe Gesù? "Non vado volentieri in una casa in cui mia madre non è amata" – disse Tihamér Tóth.[142] Come può dimorare il Signore in un'anima per la quale la sua Madre è una cosa *secondaria*?!... Solo così che lo Spirito Santo può essere per noi «dulcis hospes animae»: l'ospite dolce dell'anima![143]

---

[142] Tihamér Tóth (1889-1939) fu educatore conosciuto dagli adolescenti e dai seminaristi dell'epoca. Fu rettore del Seminario Centrale di Budapest, poi diventò vescovo di Veszprém. Scrisse molte opere di pedagogia per l'educazione morale e religiosa degli adolescenti e dei giovani. Molti suoi libri furono tradotti anche in altre lingue.

[143] Dalla sequenza di Pentecoste.

Ma cosa fa Gesù con un'anima che ha trovato Sua Madre ed è così immersa in Lui – in Gesù – nella Fonte delle divine grazie? – La immerge totalmente in Maria, la consegna a Lei, la mette a disposizione di sua Madre affinché colei che Lo partorì, Lo nutrì, Lo "educò", faccia lo stesso con quell'anima e che l'anima diventi totalmente suo bambino, vale a dire vero discepolo di Gesù![144]

Per il bambino la madre rappresenta tutto. Anche per il bambino evangelico la Vergine Madre rappresenta tutto, perché è la sua Madre. In che modo Ella mi rese totalmente suo? Definitivamente?!

[71] A quei tempi in genere non recitavo preghiere vocali, solo le più indispensabili, ma anche queste, come pure la recita del Sacro Rosario, si trasformavano presto in contemplazione.

Le domeniche mattina erano indimenticabili. Partivo per Vasvár o per Szombathely[145] e ritornavo alla sera. Uscivo di casa all'alba – in realtà era ancora notte – dopo le tre del mattino e recandomi alla stazione, recitavo per mesi un'unica preghiera composta di queste parole: *candido raggio di luce*. Ciò mi riempì l'anima completamente. Andavo dicendo, recitavo, senza volere: "candido raggio di sole"... Mi sentivo felice, in-

---

[144] Giovanni Paolo II illumina così questo ruolo educativo di Maria nella sua lettera apostolica *Rosarium Virginis Mariae* (n. 15): «Questa azione di Maria, totalmente fondata su quella di Cristo e ad essa radicalmente subordinata, "non impedisce minimamente l'unione immediata dei credenti con Cristo, ma la facilita" (*Lumen gentium,* 53). È il luminoso principio espresso dal Concilio Vaticano II, che ho sperimentato tanto fortemente nella mia vita, facendone la base del mio motto episcopale: *Totus tuus*. Un motto, com'è noto, ispirato alla dottrina di san Luigi Maria Grignion de Montfort, che così spiegava il ruolo di Maria nel processo di conformazione a Cristo di ciascuno di noi: "*Tutta la nostra perfezione consiste nell'essere conformi, uniti e consacrati a Gesù Cristo.* Perciò la più perfetta di tutte le devozioni è incontestabilmente quella che ci conforma, unisce e consacra più perfettamente a Gesù Cristo. Ora, essendo Maria la creatura più conforme a Gesù Cristo, ne segue che, tra tutte le devozioni, quella che consacra e conforma di più un'anima a Nostro Signore è la devozione a Maria, sua santa Madre, e che più un'anima sarà consacrata a lei, più sarà consacrata a Gesù Cristo" (*Trattato della vera devozione a Maria,* 120)».

[145] Vasvár e Szombathely sono due città nella parte occidentale dell'Ungheria. Szombathely, chiamata dagli antichi romani Savaria, è la città natale di san Martino di Tours.

dicibilmente felice e puro. Questa preghiera mi faceva vivere la verità delle parole dette da Gesù: "Beati i puri di cuore perché vedranno Dio" (Mt 5,8).

"Candido raggio di luce"... Ero immerso nella Vergine Madre e bramavo il Tabernacolo. Non potevo immaginare una felicità più grande che attendere, ricevere ed adorare Gesù… O piuttosto, lasciare che il "Candido Raggio di luce" pregasse in me. Non so neanche come mi siano venute in mente quelle parole meravigliose, che per me rappresentavano la Vergine Madre tutta intera, per così dire, tutto quanto la concerneva. Dunque anche il suo Paradiso, dove avrei ricevuto Gesù e mi sarei immerso nella bontà del Padre.

Mi pareva che tali parole fossero un "brano" di un testo di canto – un canto mariano che cantavo da scolaro – di cui però avevo dimenticato la melodia. Ma ben presto anche la melodia mi tornò all'orecchio. Mi ricordai la musica. Durante una bellissima aurora, ero forse nello scompartimento del treno, mi vennero in mente anche le due parole precedenti del canto: «pieno di grazia»…, e pure la melodia legata alle parole. Per settimane la mia anima e il mio cuore cantavano insieme queste due righe: «Pieno di grazia, candido raggio di sole…». Oh, questa è la mia Vergine Madre, Lei è così, **[72]** è piena di grazia. E ne fui indicibilmente felice e – come ho detto – il cuore, il mio cuore era purissimo. Certamente e lo si capisce: mi inondava il Candido Raggio di luce, mia Madre. Gioivo dell'Immacolata Concezione.

Poi, un'altra mattina ricordai anche le ultime righe del canto: «Illumina tu / i sentieri della nostra vita». Se ero solo la cantavo ad alta voce – e soltanto Dio sa quante volte – senza che mi venisse a noia… Se c'era qualcuno che poteva sentire, la canticchiavo movendo solo le labbra. Del resto questo canto risuonava continuamente dentro di me, nel mio cuore. In quel tempo era l'unica musica della mia vita. Finalmente ricordai anche le prime due righe del canto: «Sposa Celeste Immacolata, benedetta da Dio, / scelta dal Signore del Cielo e della Terra».

Il Candido Raggio di luce illuminava interamente la mia anima e tutto vi diveniva chiaro ed anche luminoso: vedevo il

Regno di Dio che è dentro di noi... Vedevo chiaramente chi era Gesù per noi, o allora piuttosto per me e che appartenevo totalmente a Dio Trino ed Uno! Ciò era «lux», era luce; «lux perpetua»: la Luce Eterna, la soave, dolce luce dell'Eternità beata.

Come era pura in quel tempo la mia povera vita umana! Il mio cuore era puro come un giglio. E chi era il giglio? La Vergine Madre. E chi era la felicità di quel cuore puro? Gesù, il Re della Purezza! Era solo questo Candido Raggio di luce ad illuminare, a mostrare la via, ad inondare di luce tutto: risplendeva...

[73] La più bella delle otto beatitudini diventava vita in me: «Beati i puri di cuore...». Perché? – Perché vedranno Dio. – Solo in futuro, in cielo? – No, già quaggiù, in questa vita... – Forse vedevo già Dio? – Come rispondere a tale domanda? Ero in Lui e Lui era in me...[146] Ma come? *Nell'Amore*, *nel Bell'Amore*. La Madre del Bell'Amore mi donava suo Figlio, il Bell'Amore, e Gesù diventava mio e io ero per Lui. L'avevo ricevuto dalle mani di sua Madre che me Lo aveva portato e che mi aveva condotto a Lui, mi aveva dato a Lui perché io vivessi in Lui. Vivevo in Gesù come la spugna nell'acqua e Gesù viveva in me come l'acqua nella spugna.

Ecco la vita dell'Amore, naturalmente quella del *Bell'Amore*: vivere in Gesù mediante la Vergine Madre! Ciò significa *amare*, amare sempre, amare tutti, senza eccezioni. Ma questo è possibile solo se rimango nell'Amore, nel Bell'Amore, cioè in Dio – perché «Deus caritas est, et qui manet in caritate, in Deo manet, et Deus in eo» – Dio è amore e chi sta nell'amore dimora in Dio e Dio dimora in lui (1Gv 4,16).

La Stella brillava, brillava sempre. E non avevo altra stella, non ne avevo bisogno. Quell'unica stella mi bastava. Chi la trova, appartiene a Gesù e Gesù appartiene a lui. Perché questa Vita è Gesù e fuori di Lui non c'è altra Vita. E noi troviamo questa vita in Maria. Per questo dice: «Chi trova me trova la vita».[147]

---

[146] Cfr. Gv 17,21.

[147] Cfr. Pr 8,35.

Luce e Purezza sono gli effetti del Candido Raggio di Luce; ma c'è anche un terzo effetto: il calore perché il Puro Raggio di Luce comprende in sé calore, fuoco, fiamma, cioè l'Amore, ma esclusivamente il Bell'Amore. Non conosce altro amore, non può donarlo, non sa darlo. Tale qualità appartiene alla sua essenza. Questo Candido Raggio di Luce è immacolato. «Immaculata»...

[74] Andavo spesso a Vasvár.[148] Facevo il pellegrinaggio da solo. Arrivavo di buon'ora, quando non c'era ancora anima viva nel luogo del santuario. Pregavo e cantavo al Puro Raggio di Luce del Puro Raggio di Luce. Mi tornarono in mente anche altri canti mariani. Ricordo che era sempre bel tempo. Poi più tardi entravo nella chiesa dei domenicani per confessarmi e comunicarmi. Vi pregavo, immerso in Dio, in ginocchio o seduto quasi tutto il giorno; ogni tanto uscivo a cantare alla Vergine Madre di Vasvár e per mangiare le piccole provviste che avevo portato con me. Vivevo totalmente per la Vergine Madre, per Gesù, per Dio in luce, in santa purezza e in grande amore.

***

A poco a poco cominciai a provare uno strano, dolce e stimolante senso di incompiutezza. Era come se mi mancasse ancora qualcosa, come se il mio amore per Dio non fosse completo, irreprensibilmente integro. Come se l'amore terreno mi inducesse in tentazione a casa. Dovevo ritrarre il mio sguardo. Mi accorsi che, quando ero in compagnia, il Candido Raggio di luce impallidiva. Dopo, per fortuna, il suo splendore diveniva ancora più intenso. Ciò che mi inquietava sempre di più era la domanda: deve esserci qualcosa che non va, ma che cosa? Lo cercavo, lo indagavo, ma non riuscivo a scoprirne la causa.

---

[148] Vasvár è una piccola città nella parte occidentale dell'Ungheria, vicina alla frontiera austriaca. Nei pressi della città, in una bellissima valle boscosa si trova un santuario mariano: una piccola cappella circondata da alberi robusti. A piè della cappella sorge una fonte. In una mezz'ora si arriva dal santuario alla chiesa medioevale dei domenicani che faceva parte della fortezza situata al centro della città.

Tuttavia venne formandosi in me il pensiero che la Solitudine, il sacro Ritiro, il grande Silenzio avrebbero risolto tutto.

Se potevo andare in un bosco – non come eremita perché a questo non ci pensavo – separarandomi da tutto ciò che era mondano, profano, l'avrei capito. Vivere, alla lettera, questa parola: "La condurrò nel deserto e parlerò al suo cuore" (Os 2,14).

Il Candido Raggio di luce illuminò la mia anima. Cominciai a sentire di essere chiamato a fare di più: «Ad maiorem **[75]** natus sum» – sono nato per cose più grandi, ma per che cosa? Questo pensiero mi occupò durante tutto l'anno scolastico. Vedevo senza ombra di dubbio nella grande luce, nello Specchio della Verità, nella Vergine Madre, che non ero ancora del tutto a posto. Ma perché? Che cosa era questo di più? Cosa voleva Dio da me? Non riuscivo a scoprirlo.

Lessi molto attentamente i due volumi della biografia di S. Ignazio di Jablonkay,[149] sottolineando alcune frasi. Il desiderio di andarmene, di andare nella Solitudine e trattare (dissi così: trattare, discutere questo grande, misterioso affare) con Dio diventava in me sempre più forte. Nella Solitudine avrei trovato la risposta. Ad un tratto provai l'ardente desiderio di fare i trenta giorni di Esercizi Spirituali ignaziani. Mi interessavo per questo libro, ma non lo ricevetti.

Un pensiero tuttavia andava prendendo corpo in me: avrei dedicato le vacanze estive a tale scopo. Scrissi lettere a molti indirizzi, anche all'estero. Implorai un mio amico ungherese residente a Monaco di cercare un luogo solitario che fosse adatto per me, se possibile in riva al lago di Costanza (non avrei potuto rispondere perché proprio là) o in qualche parte nelle Alpi bavaresi.

Sentivo però la necessità di non rimanere in Ungheria!... Temevo che i miei conoscenti potessero trovarmi e venire a disturbarmi e in tal caso il mio "colloquio con Dio" sarebbe cessato. Volevo rimanere in incognito, nel silenzio, nel deserto, affinché

---

[149] Probabilmente si tratta dell'opera del gesuita ungherese Gábor Jablonkay (1874-1930) con il titolo: *La vita e l'attività di sant'Ignazio di Loyola,* Budapest 1921.

Dio potesse parlare al mio cuore!... Tenevo per certo, ero del tutto sicuro che là, in quella santa Solitudine, dove saremmo stati soltanto noi due – Dio e io – tutto si sarebbe messo a posto: il mio problema si sarebbe risolto. Mi spingeva, mi spronava, mi urgeva il pensiero di diventare un uomo *intero*, di dare un cuore *intero*, di mettermi a posto *per intero*.

[76] 2. Virgo Carmeli

Non provavo alcuna inquietudine. Sentivo la pace dentro di me. Vivevo nel Bell'Amore. Ma qualcosa, un santo desiderio, una forza soprannaturale mi spingeva: il punto in cui mi trovavo non era ancora abbastanza. Si doveva di più! Dovevo di più – tutto a Dio!... Bisognava risolvere questo andando in qualche luogo. Sognavo un bosco, un firmamento, un ruscello scrosciante, la Grotta di Elia, un luogo deserto, senza nessuna presenza umana nel cui grande, sacro Silenzio, nella Calma percepibile[150], Dio mi avrebbe fatto conoscere ciò che mi mancava, ciò di cui avevo bisogno e che ancora non avevo, ma che dovevo ad ogni costo procurarmi e possedere.

Era questa la sua volontà. Non ne avevo alcun dubbio. Ciò non veniva dalla terra, né da Satana, né da me stesso, ma da Lui, da Dio. Lo Spirito soffia dove vuole.[151] E voleva soffiare in me... Soffiava ed io udivo il suo tuono[152], il suo richiamo. «Tendevo l'orecchio» («inclina aurem tuam!»).[153] Per Lui avrei volentieri dimenticato "la casa di mio padre".[154] Avrei dimenticato tutto, se solo mi avesse detto cosa dovevo fare.

Ero sicuro di trovare quel che cercavo. Avevo il presentimento che una volta anch'io, come Archimede, avrei potuto gridare al mondo intero il mio Eureka! E sarei diventato pazzo,

---

[150] Cfr. 1Re 19,12.

[151] Cfr. Gv 3,8.

[152] Cfr. Sal 29,3-4.

[153] Cfr. Sal 45,11a.

[154] Cfr. Sal 45,11b.

pazzo di Dio, nella mia felicità e non solo perché, davanti allo spirito, il *corpo* perde non soltanto alquanto del suo peso, ma tutto il suo peso, ma perché quello che aveva stimolato quel grande sapiente greco – «datemi un punto d'appoggio ed io solleverò il mondo» –, quel "punto d'appoggio" anch'io ero certo di trovarlo e allora – sarà vero, sarà una realtà! – avrei sollevato il mondo intero. Non era la terra, ma il Cielo di cui avevo bisogno! Avrei respinto la terra e avrei preso in possesso il Cielo. O, più esattamente: avrei fatto discendere il Cielo sulla terra.

[77] Ero interessato esclusivamente alla Sacra Scrittura. Erano le *verità fondamentali* ad appassionarmi come un tutto sperimentalmente vissuto. Questo *mi venne infuso* dal Bell'Amore, non come un sistema classificato e suddiviso in vari punti, non come frutto di mie riflessioni che avrebbe potuto generare in me sentimenti di importanza, pedanteria e presunzione.

"Una sola è la cosa necessaria".[155] "Che giova all'uomo se guadagna il mondo intero e poi perde la propria anima?".[156] "Cercate prima il regno di Dio e la sua giustizia e tutte queste cose vi saranno date in aggiunta".[157]

Il mio vecchio, paterno amico – il proprietario dal nobile cuore della "Casina delle Fate"[158] – che mi offriva sempre ospitalità e che, per così dire, non avrebbe più potuto vivere senza di me, mi disse una volta a bruciapelo: «Non ti do due anni e ti farai frate!». Rimasi meravigliato di tale affermazione, che tuttavia non m'infastidì affatto, anzi mi riuscì realmente gradita. E la cosa più interessante fu che diventai frate davvero non in due, ma nel giro di un anno e mezzo.

Una volta chiesi ad un mio collega, professore di catechesi, se avesse potuto raccomandarmi qualsiasi luogo di ritiro all'estero: «Scrivi a Mödling, al Rettore della Società del Verbo

---

[155] Cfr Lc 10,42.

[156] Mt 16,26.

[157] Mt 6,33.

[158] Troviamo questo nome all'inizio della parte III, nell'episodio con i fiori di ciliegio.

Divino!» (un ordine missionario). – Lo feci spiegando dettagliatamente le mie intenzioni. Ricevetti subito la risposta più favorevole: avrei avuto una cella separata, sarei potuto andare in qualunque momento e rimanere quanto desideravo lasciando un'offerta libera.

Era ancora il mese di giugno. Fissai la partenza per il 19 luglio, avevo ancora un mese davanti a me. Lì dunque avrei avuto tutto: il "bosco", il "deserto", la "Solitudine", il "Silenzio", un luogo di conversazione, di dialogo con Dio. **[78]** E il tutto in un chiostro!... Non avevo la benché minima idea di che cosa si preparasse per me, di che cosa mi aspettasse. Sarei partito laico e tornato religioso, anzi carmelitano. Allora non ce l'avevo neppure per idea, nemmeno per sogno, non sapevo neppure da quale albero spuntasse un simile genere di cose!...

Al massimo nei tempi passati, nelle notti sfrenate facevo molte volte birichinate con il canto: "Nel chiostro di Győr...".[159] (Oh, caro devoto lettore, non scandalizzarti. Vedi, anche questo serve alla gloria della Vergine Madre!...). Sì, la carissima Vergine Madre! Ella mi preparò in un mese alla metamorfosi, al bagno, al "crogiolo", al "fuoco" in cui si separa l'oro dalle scorie, alla notte oscura, alla duplice notte della purificazione della parte sensitiva e di quella spirituale. Era questo infatti ciò che mi aspettava... Le terribili sofferenze delle due parti: il crogiolo, il fuoco, la purificazione... Ma non ne sapevo nulla in anticipo...

Mi lusingava, mi allettava, mi preparava (e che magnifica preparazione era!) la Madre, la Beata, la bella Vergine Madre. Mi attirava, mi stringeva al suo Cuore Immacolato, mi nascondeva cioè dentro di sé. È difficile, anzi impossibile descrivere tutto ciò. *In quel tempo* non ero un uomo terrestre, ancor meno carnale, ma piuttosto un dolce bambino in braccio, in seno a sua Madre che lì dorme, sonnecchia, dimentico di sé. Anzi, non

---

[159] Győr é una città importante situata a nord-ovest dell'Ungheria. Si eresse in questa città la prima fondazione dei carmelitani scalzi in Ungheria nel 1697. La prima riga del canto a cui allude padre Marcello suonava così: «Nel chiostro di Győr i frati camminano con gli zoccoli...».

così, perché ero ben sveglio, non sognavo affatto. Ma non avevo mai visto una cosa così bella, né avevo mai gioito di una cosa simile, talmente celestiale, talmente pura, talmente spirituale!... [79] Tuttavia non vedevo niente e nessuno. Eppure vedevo qualcosa: un santo, dolce chiarore, dorato e caldo che mi avvolgeva e in cui mi muovevo e vivevo; ancora oggi lo rivedo nella mia memoria.

Prima di partire per Mödling andai a Pápa[160] dai francescani a trovare un mio buon conoscente, padre N. Passai lì tre giorni, i quali erano una immersione dolcissima – non so come ciò sia potuto avvenire – nella bellissima e ineffabilmente dolce Vergine Madre. Per me non esistevano più né pensieri, né discorsi, né parole o azioni prosaiche e profane, ma soltanto questo, vivendolo alla lettera: non ero più io a vivere, ma la Vergine Madre viveva in me.[161] Chi sei? – mi veniva sulle labbra innumerevole volte. Chi sei tu che sei la luce, la bellezza, il calore, anzi sei la Vita stessa, la Dolcezza, la Speranza, l'unica Delizia! Mi riempiva, ero pieno colmo, eppure vivevo e respiravo in Lei.

Il terzo giorno dopo pranzo eravamo seduti in giardino. Il padre guardiano guardò in lontananza ed osservò: «Chissà che

---

[160] Pápa è una città a 40 kilometri da Győr verso sud. Vi era un convento dei francescani.

[161] L'adattamento di Gal 2, 20 a Maria non è un'originalità di padre Marcello nel Carmelo. Lo fece già molto prima di lui, per esempio il p. Michele di Sant'Agostino (1622-1684) O. Carm., professore di teologia e superiore della provincia fiandro-belga, scrittore di un prezioso trattato mariano con il titolo *De vita mariae-formi et mariana in Maria, propter Mariam* in cui scrisse a questo riguardo nel I° capitolo della sua opera: «In questo modo l'anima fedele si abitua a poco a poco a vivere simultaneamente una vita divina e mariana, in quanto questa proviene allo stesso tempo dallo Spirito di Dio e da quello di Maria, cioè dalla divina grazia ottenuta da Maria e ricevuta dalle sue mani; in tal senso e maniera che quando l'anima che cerca Dio è giunta a tal punto da vivere costantemente una vita cristiana e divina, le è lecito esclamare: "Non sono più io che vivo, ma Cristo vive in me" (Gal 2,20) con Maria. Ovvero: lo Spirito di Gesù e di Maria "che è in me, compie le sue opere" (Gv 14,10). "L'unico e medesimo Spirito" (1Cor 12,11) di Gesù e di Maria opera ogni cosa nell'anima. (...) Allora si realizza la parola del salmista: "La regina siede alla tua destra" (Sal 45,10), poiché il regno di Gesù e il regno di sua Madre fioriscono indivisibilmente nell'anima. Gesù e Maria regnano concordemente in essa"» (citata in E. BOAGA, *Con Maria sulle vie di Dio*. Antologia della marianità carmelitana, Ed. Carmelitane, Roma 2000, p. 214).

grandi festeggiamenti ci saranno oggi dai carmelitani a Győr!!». – Era infatti il 16 luglio, giorno in cui ricorreva la festa della Beata Vergine Maria del Monte Carmelo. Io non ne sapevo nulla, era la prima volta che sentivo la parola: carmelitano!

«Chi sono quei carmelitani?» – domandai.

Il padre guardiano ed anche gli altri me ne parlarono. Io non mi stancavo di ascoltarli e di incoraggiarli: continuate, continuate ancora! Voglio saperne di più, ancora di più! Come un bambino che ascolta la più affascinante delle fiabe e pende dalle labbra del narratore assorbendo e bevendo il racconto. Per me però non era una fiaba, ma la pura Verità stessa, il Paradiso sulla terra. Esattamente un anno dopo, alla vigilia della festa della Vergine del Carmelo sarebbe stata la mia vestizione...

Chi era dunque costei?...

[80] Non sapevo esattamente il suo nome, eppure lo avrei saputo: Era la «*Virgo Carmeli*»*! La Vergine del Carmelo.*

Sarebbe diventato questo il mio nome di famiglia, sarei stato chiamato «a Virgine Carmeli», della Vergine del Carmelo. Ma chi era questa Vergine del Carmelo? Il suo nome in ungherese è la Nostra Signora Beata del Monte Carmelo. Ella è la Beata Vergine Maria, il Decoro e la Regina del Carmelo: «Regina Decor Carmeli». Com'è bello! Ella è la Madre dei carmelitani e nello stesso tempo, come venni a sapere più tardi, è anche la sorella di tutti i carmelitani... Ella è tutto per loro. Anche per me sarebbe stata tutto: Madre, Regina, Decoro, Sorella, Sposa, Innamorata, il Paradiso stesso che mi avrebbe donato e mi avrebbe portato la Vita: Gesù, la Felicità stessa; Gesù e il Padre; Gesù, lo Spirito Santo; Gesù, lo Spirito d'Amore, il Bell'Amore stesso, Gesù... E Gesù sarebbe stato tutto, assolutamente tutto per me, perché la «Virgo Carmeli», la Vergine del Carmelo, la Madre Immacolata di Dio era mia! Non dicevo questo esplicitamente, non potevo nemmeno saperlo, ma vivevo in Lei.

Tornato a casa, feci le valigie e, sarà stato il 18 luglio, presi il treno. A Szombathely partecipai ancora ad un santo banchetto, ricevendo la comunione in una chiesa di domenicani o di francescani. I miei piedi poggiavano sulla terra, ma il mio cuore e la mia anima toccavano il Cielo. Su tutto il mio aspetto, sul volto, sulle labbra si rispecchiava la luce, la serenità, il dolce sorriso della Vergine del Carmelo.

Camminavo sul marciapiede immerso nella dolce felicità quando, girando l'angolo, battei la testa contro l'angolo di un edificio. Provai un dolore acuto, la testa si gonfiò, ma l'accettai felicemente. Ciò non mi riportò, nemmeno per un solo momento, sulla terra. Ero come un "sonnambulo"!... Potevo somigliare a quello. Oh santo, dolce, benedetto sonnambulismo celeste!

Solo una vera Madre può amare suo figlio come mi amava in quel tempo la bella Vergine Madre del Carmelo. Mi amava in incognito, eppure in un modo veramente materno! **[81]** Era per Lei il solo modo per potermi condurre "in fornacem", nella fornace ardente, per purificarmi, per trasformarmi, perché fossi pronto a cambiare il mio nome in uno totalmente nuovo e perché il vecchio Adamo diventasse un uomo nuovo! In tutt'altro modo ciò sarebbe stato impossibile... Non si può in effetti costringere il legno a diventare ferro, il piombo argento, il fango oro, l'erba cattiva fiore, la bestia uomo, il demonio angelo! È impossibile, assolutamente impossibile!

Ma la Vergine Santa può fare tutto. Ella è l'Onnipotenza Supplicante, la Vergine Pietosa, la Vergine Potente! Ella è la Vergine del Carmelo!... Fu in questo suo ruolo, in questa sua qualità, in questa sua realtà che mi prese e mi condusse al luogo cui ero destinato.

Passare la frontiera, separarsi da tutto e da tutti, anche dall'amata Patria! Non volevo vedere alcun conoscente, alcun ungherese. Che venga la nuova Gerusalemme!

Un amore folle, un'ebbrezza celeste, questo fu per me Mödling. Il "Fornax", la fornace in cui mi gettò la Vergine Madre e dalla quale uscii carmelitano.

2.1. *Mödling*

Come avvenne ciò?

Arrivai nel tardo pomeriggio. Già la mia prima impressione fu ottima. Mi accolse il fratello portinaio che, come si vedeva, era già stato avvertito. Subito prese la mia pesante valigia e la portò con passo deciso, malgrado le mie proteste. Era un uomo rispettabile, intelligente, lo si sarebbe potuto dire già vecchio. Essendo io di robusta costituzione, mi dispiacque molto dover accettare le sue premure. L'umiltà, la disponibilità e l'amore con il quale faceva tutto questo mi impressionarono profondamente.

[82] La cella – la stanza di un chierico in vacanza – mi aspettava già pronta. Si trovava al secondo piano, proprio nella prossimità del presbiterio. La vicinanza di Gesù mi causò una grande gioia interiore. Poi venni affidato ad un altro fratello. Pensavo fosse un fratello laico per la grande umiltà con cui si mise a mio servizio. Soltanto più tardi venni a sapere che era uno studente di teologia del quarto anno.

La prima cosa che feci fu scendere nella libreria dell'Ordine e acquistare gli Esercizi Spirituali di sant'Ignazio. Fratel Johann G. m'informò su tutto. Mi fece visitare l'enorme edificio, tanto grande quanto una città: la città di Dio. I corridoi erano simili a strade, la chiesa era insolitamente grande con moltissimi altari, che servivano per i sacerdoti che facevano gli esercizi spirituali. In quel tempo nella casa dei verbiti vivevano cinquanta padri, inoltre due- trecento chierici e cinque-seicento fratelli laici. Avevano una tipografia imponente.

La prima sera rimasi subito stupefatto nel vedere tutti quei religiosi come un esercito in tonache nere, recitare la preghiera della sera. Alla fine risuonò la «Salve Regina». Centinaia e centinaia di voci maschili cantavano le lodi della dolce Vergine Madre. Ma era ancora più impressionante ogni mattina alle cinque udire la melodia del «Veni Creator». Tale melodia si impresse nel mio cuore e nella mia mente in modo indelebile.

Nessuno mi istruì, eppure avrei avuto bisogno di istruzione. Se ne incaricò la Vergine Santa... e con quali *potenti effetti*! Tutti abbiamo bisogno di invocare lo Spirito Santo. Che ne sapevo io?!... Venne dunque l'insegnamento: attraverso la dimostrazione e l'esempio che è in definitiva l'insegnamento migliore. «Veni Creator Spiritus, Vieni Spirito *Creatore*!»... – mormorava e riecheggiava nelle mie orecchie. Ricordo soprattutto quattro espressioni di questo inno di una bellezza meravigliosa che ritornarono, anzi risuonarono in me per giorni e giorni: «fons vivus, ignis, caritas et spiritalis unctio...».

[83] Fonte Viva, Fuoco, Carità ed Unzione Spirituale. Questo è lo Spirito Santo e *questo* Spirito Santo veniva anche in me! Come carità inondava la mia anima. Lo Spirito Creatore riversava in me il Bell'Amore.[162] Già a quel tempo esisteva solo questo per me; potevo distinguerlo da ogni altro cosiddetto amore. Lo Spirito Creatore divampava in me ed io intuivo che in questo fuoco sarei stato completamente purificato da "ogni" scoria. Stavo sulla riva della Fonte Viva e sperimentavo che era questo lo Spirito Santo e che io avrei dovuto sempre attingere a quella Fonte e così avrebbe riversato su di me l'Unzione Spirituale. Tutto ciò però era frutto di esperienza più che di meditazione.

Queste quattro parole mi occupavano di continuo. Spontaneamente, senza prefiggermelo, facevo quello che consiglia s. Ignazio: *gustare* il Verbo, la Parola. Ebbene le assaporavo continuamente, anche fisicamente, con la mia lingua; le portavo sulle mie labbra, le pronunciavo innumerevole volte. Ricordo di averle perfino scritte nel testo di una cartolina.

Dico tutto ciò per mostrare fino a che punto mi impegnavo in questa lunga «manresa»[163] senza fare alcun piano o programma. Era la Vergine Madre a guidarmi. Ella mi conduceva allo Spirito Santo, lo invocava anche al posto mio: «Vieni, vieni, vieni» ed Egli venne. Da allora in poi ho amato lo Spirito Santo in un modo particolare. Avevo solo un unico programma: quello di ripassare a fondo gli Esercizi Spirituali di sant'Ignazio. Questo era il *mio* piano, ma la Vergine Madre decise altrimenti.

Facevo tutto il possibile per addentrarmi – con la mia mente ed anche con il mio cuore – in questo maestoso sistema di esercizi spirituali veramente straordinario, ma non riuscivo... Non riuscivo ad andare avanti, soprattutto riguardo al peccato. Mi

---

162 Cfr. Rm 5,5.

163 Manresa: allusione al posto dove sant'Ignazio visse un periodo intenso di trasformazione interiore e dove iniziò la composizione degli *Esercizi spirituali*. Poiché la casa degli esercizi spirituali dei gesuiti ungheresi portava il nome «Manresa», il termine venne usato anche per indicare gli esercizi spirituali in genere.

tormentavo, ma invano. Dovetti rassegnarmi davanti al fatto che avevo bisogno di qualcos'altro che meglio corrispondesse alle mie disposizioni spirituali di allora.

[84] Cosa interessante: una Compieta cantata di una domenica sera mi fece intuire l'orribile grandezza del peccato, il suo danno e l'inferno. Fu un'esperienza indimenticabile. Oltre all'"esercito nero" dei sacerdoti, erano presenti nell'enorme chiesa alcune suore che occupavano solo qualche banco, tre o quattro laici con il breviario in mano e la mia umile persona. Cantavano tutto ed io compresi tutto: la potenza, il danno del peccato. Compresi che ci voleva proprio tutta l'armatura contro di esso: le centinaia di talari nere, l'abito delle religiose, la preghiera, il canto, la severità dell'ufficio, la disciplina quasi austera, virile e dura. Occorreva arruolarsi in un simile esercito e combattere da soldato durante l'intera vita, altrimenti avrebbe vinto il peccato e l'inferno avrebbe spalancato le sue fauci, in attesa del peccatore ignaro di tutto.

Mi sembrava di vedere un immenso coro "teatrale": una lotta gigantesca di religiosi, preti e suore contro il peccato originale. Questa scena mi colpì profondamente: é dunque questo il peccato? Ormai per me era chiaro: "Chi vuol venire dietro di me rinneghi se stesso". La "parola" di Seckau assumeva ora una luce nuova e prendeva piena concretezza.

Fu allora che ricevetti un libro di ascetica in tedesco, ben dettagliato e veramente pratico per aiutarmi a leggere il testo latino degli esercizi spirituali di sant'Ignazio. Trovai in esso tutta la dottrina ascetica, spiegata con competenza. Cominciai subito a leggerlo e presi appunti. Furono concetti del tutto nuovi, ma ne valeva la pena.

Eppure la mia anima aveva bisogno di altro. Gli appunti sull'ascesi furono buoni e necessari per la mia mente, per la mia struttura intellettuale perché mi davano la "tecnica", ma non il contenuto: la mia anima e il mio cuore avevano sete di altro. Non c'era dunque che affidarsi alla Vergine del Carmelo: era un suo affare!

Passarono alcuni giorni e fratel Johann G. mi portò **[85]** un volume enorme. Lo aprì nel mezzo e potei leggere: era il profeta

Isaia. Era una pubblicazione bilingue in latino e tedesco. Mi immersi subito nella lettura. Le parole del profeta colavano sulla mia anima come lava incandescente, soprattutto quelle iniziali. Non avevo mai letto niente di simile. Bevevo, mangiavo letteralmente le frasi, le masticavo, le ruminavo.[164] Non c'era perciò da meravigliarsi che le considerazioni degli esercizi spirituali, serie, metodiche e prestabilite non mi si adattassero: in quel momento o almeno nel mio caso particolare specificamente individuale, la mia anima aveva bisogno di tutt'altro. Esattamente delle parole di Isaia: tutto o niente. La fiamma, il fuoco dall'alto Cielo, il tuono della tempesta pronta a scatenarsi con i suoi fulmini terrificanti: ecco ciò di cui avevo bisogno. E quando il mio teologo di bassa statura sfogliò una pagina al capitolo 50 e ai seguenti, i miei occhi fissarono ad un tratto l'Uomo dei Dolori e fu come se io stesso venissi lavorato e scavato da cima a fondo dalle parole «mea maxima culpa» del Confiteor.[165]

Dire che la mia anima beveva le parole del profeta Isaia come la terra riarsa e assetata assorbe lo scroscio di pioggia che scende e diluvia, sarebbe ancora poco. Sembrava piuttosto un torrente che annientava anche il germe del peccato; ma solo "sembrava", "aveva l'apparenza", perché sarebbe stato compito della notte dello spirito estirpare anche le radici più piccole del peccato.

***

La Vergine del Carmelo si presentò ora per davvero, donando alla mia anima ciò che poteva attrarla facilmente al Car-

---

[164] Cfr. Ez 3,3.

[165] Parole dell'atto penitenziale della Santa Messa. La contemplazione di Gesù sofferente e fondamentale durante tutto il processo di conversione di padre Marcello (Cfr. *Il Bell'Amore,* 45-46; 66). Egli è infatti l'icona più perfetta di chi ama. Come si dimostra nell'esperienza spirituale di padre Marcello, il vero pentimento dei peccati proviene non tanto da una penetrazione intellettuale del concetto del peccato, nella luce di certi parametri esteriori, ma piuttosto misurandosi con il metro dell'amore di Dio rivelatosi sul volto umano di Gesù crocifisso (vedere anche a questo riguardo *Il Bell'Amore,* 64).

melo. Mi ero appena riavuto dallo stordimento causato dalla lettura del grande profeta Isaia – era per me una sorprendente novità! – che già mi aspettava un'altra sorpresa. Questa sarebbe stato il "gran colpo di cannone" – se mi è lecito esprimermi con una punta di umorismo – con il quale la Beata **[86]** Vergine Madre come Regina e Signora della fortezza che sovrasta l'antico e sacro Monte del Carmelo avrebbe colpito e distrutto per sempre la cittadella dell'Io del vecchio Adamo, riducendone in dolce schiavitù il padrone, un tempo così fiero.

Un giorno il mio chierico mi portò un "vecchio" libro usato, della metà del secolo scorso, chiedendomi di mettere da parte tutto il resto e di leggere quello: "*La biografia di santa Teresa la grande*".

«Chi è questa santa Teresa la grande?!» – domandai.

Il mio chierico rimase stupefatto: «Davvero non la conosce?».

Al massimo l'avevo sentita nominare, ma per il resto ancora non avevo avuto la fortuna di conoscerla.

Cominciai a leggere il libro controvoglia – se ben ricordo – poi avvenne con quel libro la stessa cosa che era avvenuta alcuni anni prima con la piccola Teresa, o ancora di più!... Infatti, dopo aver letto alcune pagine non riuscii più a staccarmi neanche da quel libro. *Fu mediante esso che la Vergine del Carmelo mi conquistò al Carmelo.*

L'autore della biografia seguiva un metodo tutto particolare. Appena raccontava una mezza pagina della vita della santa – meno o poco più – subito riportava parecchie pagine di citazioni dei suoi scritti, dei suoi libri, in abbondanza. Come a dire che l'importante non era ciò che diceva lui, ma ciò che aveva detto la santa stessa. Ed in questo aveva perfettamente ragione... Infatti, di tutto ciò che leggevo dagli scritti di santa Teresa, in quel libro io capivo, vivevo e gustavo tutto: «Ma era proprio questa la mia preghiera! Anch'io pregavo esattamente così!». "Chi lo ha sperimentato mi capirà senz'altro; agli altri è inutile che lo spieghi" – ripeteva abitualmente la grande santa più meno in questi termini. – Dunque tutto ciò che ella diceva in quel libro io lo comprendevo per intero, per quel semplice motivo che – come sembra – "ne avevo fatto esperienza".

[87] All'improvviso mi si aprirono gli occhi e vidi che già da molto tempo mi trovavo in uno stato di una magnifica preghiera, di grado molto elevato, che Dio concede come il più grande dei suoi doni – in modo assolutamente gratuito – a ben poche persone. Inoltre leggevo con dolce sorpresa che ci sono casi in cui Dio concede tale grazia anche ad anime che vivono nella miseria dello stato di peccato mortale, se così piace alla sua Maestà. Non è il merito, non è affatto per merito nostro, ma secondo il Suo santo beneplacito! Perché? Egli solo lo sa! Mi inondò una grande luce e fui pieno di gioia: questa è la verità?!...

«Unde hoc mihi...» (Lc 1,43). A che debbo che la madre del mio Signore venga a me?! – esclamò Elisabetta alla visita della Vergine Madre. Anch'io allora potevo ripetere: a che debbo che il Maestoso Signore Dio "mi privilegi" con tale dono meraviglioso?! È sicuramente perché il Signore sceglie chi è il più miserabile per mostrare la sua potenza divina e la sua infinita misericordia.[166]

Senza dubbio ciò che spiegava la più grande specialista di orazione corrispondeva del tutto al mio caso. Quei fenomeni potevano esseri constatabili su di me ed anche in me. Poi, dalla penna della stessa santa, erano presente nel libro le

---

[166] Leggendo questa biografia di santa Teresa d'Avila e i brani citati dalle opere della santa Madre in essa, Boldizsár Marton comprende con grande stupore di essere oggetto di un'alta comunicazione di Dio, senza nessun merito da parte sua. Scopre in questo modo la presenza di quel Dio di grazia e di amore di santa Teresa nella propria vita che, quando concede tali grazie a qualcuno, lo fa «non perché questi sia più santo degli altri a cui non le dà, ma perché si manifesti in lui la sua grandezza» (*Castello interiore,* «Prime mansioni», 1, 3). Negli anni '30 padre Marcello scrisse anche un articolo per la rivista della provincia carmelitana in cui, basandosi principalmente sull'insegnamento di santa Teresa d'Avila e di san Giovanni della Croce, affermò che Dio è desideroso di dare l'acqua viva della sua dolce comunicazione a tutti, ma solo pochi l'accettano: «Sono pochi coloro che vi giungono. Perché? Perché non conoscono il dono di Dio. E poiché non lo conoscono, neppure lo cercano. Bisogna dunque conoscerlo e cercarlo. Dio offre questo dono a tutti coloro che vi si preparano e lo domandano». L'articolo però non poté essere mai pubblicato perché i superiori dell'Ordine di quel tempo giudicarono eretico questo pensiero di padre Marcello.

descrizioni della vita interiore propriamente carmelitana. Già naturalmente tutto questo ora divenne mio, cioè il mio affare più personale. Ciò che la santa diceva alle sue figlie, lo diceva anche a me; i suoi avvisi erano ugualmente validi anche per me. Anzi, era come se in tutto parlasse esclusivamente per me. Come se nell'anima fossi stato tutt'uno con la santa, con tutto il Carmelo... La preghiera del Carmelo era la mia preghiera!! La causa del Carmelo era la mia causa! La Vergine del Carmelo, «Virgo Carmeli», era la mia Madre!

[88] Nel mio intimo avveniva già interamente così: assumevo una comunione, una santa, dolce e del tutto naturale comunione con l'intero Ordine. Quello che di ceva la mia futura Madre a riguardo dell'Ordine, lo feci mio interamente. Ad un tratto mi resi conto che l'Ordine del Carmelo assorbiva tutto il mio interesse. Ciò non era ancora come vocazione, ma solo come Ordine. Ciò può accadere anche ad altri: una santa curiosità, una forte simpatia, un affetto fraterno... Nulla di più!

Agli inizi di questo "passione" per la lettura non avevo la minima idea che io potessi entrarvi... Ci voleva tutt'altra cosa che una semplice lettura e un sentimento di simpatia. La Dolce Vergine Madre mi mostrò un regno, un impero meravigliosamente bello, di cui Lei era Regina, Proprietaria, Padrona, in cui l'ideale era quello della preghiera e in un modo che era il mio (quindi si pregava come pregavo io), in cui la mentalità era di fatto molto affine alla mia e in cui mi sarei trovato molto bene... Ella mi fece vedere quel regno, ma non mi "introdusse" ancora in esso («introduxit»). Mi *mancava qualcosa* che non può mancare nel regno della Vergine del Carmelo. La vocazione? – No, certamente, dato che la Vergine Madre mi chiamava! Questo era vero, Ella però fa entrare solo colui al quale non manca quel "qualcosa". L'entrata nell'Ordine, la santa vocazione hanno il loro prezzo! Qual era questo "prezzo"?

Il mio Signore, il mio Gesù ci acquistò, ci riscattò a gran prezzo – «magno pretio». Il prezzo era «sanguis pretiosissimus» – il preziosissimo Sangue. Quale prezzo avrei dovuto pagare *io* per il Carmelo?

***

[89] Ero del tutto così come la piccola Teresa (che nessuno si scandalizzi del paragone!). Sono i piccoli – diceva questa umile santa – che assomigliano a lei e che possono seguirla. Coloro che sono "nulla". E io ero proprio un "nulla"!... E neanche, come si sarebbe potuto dire gentilmente, un piccolo nulla; ma piuttosto crudamente: un grande, spregevole nulla! È di lei che dice l'antifona di comunione della Messa, meravigliosamente bella: «Dominus solus dux eius fuit» – *solo il Signore fu la sua guida*. «Circumduxit eam et docuit et custodivit quasi pupillam oculi sui» – La proteggeva, l'istruiva, la custodiva come la pupilla del suo occhio (Dt 32,10-12).

La Vergine Madre faceva lo stesso con me. Fu solo Lei la mia guida: la Vergine del Carmelo, il mio Tutto, la mia Madre. Con quale sapienza e con quanta prudenza veniva in mio aiuto e mi istruiva! Ripensandoci mi vengono le lacrime agli occhi! Veramente mi custodiva, mi proteggeva come la pupilla dei suoi occhi! Ella andava, avanzava, facendomi intendere tutto secondo il proprio bell'ordine... Ella è «Sponsa Spiritus Sancti», la Sposa dello Spirito Santo... Dunque, mi stimolava insieme allo Spirito Santo; gli aveva certamente dovuto chiedere che io cercassi e m'impegnassi ad andare fino a fondo nel capire: *cosa vuol dire in fatti essere poveri in spirito*?

Mi rompevo la testa, mi perdevo nelle mie personali argomentazioni, ma non riuscivo neanche a trovare una possibile via di comprensione. Chi vive nel mondo è legato, pesantemente condizionato dalle opinioni correnti. A quei tempi un povero in spirito non era che un oggetto di burla. Agli occhi del mondo il povero in spirito era una persona stupida, senza cultura, anzi un cretino, una persona le cui facoltà intellettive si trovavano ad un livello molto basso. Se si voleva trattare qualcuno con disprezzo lo si chiamava povero di spirito.

Io però dovevo comprendere l'esatto significato di quella espressione, perché è la prima delle otto beatitudini; essa sorse dalle labbra di Gesù, quindi è una verità evangelica, una parola divina: «Beati i poveri in spirito, perché di essi è il regno dei cieli»

(Mt 5,3). Orbene, il mio ideale era **[90]** che il regno di Dio fosse mio già in terra, perché il regno di Dio è dentro di noi.[167]

Lo chiesi persino al mio chierico, ma non ricevetti una risposta soddisfacente. Sollecitavo lui ed anche me stesso: dovevamo arrivare fino in fondo. Sentivo, intuivo di doverlo sapere, perché il senso di ciò era una verità di estrema importanza! Era una cosa fondamentale, senza la quale non avrei potuto neppure intraprendere la via della perfezione. Allora, insistevo già su questo punto: come intraprendere la via della perfezione!...

Spesso facevamo delle passeggiate insieme sul monte, nella valle, nei boschi. A volte egli tirava fuori dalla tasca dell'abito qualche libretto e ne leggeva qualche passo edificante. Fu così anche quella volta. Prese in mano un libro di Enrico Suso[168], un grande mistico medievale. Non ricordo più le parole esatte, ma esclamai: «*Ho trovato!* (Eureka!) Adesso so già chi è il povero in spirito!». È colui cui *Dio solo basta*! Chi non ha bisogno di altro, chi non desidera di più o altra cosa. È colui chi si sente pienamente soddisfatto solo da Dio. Nella mia felicità di aver capito ciò così chiaramente – giubilavo. Potevo contenermi a fatica dall'esclamare: *Dio mi basta!* Avevo capito che soltanto Lui può soddisfarci completamente.[169] Per cui: «*Solus Deus!*», solo Dio! Solo Lui. Non adorare che Lui! Non adorare alcun dio straniero!...[170]

Ed io avevo forse altri dei stranieri, altri idoli? Per il momento ero solo felicissimo di aver trovato la giusta definizione del povero in spirito. Ancora non pensavo che avrei dovuto però trarne le conseguenze: non avere anch'io altro che Dio solo. **[91]** Il Van-

---

[167] Cfr. Lc 17,21.

[168] Enrico Suso (1295 ca.-1366) mistico domenicano. La sua spiritualità è vicina a quella di Eckhart e di Taulero.

[169] Prima di riconoscere la necessità del distacco radicale per cui dovrà rinunciare a tutto, Boldizsár Marton fa una scoperta di grande importanza: comprende che solo Dio è capace di soddisfare la sua anima. Il distacco da tutte le cose e da se stesso, in seguito alle purificazioni subite ed alle decisioni personali intraprese, gli diventa possibile unicamente nella prospettiva di in una scelta positiva: quella di Dio, riconosciuto come valore supremo e meta ultima della propria esistenza. Solo la possibilità e la ferma speranza di poter impossessarsi del valore supremo può rendere l'uomo capace di rinunciare a tutto il resto.

[170] Cfr. Es 20,3-5; Dt 5,7-9.

gelo mi mise davanti il caso del giovane ricco: "Se vuoi essere perfetto, va', vendi quello che possiedi..." (Mt 19,21). Dalle mie letture avrei anche dovuto ricordare un'altra frase: "Chiunque di voi non rinunzia *a tutti i suoi averi*, non può essere mio discepolo" (Lc 14,33). Per ora era tutto piuttosto teorico. La pratica, la realizzazione? Ci avrebbe pensato la Vergine Madre!...

Non pensavo affatto che anch'io avrei dovuto rinunciare *a tutto* se volevo essere vero discepolo di Gesù, se volevo essere perfetto. Potevo però ricordare come la Vergine Madre mi aveva fatto rinunciare in modo radicale alla letteratura. Aveva regolato la faccenda semplicemente, mentre ero in compagnia, durante la durata di qualche attimo.

C'era ancora qualcosa cui ero attaccato? – Altro che! Soltanto, ancora non lo vedevo in quel tempo. C'era ad esempio *la natura*! Oh, quanto amavo la natura, quanto ero "appassionato" di essa, quasi l'adoravo: era un vero idolo per me ed io ne ero schiavo. Quante cose avevo udito e letto intorno all'affetto per *le creature*! Anche la natura era una creatura e davvero appartiene a quelle più belle. Molto tempo addietro ero stato un adoratore della natura. E ora, allora a Mödling? Ero ancora schiavo della sua incantevole, affascinante bellezza e in quale misura! Soltanto non me ne rendevo conto.

Stavamo passeggiando fuori in mezzo alla natura con il mio amico chierico. Quante volte egli mi dava fastidio quando lo interrompevo dicendo: «Guardi, che meraviglia si vede da qui, i fiori, gli alberi, i monti, il panorama» ed egli non ci badava, ma continuava a leggere senza dire nulla... «Quest'uomo non ha il senso delle bellezze della natura» – pensavo fra me, con una punta di involontario disprezzo.

Ma un giorno, mentre ero fuori all'aperto, costatai con sorpresa che la natura non era poi così importante, non era affatto essenziale per me e potevo farne a meno.

[92] Anche la natura è una creatura! L'unica cosa importante ed essenziale, il Tutto è *il Creatore*! – Adora Lui![171] Non

[171] Cfr. Mt 4,10.

la creatura, non la natura!… Si possono ammirare le creature, quindi anche la natura, ma l'ammirazione deve lodare colui che le ha fatte, il Creatore. Non la creatura quindi come se essa si fosse creata da se stessa, ma il suo Creatore!… Che la natura possa essere un gradino di scala per avvicinarsi a Dio! Così dunque: quando guardo un fiore, il mio pensiero, la mia lode, la mia gratitudine subito deve salire a Dio, altrimenti mi fermo alle creature e dimentico Dio. Quale offesa è per Colui chi è l'Unico Maestoso Sovrano Signore, Dio Creatore quando la sua creatura, la sua creazione viene posta avanti a Lui!

Mi resi conto che mi mancava la povertà spirituale! La *rinuncia* sincera e perfetta a tutto, per Dio. Un tempo la Vergine Madre mi aveva fatto rinunciare alla letteratura, ora era la volta della natura.

Avevo ancora altri idoli? Sì, certo! Uno era la *musica!* Quante volte dalla campagna ero andato di galoppo a Budapest per un concerto all'Accademia di Musica, al Vigadó[172] o al teatro dell'Opera! Questo piacere *raffinato* era una delle mie passioni più grandi. Quanto tempo e quanto denaro spendevo per tale passione! E come faceva crescere in me la vanità!…

La musica è uno degli idoli più pericolosi. L'anima può arrivare in alto mediante la musica, ma può facilmente restare a metà strada per sempre se la considera come un fine e non *esclusivamente* come un mezzo verso Dio.

Nella chiesa di Mödling c'era un organo monumentale, installato nel coro. Dopo la preghiera della sera, uno dei chierici aveva l'abitudine di fermarsi per un lungo tempo a suonare l'organo. La mia anima, il mio cuore **[93]** bevevano quella musica maestosa. Non vedevo l'ora che arrivasse la sera per poter ascoltare l'organo.

Un bel giorno, la Vergine Madre mi tolse per sempre anche questa passione. Non fu più importante, non fu più essenziale per

---

[172] Vigadó: il più elegante centro culturale e di divertimento di Budapest. Fu costruito fra il 1859 e il 1864 in stile romantico. Nella sua sala di concerto si esibivano tutti i musicisti più significativi dell'epoca.

me. Non mi faceva ardere, non mi entusiasmava più. Quasi non sentivo neppure il suono dell'organo quando come un uragano attraversava tutta la chiesa e quando quell'uragano di suoni si trasformava, in modo inaspettato, in un pianissimo molto dolce… Compresi e divenne la mia esperienza che la voce di Dio era la musica più bella dentro di me, nella mia anima! Non avrei più sacrificato il Creatore per la creatura. Non avrei più sacrificato, mai più, il Creatore di tutte le bellezze, l'unica Fonte della Bellezza totale, piena e assoluta – per la bellezza di un dettaglio. Le parti (le varie bellezze delle arti) sacrificate per sempre per il Tutto, Dio!

La Vergine del Carmelo m'insegnava – nel modo più chiaro ed eccellente – per esperienza a ciò che è *la rinuncia a tutto*.

***

Trascorsero una settimana e mezza o due settimane. Forse si trattò di un periodo più lungo. Poi venne la notte oscura dell'anima! La notte dei sensi e quella dello spirito! Quello che descrive il nostro Padre san Giovanni della Croce si scatenò, condensandosi sul mio corpo e sulla mia anima, sui sensi esteriori e su quelli interiori, e su tutta la parte spirituale.[173]

Descriverlo sarebbe impossibile. Ne posso dire solo questo: fu una vera *notte*. Per darne però un'idea, menziono che il mio fisico robusto si ridusse in un cattivo stato. Diventai magro come un chiodo. Spesso le gambe non mi reggevano più e du-

[173] La descrizione di padre Marcello dell'esperienza di purificazione dell'anima mette in evidenza le attività armoniose dei diversi attori che intervengono in essa con lo scopo di liberarla dalle realtà più esterne e dalle altre persone fino all'ultimo nucleo dello spirito, incluso il proprio modo di pensare e di valutare, affinché d'allora in poi gli importasse «Dio solo, cioè l'amore, il Bell'Amore!», mettendo tutto in rapporto alla misura di questo (Cfr. *Il Bell'Amore,* 99) e diventando libera per potersi donare. Il protagonista di tutto il processo è il dolce, irresistibile «Dittatore», lo Spirito Santo che, mentre vuota l'anima dal dominio delle cose, delle persone e del proprio «io», Egli stesso ne diventa il dolce ospite e vi infonde il suo «Bell'Amore» (Cfr. *Il Bell'Amore,* 99) che sia la Volontà Divina, Gesù stesso a vivere in lei (*Il Bell'Amore,* 102). Anche la presenza di Maria è costante durante il processo attraverso il dialogo continuo con Lei nella preghiera e serve come una «forma» viva in cui il sì della volontà umana si matura (*Il Bell'Amore,* 97).

rante il giorno dovevo stendermi sul letto. Intanto rimproveravo me stesso: non è una pazzia questo? Mi tormento, soffro, benché non sia obbligato da *nessuno* a restare qua; potrei andare al mare, in posti magnifici, all'estero; un solo movimento **[94]**, una sola parola basterebbe e potrei liberarmi da questo "inferno". Eppure non lo potevo. Qualcosa mi affascinava, ero immerso in una terribile oscurità e non potevo più muovermi.

Mi viene in mente il paragone del nostro santo Padre Giovanni della Croce: se si getta un ceppo umido, resinoso, sporco, fangoso nel mare di fiamme di un forno, come e quanto esso soffre, crepita, lacrima e fuma finché non si secca! Alla fine è purificato, seccato; ora la fiamma può ormai attaccarsi ad esso, lo lambisce, lo investe ed arde insieme ad esso, ma la fiamma del legno è ancora distinta dalla fiamma pura del forno. Il vecchio Adamo – sì, è già il vecchio Adamo! – non è più che cenere ardente. A poco a poco anche la propria forma incandescente scompare e diventa una fiamma tutta unita con il grande fuoco. Non c'è più alcuna differenza: è fusa, è confluita, è scomparsa: è unita perfettamente ad esso.

Ora era questo processo a realizzarsi in me. Il ceppo umido, resinoso, sporco, fangoso ero io. La Vergine Madre benedetta mi aveva gettato nel crogiolo purificante, ardente, ed io mi purificavo. Dovevo fondere come il minerale di ferro nel cubilotto di Vajdahunyad – che una volta avevo guardavo con tanto interesse insieme ai miei piccoli alunni – per essere gettato in forma. Dovevo cadere nel crogiolo purificante. La notte oscura della sofferenza mi invase. Non vedevo nulla, non sentivo nulla che poteva essere consolante, non facevo altro che soffrire. Veramente – e lo dico senza esagerazione – era terribile. Niente mi riusciva. Nessuna preghiera: né vocale, né mentale, né contemplativa. Non facevo altro che soffrire, soffrire *solo*.

Non saprei dire come abbia potuto sopportare una simile prova. Non mi passava nemmeno per la testa che «omnia possum in eo» – tutto posso in colui che mi dà la forza.[174] Non sapevo più

---

[174] Cfr. Fil 4,13.

di nessuno, il cielo era interamente coperto di nuvole. Non potevo neppure pensare che dietro le nuvole [95] il sole splendeva sempre: credendo o avendo fiducia nel Signore!... Era la notte totale ed era terribilmente oscura, in modo tale che non avevo il più piccolo gesto, la più piccola parola che poteva indicarmi la vita e la luce che doveva apparire. Non potevo pensare a niente, neppure in che stato fossi. Non avevo nessun pensiero.

Ma almeno facevo qualcosa? – Il più delle volte giacevo supino a letto anche di giorno, perché ero incapace di restare in piedi o seduto, ed anche quando mi muovevo un po', desideravo subito di ritrovare la "bara" del mio letto. Forse morire? – Non mi veniva neppure in mente.[175] Giorno dopo giorno, la notte si faceva sempre più buia. Andavo però spesso a trovare la Vergine Madre, senza il minimo pensiero, senza lamenti o lagnanze, senza chiederle nulla. *Semplicemente* andavo da Lei. Non sapevo neanch'io cosa mi portasse da Lei!... Nel tutto fondo di quella chiesa enorme c'era una statua di Maria. Avevo l'abitudine di andare là. Non c'era allora nessuno nella chiesa. Chinavo la testa sui piedi di mia Madre, cioè della statua. La pietra fredda rinfrescava la mia fronte bruciante. Lì riposavo la testa e il cuore, senza dire una parola. Non riuscivo neanche a dare un sospirone. Se guardavo il suo viso, se La guardavo in viso, quale grande balordaggine era nel mio sguardo! Non so cosa mi aspettassi da lei. Volevo qualcosa? Non dicevo neanche una parola.

Che cosa mi conduceva lì? Il mio cuore? – Esso batteva, ma non sentiva niente, come se si fosse del tutto raffreddato. – E la mia volontà? – Non riuscivo a volere niente. – E il mio intelletto? – Forse non ne avevo più neanche una briciola! Allora, che cosa era? Lei!... Proprio Lei!... Il suo cuore di madre!... Mi vedeva, mi amava, mi guidava... Mi purificava e il suo Sposo, il «Creator Spiritus», lo Spirito Creatore, mi ricreava. Ma io non sapevo ancora nulla di tutto questo. Ero un pezzo di legno: un ceppo privo di vita! Un tronco senza vita...

[175] Questa frase in particolare mette in evidenza l'aspetto nettamente spirituale di questa esperienza che non può essere così vista come un semplice stato depressivo.

[96] Nell'immenso giardino c'era una grotta sotterranea nella quale in una nicchia, c'era una statua di Maria. Riceveva luce dall'alto, attraverso un vetro colorato. Andavo spesso anche lì. Stavo davanti alla statua. Non facevo altro che guardarla. Avevo l'impressione che, stando davanti a questa rappresentazione della Vergine Madre, la mia insensibilità diminuisse un po'. Di tanto in tanto le mie labbra lasciavano scappare: Madre mia!... Tutte le volte quando me ne andavo di lì, mi sembrava di aver ricevuto un po' di incoraggiamento.

Poi, a poco a poco cominciarono a spuntare piccoli raggi di luce nel buio fondo: pensieri che tentavano di sollecitarmi a fare qualcosa. Bisognava agire, fare qualcosa. Ma che cosa? La mia anima era squarciata e risquarciata non solo una volta dall'avvicendarsi di tempeste, anzi di uragani. Sentivo una voce dal di dentro: che cosa vuoi? Gli interrogativi e le sollecitazioni che salivano dalla profondità del mio essere diventavano sempre più impellenti: perché non cominci a darti da fare?!... Devi rinunciare, capisci, devi rinunciare a tutto! Rinuncia totale! Uomo completo! Vita nuova! – La voce interiore mi premeva, non mi lasciava in pace, non mi risparmiava e ripetutamente mi scombussolava nell'intimo.

Confusione, contraddizioni, ricerca di punto d'appoggio qua e là, o piuttosto l'avrei voluto, perché non avevo nessuno cui potermi rivolgere. Non avevo direttore spirituale. Mi confessavo ora qui e ora là, raramente dallo stesso sacerdote. Inoltre mi guardavo gelosamente dal rivelare a qualcuno questo mio intero mondo interiore. Sentivo oscuramente infatti che quella lotta, quel combattimento terribile dentro di me serviva per il possesso di un tesoro immenso di cui non poteva sapere nessuno, altrimenti tutta quella lotta gigantesca si sarebbe indebolita, invece di concludersi con una vittoria sicura come mi suggeriva un mio sentimento segreto, non espresso. **[97]** Qui l'uomo non poteva fare nulla. Soltanto Dio stesso!

Non dissi nulla neanche al mio amico teologo. Egli notò il mio combattimento interiore, fece alcuni tentativi per saperne qualcosa, ma io mi rinchiusi in me stesso, non rivelai niente. Custodivo gelosamente il tesoro! Quella lotta, quel maestosamente terribile eppur divino duello potevamo combatterlo solo in due: Dio e io! Uno di noi due doveva vincere, l'altro perire! Ma chi sarebbe stato il vincitore? – Non avevo alcun dubbio: dovevo arrendermi! A quale condizione? – Quella era: senza condizione! Non si poteva negoziare, fare delle riserve, trovare scappatoie: o l'uno o l'altro! Avevo già sentito del profeta Elia, della sua inaudita vittoria sul Monte Carmelo!

Il minerale di ferro – la mia personale, umana, ostinata, salda, dispettosamente "virile" volontà – si era ormai fusa nella fornace del tutto infocata della notte oscura dell'anima e delle terribili sofferenze della parte sensibile e di quella spirituale e lo si sarebbe ormai potuto versare, gettare in qualsiasi forma. Avanti allora con quella forma! E lo Spirito Creatore – Spiritus Creator – *dettava*. E la mia anima sentiva sempre più, dietro di Lui, con Lui e perfino in Lui la presenza della Vergine del Carmelo.

Il supremo divino Legislatore ispirò, poi stimolò e infine comandò! Bene! Dunque, nessuna difficoltà! La cosa più facile di tutte era fare voto di castità. E lo feci subito. Anzi andai a farlo persino davanti all'altare. Non ricordo esattamente se lo feci durante la comunione oppure privatamente. Ma non importa, perché io presi veramente sul serio il mio voto, fino alla morte.

[98] Sentivo e avevo la certezza che era mia Madre a volerlo e che era lo Spirito a comandarlo. E ne fui sommamente felice. La situazione cominciò a schiarirsi, la tempesta si calmò, l'oscurità si dissipava. Il Giglio rifulgeva tutto bianco; era bello, si elevava alto e diritto e, nelle mani immacolate della Vergine del Carmelo, risplendeva. Anche la Vergine Madre risplendeva!

Non lo diedi senza spese. Lo godevo a sazietà. Lo assaporavo deliziandomi dolcemente. Da esso divenni sempre più puro, più candido, anzi più casto. Ne provavo gusto. Un proverbio francese dice che l'appetito vien mangiando. Ed io ritrovavo un meraviglioso appetito per mangiare. Mangiavo di nuovo – e con quale appetito! – la Manna ed "ero pascolato fra i gigli".[176]

---

[176] Cfr. Ct 6,3.

Le tenebre si dissipavano sempre di più. La notte penosa dell'anima, prima così tormentosa e senza prospettiva, stava per mutarsi nel chiarore del giorno. Vivevo inoltre una meravigliosa esperienza. Era come se il mio *passato* fosse del tutto sparito, uscito dalla memoria, sepolto dall'oscurità dell'oblio: era stato, ora non c'era più...

Lo Spirito Santo però mi dirigeva di nuovo: ("Dirigere et santificare, regere et gubernare digneris Domine Deus..."[177] – si dice ogni giorno all'ora di Prima.) E la Vergine Madre era dietro di Lui. Poteva venire il secondo voto, quello della *povertà!*

«Perché no? Non si trattava che di rinunciare a tutto! Ma come? Farmi frate? A piedi scalzi? Con il saio? Non avere più eleganza?! Denaro! Nessun riguardo? Avrei dovuto rinunciare al vagone ristorante, al bagno, allo smoking, alle poltrone, alle scarpe di vernice, ai guanti di daino, non avere più una poltrona, immediatamente davanti all'orchestra. Oh, mio Dio!» E il turbinio ricominciava... Chinai la mia testa. Riflettevo. Volevo mantenere le mie "ricchezze". **[99]** Eppure sapevo bene che "è più facile che un cammello passi per la cruna di un ago...".[178] Ma mi vergognavo: «Cosa avrebbero detto le famiglie e questo e quello, cosa avrebbe detto la "gente"?». Nella mia fantasia già immaginavo come sarei stato giudicato. Il mondo mi induceva terribilmente in tentazione. E Satana agitava fortemente la confusione. Ma poi andavo alla grotta a "discutere" la cosa con la Vergine Madre: non era nient'altro che un sorriso e un dolce incoraggiamento.

Lo Spirito Santo però non cessava di farsi presente. Egli è il dolce, irresistibile «Dittatore», «Dulcis hospes animae», dolce ospite dell'anima.[179] Ora questo "ospite" si insediò fortemente. Divenne padrone e con la sua divina violenza, mandò in fumo ogni mia resistenza. Il suo Bell'Amore è, nello stesso tempo, Forza

---

[177] Le parole iniziali di una preghiera latina che i religiosi ogni mattino recitavano – alla fine di «Prima» che era l'ufficio divino che seguiva le lodi – per offrire il giorno a Dio.

[178] "...che un ricco entri nel regno di Dio" (Mt 19,24).

[179] Dalla sequenza di Pentecoste.

e Dolcezza, Autorità e Supplica. Come uno Sposo innamorato il cui desiderio la sposa cerca di indovinare. Era in pieno sopravvento: «Dirigere, regnare, governare...». C'è un potere divino e vittorioso in questa incessante graziosa esortazione. Mi arresi. Sarà quel che sarà. Come si sciolgono i fiocchi di neve sul mantello, così si dissipavano davanti al mio sguardo le considerazioni umane. E ciò per sempre! Come il fumo, il vapore e la nebbia, così scomparve, si dissolse nel nulla il *"mondo"* per me. Tutto era vanità delle vanità. D'ora in avanti importava Dio solo, cioè l'amore, il Bell'Amore! Avrei messo tutto in rapporto alla sua misura.

Poi, venne il voto all'altare. Non era presente nessuno, solo la Corte Celeste ed io... Che altro occorreva ancora? Per il momento, assolutamente niente. Sarebbe venuto il tempo in cui sarebbero stati presenti anche gli uomini. Ma essi sarebbero stati ormai i Fratelli della Beata Vergine del Carmelo. Questa è la loro denominazione ufficiale. Come è bello!...

[100] Il proverbio dice che in discesa non ci si può fermare. Ora io mi trovavo non su di un pendio, ma *stavo salendo* la parete di una montagna scoscesa. Ma quando un uomo viene diretto dallo Spirito Santo, allora e *solo* allora, non può fermarsi neanche in salita! Sì, allora era proprio lo Spirito di Dio a dirigermi. Per tutto questo sia resa riconoscenza eterna alla Vergine del Carmelo! Mi prostro profondamente davanti a Lei con profonda umiltà e con il cuore pieno di indicibile gratitudine. Solo adesso arrivò però ciò che era la cosa più difficile, lo scoglio più duro!... Non ci si può fermare! C'erano già due voti validi fra noi due, fra Dio e me! Venga il turno del terzo: l'*obbedienza*!

Sapevo già che era questo l'essenziale! Se c'è questo, tutto è a posto. Questo è il fondamento. La vita di Gesù non fu altro che tutta obbedienza. Cominciò con essa e terminò con essa. Avvenne così che «consummatum est» che tutto era compiuto. Che cosa era compiuto? – La volontà di Dio cui si fece obbediente fino alla morte e alla morte di croce.[180] L'obbedienza perfetta è la santità della vita.

[180] Cfr. Fil 2,8.

Avevo dato il mio corpo: era questo che feci emettendo il voto di castità. Avevo dato tutte le mie ricchezze; per questo emisi il voto di povertà. Cosa dovevo dare ancora? – «Tutto!» – suggeriva, ingiungeva, sollecitava lo Spirito Santo. – Ma cos'era questo tutto? – La volontà, il mio libero arbitrio. «Dunque – uomo! – non potrai più andare dove vuoi, né partire quando vuoi. Ricordi? Il massimo piacere della tua vita secolare era poter andare liberamente dove volevi e quando volevi, senza alcun controllo! Che c'entrava un altro in tutto questo?! Eri libero e indipendente, padrone di te stesso».

Scoppiò di nuovo la tempesta, si scatenarono lampi, fulmini e vennero di nuovo le grandi tenebre. – «Dovresti dunque fare sacrifici tanto inauditi?!... **[101]** Non potrai tenere in tasca neanche un fiammifero senza permesso! Dovrai inginocchiarti davanti agli altri ed ascoltare i loro rimproveri senza dire nulla. Verrai imprigionato – perché il convento non è altro che una prigione!... Ti comanderanno incessantemente, non potrai mai fare ciò che vorrai. Dovrai rinunciare anche alle tue convinzioni intellettuali, non potrai avere un'opinione personale, sarai l'ultimo etc. etc.». La lotta durò più giorni. Correvo alla mia Madre, alla grotta. Mi sfogavo davanti a Lei di tutto. Rimanevo delle mezz'orette a gemere davanti a Lei...

E Lei? – Sorrideva come sempre. Non diceva nulla. Taceva; ma mi guardava, gettava uno sguardo profondo che arrivava non soltanto ai miei occhi, ma più profondamente ancora: non solo ai miei reni, ma sino al mio cuore. E da lì, era un bambino a restituirle il suo sorriso. Era il suo bambino...

«Vicit leo de tribu Juda» – ha vinto il leone della tribù di Giuda[181], cioè il suo Spirito, lo Spirito Santo, il grande, il santo, il divino Ispiratore! Feci dunque anche il voto di obbedienza.

***

E con tale gesto sincero e deciso, di colpo, sopraggiunse la calma. Mi venne in mente letteralmente la scena della tempesta

---

[181] Cfr. Ap 5,5.

sedata nel Vangelo: «Et facta est tranquillitas magna» (Mt 8,26) e si fece una grande calma!... Calma, dolce pace: «Pax!» – la pace di Cristo, del dolce Gesù!

Davvero avevo dato *tutto*. Il fatto che oggettivamente, in realtà possedessi ancora "tutto" era secondario; la mia anima, la mia volontà, tutto il mio essere, il mio corpo incluso e, soprattutto il mio cuore, appartenevano definitivamente a Dio. Là dove chiunque custodisce il suo tesoro, là è il suo cuore.[182] Il mio cuore era nelle mani immacolate della Vergine del Carmelo. Nel mio cuore, povero ma immensamente felice, non c'era neanche un angolo che fosse riservato per qualcosa o qualcuno.[183]

[102] Si potrebbe obiettare che ciò non era ancora tutto che in teoria. No! No! Era così in realtà. Dinanzi a Dio un unico atto deliberato della volontà conta come un'azione, un fatto realmente compiuto. Che l'Io in seguito, forse durante l'intero corso della vita umana, possa ancora innumerevolmente opporsi, non conta. Tutto sta nella sincerità, nella determinazione, nella decisione irrevocabile della volontà![184] Cosa voleva la mia volontà? Voleva non esistere più, voleva sparire affinché la Volontà di Dio prendesse esclusivamente il suo posto con piena sovranità, con un possesso divino assoluto. Voleva che io facessi tutto il possibile affinché tale Volontà Divina potesse vivere in

---

[182] Mt 6,21.

[183] L'esperienza di padre Marcello dimostra che non è una privazione completa ad assicurare l'autenticità e la radicalità della rinuncia, ma la libertà del cuore da ogni attaccamento. Come spiega il grande esperto in materia, san Giovanni della Croce quanto tratta delle esigenze richieste dall'unione con Dio: «Qui non parlo della semplice privazione dei beni temporali, che di per sé non spoglia l'anima se questa continua a desiderarli; ma parlo della rinuncia al piacere e al desiderio di essi, che sola ne rende l'anima libera e vuota, anche quando li possedesse realmente. Non i beni di questo mondo occupano e danneggiano l'anima – infatti non vi penetrano dentro – ma solo l'attaccamento a tali beni e il desiderio che essa ha nei loro confronti» (*Salita del Monte Carmelo,* libro I, 4, 4).

[184] Padre Marcello qui insiste sull'efficacia di quella «determinata determinazione» (usando il concetto di santa Teresa di Gesù, *Cammino di perfezione,* 21,2) con cui egli si donò a Dio attraverso le mani di Maria. Come scrive la Santa in un altro brano del *Cammino di perfezione*: «Tutto sta nel fargliene dono [del palazzo dell'anima] con piena decisione» (28, 12).

me, allontanando ogni ostacolo sul suo cammino. L'ideale era chiaramente questo: «non sono più io che vivo, ma Cristo vive in me» (Gal 2, 20). – *Lasciare, permettere che Gesù viva in noi!* A qualunque prezzo! A costo del mio io.

Gesù mi ha comprato a prezzo del Suo Sangue Preziosissimo. Era questo grande, inaudito prezzo che Egli ha pagato per me. E io come avrei dovuto acquistarLo? Come Lui sarebbe divenuto totalmente mio? Quale prezzo avrei dovuto pagare?... Questo "prezzo" è la *mia* volontà, il mio tesoro più prezioso. Questo dono di Dio è qualcosa di tremendamente grandioso. Posso dirgli di sì, ma posso anche dirgli di no. È il mio libero arbitrio a decidere del mio destino: Paradiso o Inferno? Santo o mediocre?

Ora questo suo dono, io Glielo restituivo in modo irrevocabile, senza riserve. Il versamento di tale "prezzo", il rimborso di questa somma terribilmente ingente si sarebbe protratto forse lungo un'intera vita umana. Mi decisi: pagherò in fretta fino all'ultimo centesimo.[185] **[103]** Non so esattamente in quale momento preciso succedesse, ma ad un tratto scoprii un metodo eccellente nel magnifico libro di Kempis. In uno dei suoi capitoli lessi questo:

«Si me vis esse in tenebris
sis benedictus!
Si me vis esse in luce,
sis iterum benedictus!
Si me dignaris consolari,
sis bendictus!
Si me vis tribulari,
sis æque semper benedictus!» –

[185] Padre Marcello riconosce l'Amore di Gesù rivelatosi sulla Croce e desidera rispondere ad esso, rinunciando alla propria volontà, con il dono di tutto se stesso. Come scrive san Luigi Maria Grignion de Montfort, alludendo a san Bernardo: «Gesù, nostro grande amico, si è donato a noi senza riserva, corpo e anima, virtù, grazie e meriti: "Mi ha conquistato interamente dandosi interamente a me", dice san Bernardo. Non è forse un dovere di giustizia e di riconoscenza donargli tutto quanto è in nostro potere?» (*Trattato della vera devozione a Maria,* Ed. Confortane, Roma 2000, p. 123, n. 138).

Se mi vuoi nelle tenebre,
che tu sia benedetto;
e se mi vuoi nella luce,
che tu sia ancora benedetto.
Se ti degni di darmi consolazione,
che tu sia benedetto;
e se mi vuoi nella tribolazione,
che tu sia egualmente sempre benedetto.[186]

Ecco! *Tutte* le difficoltà erano risolte; dovevo dire solo per ogni cosa: Sis benedictus! Sii benedetto! Ossia, nella gioia o nel dolore: sii benedetto! Sia croce o sia successo: sii benedetto! Ciò vuol dire che non solo *accetto* tutto dalle mani del Signore e non solo mi rassegno alle cose – non è sufficiente neanche dirgli grazie – ma Gli *rendo grazie* per tutto. Quindi se da Lui riceviamo il bene, perché non ricevere anche il male?[187] "Semper et ubique gratias agere", dice il Prefazio della Santa Messa, «rendere grazie *sempre e in ogni luogo*»; e dunque non saper altro che il Te Deum e il Magnificat! Ecco la chiave di una vita spirituale felice, del grande mistero di una vita cattolica vera, vittoriosa e sempre gioiosa: «Sis benedictus!» – Sii benedetto! Così si realizzerà l'ideale di San Paolo: «Gaudete in Domino semper, iterum dico, gaudete» (Fil 4, 4) – Rallegratevi nel Signore sempre, ve lo ripeto, rallegratevi...

Il desiderio di Gesù: "Questo vi ho detto affinché la mia gioia sia in voi, e la vostra gioia sia piena" (Gv 15, 11), lo si può realizzare molto facilmente! Basta **[104]** che si proclami, che si dica, che si risponda sempre: «Sis benedictus!». Ero allora tanto infinitamente felice che il mio stato d'animo non era altro che un continuo «Deo gratias!». E queste azioni di grazie, questi costanti «Deo gratias!» venivano espresse in pratica così: «Sis benedictus!». Centinaia e centinaia di volte ripetei quel passo di Kempis; lo mettevo continuamente in pratica, fino a farlo interamente mio.

---

[186] *L'imitazione di Cristo*, Libro III, 17,1

[187] Gb 2,10.

Ora che tutto era risolto e che, grazie ai miei voti, appartenevo totalmente al Signore, dovevo anche persuadermi chiaramente e risolutamente che di tutto ciò ero debitore alla cara Vergine Maria. Perciò avrei salutato mia Madre sempre così: Ave Maria! Lo sapevo per esperienza: tutte le nostre invocazioni, tutte le singole «Ave Maria!» vengono accompagnate *subito* dalla grazia! È allora che viene lo Spirito Santo; bisogna *soltanto* credere!...

Volevo assicurarmi un progresso rapido, costante, anzi facile. Vivevo, riconoscevo con piena convinzione l'affermazione di san Bernardo: «Deus voluit totum nos habere per Mariam!» – Dio *ha voluto* che noi avessimo tutto per Maria! Dunque, Omnium Gratiarum Mediatrix, la Mediatrice di tutte le grazie, la Madre della Divina Grazia è per me il cammino più rapido, più sicuro, anzi più facile. Così sarò l'Arcangelo Gabriele. Quel saluto ci viene da Dio, io ne approfitterò! Avevo infatti visto nel Vangelo quale effetto sublime, quale meraviglioso risultato avesse avuto quel saluto! «Ave Maria!». E il Verbo si fece carne, «et Verbum caro factum est».[188]

[105] Deo gratias! Deo gratias! – ripetevo. Non avevo più, assolutamente, alcuna difficoltà.

Il mio programma di vita era così: «Ave Maria!» e «Sis benedictus!». Salutare la Vergine Madre e rendere grazie di tutto. Anche nella pratica trovavo tutto estremamente semplice. Ma da dove avrei tratto la forza e la volontà?! C'era la comunione. La Santa Messa mi avrebbe assicurato il Pane. Il Pane Quotidiano! E che cosa sarebbe stato il "Pane" per me? – Ebbene, l'Ostia Santa! Cioè l'Amore. Cos'è la Santa Messa? – Il sacrificio d'Amore. – Devo forse salire il Calvario? – Ogni giorno vado alla Santa Messa. La mia vita futura sarà un'unica grande Santa Messa! Sacrificio! Amore! – Il Bell'Amore!

Devo *soltanto* amare! – Si presenteranno mille difficoltà? – Non importa! Ho fiducia nella Vergine Madre! La saluto continuamente. Lei sbriga, provvede a tutto: basta solo avere

---

188 Cfr. Gv 1,14.

una fiducia illimitata. Dunque *devo soltanto* avere fiducia! La fiducia fa miracoli[189] – l'ho imparato dalla piccola Teresa. La mia vita terrena in futuro poteva esprimersi dunque con questa formula:

Ave Maria! + Sis benedictus!

Quindi, in mezzo c'è la croce. Ciò che significa? Significa la Santa Messa, che è la fonte di tutta la forza e di tutta la vita. Perché questa è la vita dell'Amore, del Bell'Amore. A sinistra: «Ave Maria!» Dunque la Vergine Madre! – «Per Mariam!» – In pratica ciò vuol dire: fare tutto con Lei e nulla senza di Lei! A destra si trova: «Sis benedictus!» Cioè: rendere grazie di tutto! Da allora in poi scrivo questa formula alla testata di tutti i miei scritti, perché mi tenga continuamente vigile.[190]

***

Per una meravigliosa grazia del Signore, la mia conversione *avvenne* nel giro di qualche settimana. Gesù, il mio Signore misericordioso, mi aveva gettato nella polvere, **[106]** nella fossa dell'umiltà, facendomi cadere dal fiero cavallo dell'orgoglio. Mi aveva reso completamente cieco al mondo e mi aveva aperto gli

[189] Cfr. *Lettera* di santa Teresa di Lisieux a Celina, 8 luglio 1891 in *Opere complete,* Libreria Editrice Vaticana - Edizioni OCD, Roma 1997, p. 429 (LT 129).

[190] Dopo le purificazioni subite Marton Boldizsár divenne capace di corrispondere con il gesto più appropriato dell'amore – con il dono di tutto se stesso – all'amore di Dio manifestatosi in Gesù Cristo, il «Bell'Amore». Come ne scrive prima: «La mia anima, la mia volontà, tutto il mio essere, il mio corpo incluso e, soprattutto il mio cuore, appartenevano definitivamente a Dio» (*Il Bell'Amore,* 101). Per rimanere costantemente in questo atteggiamento – che non vuole più perdere come è successo con lui quando, incominciando l'università, divenne un adulto «testardo» (Cfr. *Il Bell'Amore,* 12) – e per metterlo in pratica in seguito nelle circostanze concrete, inventa un metodo che adotterà fedelmente fino alla fine della sua vita. Facendo tutte le cose quotidiane con Maria, rinnovandosi nell'amore di Cristo ogni giorno nella la Santa Messa e ripetendo «Sis benedictus!» per ogni avvenimento della sua vita, vuole vivere secondo quell'ideale scoperto già molto prima – con l'abbandono completo proprio del bambino – che gli può assicurare di vivere per sempre nel «Bell'Amore».

occhi alla luce soprannaturale. Infine mi aveva consegnato alla Chiesa e più da vicino, mi aveva condotto in quella celeste Damasco, nella solitudine completa dei quaranta giorni a Mödling; poi in seguito più su sul Monte Carmelo, nella grotta di S. Elia per vivere e imitare la vita di questo grande profeta, fondatore – se è possibile – per la maggior gloria di Dio! *Ecco la storia di una vocazione!*

La mia vocazione era del tutto chiara e sicura per me. Nessun dubbio mi assaliva, nessuna tentazione. "Provavo", vivevo, anzi gustavo continuamente l'incoraggiamento soave eppure risoluto dello Spirito Santo non con un trasporto di entusiasmo "delirante", ma come mosso da una forza spirituale. Sarò dunque carmelitano, figlio della grande santa Teresa. Fu lei a darmi la spinta iniziale. Non avrei potuto neanche immaginare o pensare per *me* un altro Ordine.

Quando la vocazione, il fatto cioè che la Vergine Madre mi chiamasse dai carmelitani scalzi secondo la volontà benedetta di Dio, si cristallizzò perfettamente nel completo silenzio di una pace totale e nella luce della pura Verità, allora manifestai il mio grande segreto al mio instancabile guardiano, il teologo verbita. Egli mi disse che era certo della mia vocazione e che ne vedeva e costatava in me gli effetti. Ne fu felicissimo e mi disse che anche lui al principio aveva sognato il Carmelo.

Dichiarai che mi sarei dato sei mesi di prova e poi mi sarei presentato per l'ammissione. Ma dove?! – Se c'erano carmelitani scalzi in Ungheria, allora senz'altro là. In caso contrario all'estero, ma dovevo andare da loro, perché quella era la volontà di Dio!...

Nel nostro santo entusiasmo corremmo nella enorme **[107]** biblioteca e ci buttammo a capofitto sul dizionario enciclopedico della Chiesa. Sì, c'erano i carmelitani in Ungheria. Dunque!...

Il mio programma, suggerito dallo Spirito Santo, era di andare a Lourdes alla fine di ottobre con un pellegrinaggio, per sapere cosa ne avrebbe detto *lì* la Madonna. Alla fine delle vacanze di Natale, ai primi di gennaio avrei partecipato ad un corso di esercizi spirituali riservato esclusivamente ai professori laici, tenuto dai gesuiti. Frattanto avrei condotto in tutto una vita da religioso. Volevo fare così per prudenza, per non precipitare la cosa. Volevo essere certo che questa mia meravigliosa impresa non fosse soltanto una semplice avventura o una chimerica illusione.

Sentivo di essere un uomo ormai maturo, con una vocazione ben maturata. Lo stimolo dolce e costante dello Spirito Santo, dello Spirito del Bell'Amore mi rendeva felice in modo inesprimibile.

Trascorsi nella santa Solitudine di Mödling esattamente quaranta giorni. In ciò non c'era nessun calcolo. Mi resi conto solo alla fine che fu volontà di Dio che – come il nostro Padre S. Elia aveva camminato quaranta giorni per arrivare sul monte di Dio con la forza del pane – facesse lo stesso il suo figlio ungherese della tarda posterità, debole, eppure molto felice! Fu come una carezza sulla mia anima quando mi venne umilmente il pensiero che anche Gesù era rimasto quaranta giorni nel deserto.

Le ultime due settimane che mi restavano ancora dai 40 giorni trascorsero in un grande amore di Dio. Brevemente e concisamente potrei forse riassumerle in questo modo: insieme alla Vergine Madre davanti al tabernacolo! Preparavamo le forze per una lunga vita carmelitana, religiosa-sacerdotale. Passando poi la frontiera austro-ungarica – quando stavo nel corridoio del treno e i miei occhi, ma di più il mio cuore, cercavano una chiesa nella quale poter salutare, insieme alla mia Madre, il mio Tutto che vi abita, Gesù, l'Ostia Salutare, **[108]** provai allora nell'anima una fede, una fiducia e un amore di Dio tanto forte come se tutta la mia vita spirituale, come anche tutta la mia vita umana, fosse ormai costruita non già sulla sabbia, ma sulla roccia, come la casa dell'uomo saggio. E sarebbe potuta arrivare la pioggia, sarebbero potuti straripare i fiumi, soffiare i venti ed abbattersi su quella casa, ma essa non sarebbe caduta, perché era fondata sopra la roccia (Mt 7, 24-29). Sentivo anche che non mi importava più dove mi avrebbe condotto la santa Volontà di Dio, se su di un isola polare dell'Oceano Glaciale Artico o sulle sabbie brucianti del Sahara. Sì, tutto era uguale per me, perché Dio era ormai mio, io L'avevo trovato, Lui era in me! La celeste sapienza della povertà di spirito era divenuta vita in me: Dio solo basta davvero!

Mi aveva condotto nel deserto e aveva parlato al mio cuore.[191] Lo avevo capito, anzi Lo avevo trovato definitivamente. Lasciai il deserto e tornai al mio paese. Il treno correva verso la Vita Nuova, verso l'Eternità. Non avevo paura. Nella mia anima portavo Dio con me. Il suo regno era dentro di me. La Vergine del Carmelo mi stringeva al suo Cuore, e mi ha tenuto stretto là fino ad oggi. Che Ella ne sia mille e centomila volte benedetta!

2.2. *A casa*

Seguirono sei mesi completi di tempo di prova o, più precisamente, sei mesi di esperimento. Vediamo dunque veramente, questa è la volontà di Dio?!

Vi furono bei momenti. Le mie letture erano la Sacra Scrittura, Kempis e le opere di santa Teresa. La mia "preoccupazione" maggiore era di tenere pulita la mia coscienza. Non volevo in essa il minimo disordine, neanche un granellino di polvere. Per controllare la mia coscienza, ogni settimana scrivevo delle righe sul mio taccuino: i giorni della settimana, uno sopra l'altro in senso verticale; sopra in piccole caselle, uno a fianco dall'altro **[109]** i nomi dei miei vari difetti, mancanze, imperfezioni – circa dodici, o forse quindici. Nei quadretti creati dal tratteggiamento annotai i punteggi. Bastava una piccola tentazione o una imperfezione derivata dall'abitudine che subito, ma proprio subito, il taccuino veniva tirato della tasca e la piccola matita segnava già un punto. Poi facevo sparire di nuovo in tasca il taccuino. Alla scuola, durante le lezioni

---

[191] Cfr. Os 2,16. Nel *Cantico spirituale* San Giovanni della Croce commenta in questo modo il versetto citato che corrisponde perfettamente all'esperienza avuta di padre Marcello durante la sua permanenza a Mödling: «Con questo [lo Sposo] lascia intendere che nella solitudine Egli si comunica e si unisce all'anima. Parlare al suo cuore significa soddisfare il suo cuore, che trova appagamento solo in Dio» (35, 1).

bastava un piccolo gesto impaziente, intenzionale, che subito veniva tirato fuori, inavvertitamente, il taccuino e il punto neggiava subito nel quadretto corrispondente. Alla sera facevo il conto, piuttosto a occhio. Alla fine della settimana, invece, tratteggiavo il quadretto che serviva per tirare le some. Annerivo a matita il quadretto in proporzione del numero dei difetti, dei punti segnati. Così, in ogni fine della settimana, si delineava un quadro molto interessante giù, in calce al foglio. Potevo fare dunque i confronti in ogni settimana.

Grazie alla Vergine Madre, il risultato fu ottimo. Anche l'insegnamento andava bene. Tenere la disciplina? Non ne avevo bisogno perché io stesso ero disciplinato. Darei questo consiglio a tutti i pedagoghi: ciò che occorre alla disciplina perfetta – ma questo in modo assolutamente necessario – è che l'educatore disciplini se stesso. Il resto è necessario solo secondariamente. Perché? – Perché un educatore veramente disciplinato e di conseguenza "equilibrato" è un esempio vivente. E tale esempio è efficace, parla da sé, insegna ed educa senza bisogno di parola. «Verba volant, exempla trahunt.» Le parole volano, ma l'esempio rimane, trascina e, come una calamita, attira. Non è possibile resistervi. Mi giunse all'orecchio che i miei studenti del corso supplementare dell'ottava classe, quando era l'ora della mia lezione, dicevano tra di loro: «Andiamo agli esercizi spirituali!». Forse avevano ragione. Ma ciò non era a mia gloria o per merito mio, era *la vittoria* dell'insegnamento della Vergine Madre!

Posso dire con coraggio ed **[110]** umile semplicità che mi sentivo liberato del tutto dal mio amor proprio di insegnante e dalla ricerca dell'apprezzamento altrui. Non era per il direttore, né per il successo e ancor meno *per la competizione* che lavoravo, cosa che potrebbe essere un grande errore della vera pedagogia "cristiana". La mia pedagogia aveva un triplice fondamento con i motti seguenti: Tutto per Gesù! Tutto con la Vergine Madre! Tutto per amore!

Erano questi tre principi ad aiutarmi a mantenere pura la mia coscienza. Avevo il mio fine che era l'unico *Fine* di tutto il mio lavoro, ossia del mio insegnamento: Gesù! *Il mezzo* più perfetto per raggiungere tale Fine in tutto – a casa, a scuola e nella società, in ogni ambito della vita umana – era la Vergine Madre! Non guardavo che a Lei; non erano gli sguardi umani che mi importavano, ma piuttosto che cosa ne dicesse Lei. – E l'Amore e cioè il Bell'Amore era il *motore* di tutto, quel *modo* benedetto ed unico con il quale l'individuo si assicura la fondatezza della propria vita in seno alla vita della comunità. – Mi sono espresso in modo troppo "tecnico", con un linguaggio moderno e pesante. La verità era che *amavo tutti*.

E che tale amore fosse il Bell'Amore me lo assicurava l'esame scrupoloso della mia coscienza, ma questo lo facevo non per «l'art pour l'art», quindi non per la cosa in sé, né per presunzione o vanità, in nessun modo per scrupolo, ma esclusivamente... *per il Bell'Amore*!

Con tali "principi", con questo metodo di verifica, imparai l'ascesi e presi ad amarla, tanto che poi divenne una mia abitudine e mi entrò per così dire nel sangue. In tal modo tutto l'anno scolastico fu un'ottima preparazione per il Carmelo. Sì! Basta *soltanto amare* e la vittoria è totale! Perché? Perché l'amore vince anzitutto colui *che ama*, poi *chi è amato*: cioè l'uomo e Dio. L'Amore, il Bell'Amore (poiché qui si tratta sempre di esso) è un conquistatore: conquista il prossimo e conquista il Cielo.

[111] È stata la mia Madre, la Vergine Madre ad insegnarmi tutto questo! Anche nelle relazioni terrene, naturali sono soltanto le madri ad essere capaci di insegnare e di educare in modo giusto, veramente efficace, con buoni risultati. Nessuna pedagogia può fare a meno del cuore di una madre.

Fin dalla mia conversione la mia educatrice è stata esclusivamente Maria, perciò nella mia vita spirituale, fin dalla mia conversione, non era e neppure poteva esserci alcun posto per l'«io». Il ruolo del mio "io" non poteva essere altro che quello di dover scomparire, di dover perdere forza e, finalmente, Dio lo voglia, di essere annientato definitivamente. L'essenza, la verità di questa pedagogia benedetta o per meglio dire, di questa ascesi santa è non «io», ma Lui!... Dio in tutto! Perché "senza di me non potete far nulla" (Gv 15,5). Così pure la

Madre![192] È per questo che l'Uomo-Dio sulla croce ha donato la sua Madre come suo testamento: «Ecco tua Madre!».[193] Dunque non io, ma la Vergine Madre![194]

La vita mariana è una cosa umilissima: in un solo colpo pone un solido *fondamento* alla vita spirituale; tale fondamento è l'umiltà, non «io», ma la Vergine Madre! È dunque possibile l'educazione in modo autodidatta? L'ideale dell'uomo cristiano – «christianus» – può essere soltanto questo: è la Vergine Madre ad educarmi! Se non fosse Lei, allora chi altro potrebbe farlo? – I libri, le persone, le idee, me stesso?!... Quale sarebbe poi il risultato?

Il Bambino Gesù si era abbandonato a sua Madre. Io divenni suo discepolo, sinceramente e semplicemente. Vivevo con mia Madre!

2.3. *Lourdes*

Alla fine di ottobre del 1924 partii insieme al parroco[195] della nostra città per Nagykanizsa per unirci al pellegrinaggio diretto a Lourdes, organizzato dalla congregazione maschile dei Padri Gesuiti di Budapest. **[112]** Dovevo andarci perché volevo ri-

---

[192] Allusione alla frase precedente. Cioè: "Non «io», ma la Madre!".

[193] Cfr. Gv 19,27.

[194] Padre Marcello è profondamente cosciente della malattia del cuore dell'uomo che è il suo terribile egoismo che gli impedisce di aprirsi e di darsi e produce in lui una tendenza di chiudersi in se stesso, costituendo il centro e il fine di tutto. Dato che padre Marcello desidera rimanere costantemente nel «Bell'Amore», la sua ascesi mira ad abbandonare la propria posizione di autosufficienza e a porre tutta la sua fiducia in Maria per vivere nell'abbandono totale proprio del bambino «come bimbo svezzato in braccio a sua madre» (*Sal* 131, 2b), con lo spirito dell'infanzia spirituale.

[195] Questo parroco fu il futuro cardinale József Mindszenty (1892-1975). Fu parroco per 25 anni a Zalaegerszeg, cittá dove insegnava al liceo anche Marton Boldizsár. Nel 1944 fu nominato vescovo di Veszprém, poi nel 1945 primate d'Ungheria. Il governo comunista l'arrestò e lo imprigionò nel 1948. Fu sottoposto a torture atroci. Venne liberato durante la rivoluzione del 1956. Dopo la sconfitta della rivoluzione, si rifugiò all'ambasciata americana di Budapest dove visse prigioniero per 15 anni. Poté lasciare l'edificio dell'ambasciata americana solo nel 1971. Visse in esilio fino alla sua morte, avvenuta il 1975 in Austria.

cevere una risposta sicura dalla Madonna di Lourdes alla domanda se avevo davvero la vocazione, se non mi stavo illudendo. Avendo compiuto trentotto anni, ero ormai giunto a metà dell'età adulta e avrei dovuto abbandonare una carriera sicura, che mi garantiva non soltanto una posizione economica, sociale ed intellettuale per l'esistenza, ma mi dava anche una gioia enorme. Ero diventato insegnante per pura vocazione, fatto che non potevo negare; ero nato per questa professione e avevo ricevuto proprio questa vocazione da Dio!... E ora avrei dovuto buttare via tutto e avrei dovuto rinunciare *a tutto*, nel senso più stretto del termine, sì a tutto, solo perché pensavo che fosse rivolto a me l'invito del Maestro: "Chiunque di voi non rinunzia a tutti i suoi averi, non può essere mio discepolo" (Lc 14,33).

Però, chi poteva assicurarmi che ciò fosse rivolto a me?! Vi risposi subito, ma quante volte lo ripetevo, quando questa domanda si presentava davanti a me: «La mia coscienza! La mia migliore coscienza! Ma chi mi assicura di ciò, se agivo cioè secondo la mia migliore coscienza?!» – Lo Spirito Santo, l'anima dell'Amore e della Verità, i cui impulsi soavissimi ed infinitamente delicati veramente divini, con l'incoraggiamento dolce e i cui richiami fermi e pieni di forza che non s'indebolivano, sentivo quasi costantemente.

A quel tempo non conoscevo ancora questa frase grandiosamente bella e incoraggiante di san Paolo: «Quicumque enim Spiritu Dei aguntur, ii sunt filii Dei» (Rm 8,14) – Tutti quelli infatti che sono guidati, mossi, spinti, inseguiti, condotti dallo Spirito di Dio, costoro sono figli di Dio. Dico che non conoscevo questa frase, ma facevo parte – mi si scusi l'espressione – di questa "azienda divina". «Aguntur a Spiritu» – appartenevo al numero di queste persone fortunate e felici.[196] Questo, allora lo sapevo, lo vivevo e diveniva mia profonda certezza che avevo la vocazione perché lo Spirito Santo stesso m'incoraggiava e mi sollecitava continuamente. **[113]** Tale soave, imperturbato e costante incoraggiamento era il segno più sicuro della mia vo-

[196] Cioè di coloro che si lasciano condurre dallo Spirito Santo.

cazione; ma era sicuro che ciò venisse dallo Spirito Santo? Non era solo una autosuggestione, un semplice, costante e ostinato mettersi in testa questo pensiero fisso? Dato che finora non avevo ancora consultato nessuno, neanche un sacerdote! – Lo avrei fatto presto, ma per il momento non l'avevo ancora fatto.

Per questo interrogavo ripetutamente la Madre del Buon Consiglio. Avrebbe forse potuto Lei darmi un cattivo consiglio? Avrebbe potuto tollerare che io prendessi una strada sbagliata?! – Assolutamente no! – Perché? – Semplicemente e definitivamente perché avevo riposto in Lei una fiducia illimitata e senza riserve. Da lei non ero mai stato deluso e non lo sarei mai stato finché tale *fiducia* fosse stata *totale ed assoluta*.

"Uomo di poca fede, perché hai dubitato?!"[197] – questa frase non si riferiva soltanto a Pietro, ma anche a me, una volta per tutte. E riposi tutta la mia fiducia nella Vergine Madre, in Gesù, in Dio. A casa e anche a Mödling mi aveva detto sempre di sì, ebbene ora doveva dirlo anche a Lourdes!... Sapevo, cioè lo tenevo per sicuro, essendo la mia fede tanto forte e la mia fiducia così illimitata che anche lì Ella non avrebbe potuto dire altro che di «Sì»!

Ci potemmo confessare in uno scompartimento riservato del rapido. Raccontai dettagliatamente la storia della mia vocazione al direttore del pellegrinaggio, un ottimo padre gesuita di grande esperienza. Non disse nulla contro la mia vocazione. Al contrario! Però, essendo io stato professore per quindici anni, mi consigliò di scegliere un ordine insegnante. Lo ringraziai umilmente del consiglio, ma non risposi nulla a voce alla sua proposta. Il suo consiglio non mi rese vacillante neanche per un momento e non mi mise neppure in uno stato di confusione. Quello che lo Spirito Santo non cessava di suggerirmi era il Carmelo. Era per questo che andavo a Lourdes, dalla Vergine Madre. Anche *lì*, Lei me l'avrebbe detto?!...

[114] Il mio corpo era sul treno, la mia anima invece era immersa in Dio. Il luogo del pellegrinaggio della mia anima non era né la terra né questa valle di lacrime. Quasi non vedevo

[197] Cfr. Mt 14,31.

neanche i miei compagni di pellegrinaggio. Sedevo accanto a loro, ma ciò nonostante non ero fra loro. Non mi interessavano né il mare né la riviera; la bellezza meravigliosa della natura *ora* non mi affascinava più. Mi si chiudevano gli occhi, guardavano costantemente verso l'interno e vedevano…

Rimasero dentro di me di quel lungo viaggio, interrotto più volte, solamente alcuni ricordi. Ricordo però bene che a Venezia, di buon mattino, con il parroco attraversammo in fretta il Canal Grande per andare alla vicina chiesa *dei Carmelitani* per celebrare la Messa. Erano le cinque quando uscimmo dalla sagrestia e il sagrestano ci condusse all'altare. Era l'altare di santa Teresa la grande. Ciò poteva essere una mera casualità?!… Ero io a servire la Messa, forse per la prima volta dopo vent'anni. Avevo dimenticato molte cose, ma seguendo il libro di preghiere riuscii.

Il parroco non sapeva ancora perché la chiesa carmelitana, l'altare di santa Teresa e la Santa Messa proprio in quel luogo e proprio allora, all'inizio del nostro viaggio fossero per me così care. Oh, il Buon Dio ci dà sempre la risposta sicura; ci si deve solo *completamente* abbandonare a Lui. Una fiducia senza condizioni! Che non ci sia posto per la pusillanimità!…

Quando il nostro treno correva ormai lungo la riviera francese, presi un forte raffreddore. Arrivai a Lourdes con un forte catarro e con la febbre. Non badai molto tuttavia al mio stato di salute. La mia anima era inondata di una soave e dolce felicità: «Sono a casa! Da mia Madre…. Sono venuto a casa, anche qua. Presso di Lei, ovunque Ella sia o ovunque sia io, mi sento sempre a casa!… Oh, come ci intendiamo bene!… Non occorrono spiegazioni, non occorrono preparativi; non ci vogliono affatto convenevoli!…Semplicemente: sono suo figlio, il suo caro figlio... Lei è mia ed io sono suo!»…

[115] Andammo in un albergo. Mi piaceva tutto; poi andammo alla Grotta, con una gioia "naturale". Finalmente eravamo già davanti alla Grotta e Maria era lì, sopra di noi, candida come neve. Non c'era in me alcun sentimento di esaltazione, nessuna esplosione di sentimenti, ancor meno una qualche fantasticheria esteriore, e neppure interiore! Ero però molto felice. Ero pieno di una dolce felicità, dato che ero da mia Madre, a casa…

Poi ci condussero alle piscine. C'erano degli spogliatoi separati. Era qui che si bagnavano gli ammalati, vi avvenivano anche dei miracoli!... I miei compagni di pellegrinaggio pensavano che fosse un peccato perdere l'occasione. Andiamoci! Visto che essi lo avevano proposto, andai anch'io; ma ecco che, uno dopo l'altro tornarono indietro dicendo: «Ma l'acqua è gelida! Mica farò il bagno!». Nessuno osava immergersi. Chiesi gentilmente al parroco di potermi immergere un momento nell'acqua e lo pregai di recitare la preghiera di rito sopra di me. Mi spogliai ed entrai nell'acqua fredda, malgrado fossi abbastanza malato. Avevo quel sentimento preciso che fosse la Vergine Madre a volerlo...

Quando uscii dall'acqua, la febbre, il raffreddore e ogni traccia di malattia erano completamente scomparsi. Ciò mi sembrava del tutto ovvio per me, poiché era stata la Vergine Santa a volerlo. Non ricordo di aver parlato apertamente agli altri del "miracolo". Non mi interessava niente e nessuno, soltanto la Vergine Madre e durante la fiaccolata la triplice Ave Maria («Ave, ave, ave Maria!») colmò pienamente la mia anima...

Il giorno seguente, durante la processione eucaristica, ero io a portare l'asta destra del baldacchino. Non so come mai toccò a me. In generale durante il pellegrinaggio era come se io non avessi dovuto fare niente: "Qualcuno" mi guidava, mi portava continuamente. Era uno stato divino: lo Spirito Santo si riversava in me, il Bell'Amore si diffondeva sulla mia anima. «Caritas Dei diffusa est... per Spiritum Sanctum, qui datus est nobis».[198] – Sì, in quei momenti veniva dato proprio a me, al figlio della Vergine Madre.

[116] Immediatamente al mio fianco era Gesù Sacramentato. Io stavo alla sua destra! Ero forse il buon ladrone? Non credo, non ero crocifisso e neppure Gesù, ero nel paradiso. Compì la sua promessa nel presente quando io ero ladrone: già *oggi* sei con me in paradiso![199] E vi ero davvero.

---

[198] Allusione a Rm 5,5: «L'amore di Dio è stato riversato nei nostri cuori per mezzo dello Spirito Santo che ci è stato dato».

[199] Cfr. Lc 23,43.

Dopo aver fatto alcuni metri, fummo testimoni di una scena commovente. Una giovane signora graziosa ed elegante si staccò dalla folla, corse davanti a Gesù Sacramentato, cadde in ginocchio e, dal profondo della sua anima, disse queste parole colme di fiducia: «Ah Seigneur!» – Oh Signore! E piangeva, singhiozzava lì, ai piedi del Signore. Forse era una Maddalena che aspettava solo quel momento. Forse non aveva bisogno che di quell'unico incontro. – Nella casa di Simone il fariseo?[200] – Ma no! Non vi era forse nessun fariseo tra di noi. Posso affermarlo con certezza, non vi era nessuno!

La processione si arrestò, le lacrime scorrevano dagli occhi. Nessuno disse una parola. Nessuno prendeva iniziative, dicendo: «Via di là! Che non disturbi la processione!». – No! No! Eravamo tutti fratelli di sangue di quella persona straziata che, caduta a terra, aveva presentato il suo cuore a Gesù davanti ad un pubblico grande e solenne. E Gesù? – Questo rimarrà un sacrosanto segreto fra loro due.

Erano già passati duemila anni da quando risuonarono dalle sue labbra: «Venite a me, ... e io vi ristorerò» (Mt 11,28). Anche noi eravamo andati da Lui ed Egli ci ristorò. Fratelli, apparteniamo a Gesù, una cosa sola, perfettamente uniti in Lui!...

***

Intanto continuavo a chiedermi il perché di queste grandissime grazie, della vocazione e dell'ineffabilmente grande, dolce e costante delicatezza della Vergine Madre *nonostante*... (è una brutta parola, perché continuare?!). Eppure, eppure già da ben lungo tempo, il mio posto sarebbe dovuto essere nel più profondo fondo di quel certo luogo di tenebre eterne!... Poi scoprii il segreto!

[117] Prima ancora del nostro viaggio, "qualcosa" mi aveva molto spinto ad andare a casa, alla mia casa paterna, per indagare in tutte le parti, per fare una investigazione in tutto e

[200] Cfr. Lc 7,36-50.

per cercare il libro di preghiere che avevo da scolaro a Nagyszombat. Me lo aveva donato il mio maestro di canto al tempo in cui frequentavo la settima classe del ginnasio. La spinta interiore era stata così forte che ero tornato a casa e lo avevo trovato in una cassa in soffitta. Ora lo avevo con me e lo sfogliavo pensieroso quando, su di una pagina, scoprii questa frase scritta in latino (con i miei caratteri rotondi del tempo dei miei studi): *«Filius Mariæ non peribit!»*, il figlio di Maria non si perderà.

Come una sorta di Luce intensa e improvvisa dal Cielo, così cadde nella mia anima quella meravigliosa Verità. Era quella dunque la causa di questa felice storia della mia vita! Ecco, era quella la chiave di tutto ciò che mi stava accadendo già da parecchio tempo!...

La cosa più interessante fu che trovai la medesima frase non soltanto su un solo foglio, ma su un gran numero di pagine sopra in una posizione ben visibile, scritta con una grande cura, in una bella scrittura. Sfogliando il libro, mentre sfogliavo una pagina dopo l'altra, potevo leggere di nuovo: «Filius Mariæ non peribit!» Dunque era per questo che ero dovuto tornare a casa, affinché quelle parole, scritte vent'anni prima, potessero giustificare e sigillare l'esperienza, la verità mariana: «Filius Mariæ non peribit!».

Ne fui persuaso; stava davanti a me su numerose pagine la prova documentaria della grande misericordia della Madre Celeste, di Maria come una dolce realtà, come una consolante verità: Chi è il suo figlio, chi è figlio di Maria non può perire! Ma il vero sigillo posto a tale verità sono i 25 anni che compirò nel prossimo mese di luglio, trascorsi sulla sacra e veneranda Montagna del Carmelo.[201]

[118] È certo che questo né è un dogma né un articolo di fede. Inoltre, la parola della Scrittura nereggia seriamente davanti a noi in questa valle di lacrime: "Chi crede di stare in piedi, guardi di non cadere" (1Cor 10,12). Anche l'affermazione di

[201] Fu nel luglio 1925 che padre Marcello entrò al Carmelo. L'autobiografia viene scritta nel maggio 1950.

san Pietro ci scuote: "Anche il giusto a stento si salverà" (1Pt 4,18). Ma benché non sia scritto nei libri della Sacra Scrittura, tuttavia è profondamente inciso nel profondo dell'anima: «Filius Mariae non peribit!».

Sono la fiducia e la fede viva ad essere lo scalpello che rende eterna questa massima, incidendola profondamente come verità esperienziale nell'anima infantile di coloro che amano la Vergine Madre. Non me ne meraviglio affatto; è dalla Croce che abbiamo udito questa parola: "Ecco tua Madre! Ecco tuo figlio!". E subito dopo, nello stesso passo del Vangelo leggiamo ancora: "E da quel momento il discepolo la prese nella sua casa" (Gv 19,27). In casa sua! Essere a casa, presso la Vergine Madre! Io sono sempre *a casa* presso di Lei!...

***

Ci fu poi un fatto che coronò il mio pellegrinaggio a Lourdes e che mi diede la risposta immediata e diretta della Vergine Madre alla mia franca domanda se fossi adatto per essere religioso.

Un giorno il nostro parroco fu incaricato di celebrare la Messa solenne alla Grotta, ai piedi della Madonna. Mi comunicò la notizia con grande gioia e convenimmo subito che sarei stato io a servirgli nuovamente la Messa. Quale onore era per lui! *Avrebbe potuto* dire la Santa Messa e dopo il Vangelo avrebbe potuto fare l'omelia ai pellegrini alla "presenza" della Vergine Madre. Sì, giusto davanti a Lei! Ma quale onore sarebbe stato anche per me che io *avrei potuto* servire durante questa Santa Messa davanti agli occhi di mia Madre!

Colui che ne è capace può immaginare questa mia grande gioia!... Il parroco già vestito ed io con il libro in mano eravamo pronti **[119]** per partire quando all'improvviso un giovane cappellano appartenente al pellegrinaggio arrivò e dichiarò risolutamente, con un grande e santo entusiasmo che sarebbe stato lui a servire la messa. Il buon parroco, cui dispiaceva visibilmente questa santa ed entusiasta prepotenza, cercò invano di argomentare, il giovane sacerdote non cedette.

E io? – In un primo momento mi sentii invaso da una vampata che non saprei precisare. Tuttavia, il fatto è che *vinsi!* Col volto raggiante, gli occhi risplendenti di amore e con un gesto che rivelava una piena e intera disponibilità gli consegnai il libro: «Favorisca!». Ricordo che fui ancora io ad implorare il parroco di lasciarlo fare: che questi avesse una gioia piena! Si vedeva infatti che era l'occasione indimenticabile e magnifica a spingerlo ed a entusiasmarlo. Questi era una giovane anima sacerdotale ardente e focosa! In fin dei conti, in ogni caso era lui ad avere la precedenza. La vittoria fu completa. La sensibilità umana o l'amarezza non fecero neanche dei tentativi per tentarmi. La mia anima fu inondata da una gioiosa gratitudine.

Compresi perfettamente il ruolo *decisivo* della rinuncia, del sacrificio e soprattutto della magnanimità: «Prendi la croce! Sulle spalle! Anzi, sali su di essa! Sul Calvario!». "Se qualcuno vuol venire dietro a me..." (Mt 16,24).

Durante la Santa Messa stavo non sui gradini dell'altare, ma in mezzo ai fedeli ed era lì che mi inginocchiai al momento dell'offertorio e durante l'elevazione. Ero al Golgota e alla Sacra Mensa dove Gesù entrò dentro di me. La mia Madre, la mia cara Madre, la Nostra Signora di Lourdes mi sussurrò: «Tu hai la vocazione!»... Poiché avevo rinnegato me stesso, avevo preso la croce e... seguito il Maestro...

***

[120] Il mio congedo da Lourdes rimane indimenticabile.[202] Sentivo che il mio stato d'animo di allora si consolidava per tutta

[202] Nel manoscritto appare che, cominciando da questa frase fino all'inizio del racconto dell'«Ultima prova», queste quattro pagine vennero inserite ulteriormente, ancora durante la stesura de *Il Bell'Amore,* forse quando stava scrivendo l'epilogo (al quale per il loro stile esse somigliano molto) o quando, una volta terminato il lavoro, rilesse di nuovo tutto lo scritto. Come Maria, il cui Magnificat viene tessuto dalle diverse citazioni tratte dalle Scritture, anche padre Marcello – per trovare delle parole adeguate per proclamare la sua grande scoperta circa il segreto della propria vita – si rivolge alle parole delle Scritture, particolarmente a quelle del libro della *Sapienza* e del *Cantico dei cantici.* Esprime la sua gioia immensa per aver trovato Maria in cui il «Bell'Amore»

la vita. Era come se fossi giunto già alla meta!... «Optavi»... Ero giunto al culmine dei miei desideri: «Inveni quem diligit anima mea, tenui eum nec dimittam»... Trovai l'amato del mio cuore. Lo strinsi fortemente e non lo lascerò... (Ct 3,4).

L'Immacolata! La Vergine Madre! La «Virgo Carmeli»! Madre! Sorella! Stella! «Stella maris»! L'Unica Ideale! La Sposa, la Fidanzata! Vaso insigne di devozione! Ella contiene tutto. In Lei io ricevo e diviene mio Colui che è Tutto: Gesù! Con Lei vengono in me le Tre Persone della Trinità: il Padre Creatore, la Sapienza in persona: il Figlio, l'Amore personale: lo Spirito Santo.

Il Bell'Amore è mio, perché sua Madre è mia! La mia anima traboccava. Ella era completamente in me – con il suo Tutto. L'acqua era nella spugna e la spugna – io – era nell'acqua. La goccia nell'Oceano, nell'Acqua infinita del Bell'Amore. Eravamo l'uno per l'altro. Davvero: "L'ho amata e ricercata fin dalla mia giovinezza"[203] – anche nel miserevole stato di peccato, nella mia sconfitta, fra le rovine della mia anima, non desideravo che Lei; nell'impura oscurità del mio cuore non facevo che sospirare la sua Purezza; ciò che mi faceva star male, ciò per cui gemevo, soffrivo e mi lamentavo era il sentirmi privo di Lei: la Madre, il Bell'Amore, l'Ideale, l'Integrità Verginale, la Sposa Purissima...

Era proprio così, sin dalla mia giovinezza era Lei che cercavo, era solo Lei che amavo, non il peccato, né la sporcizia, era Lei, Lei, sin dalla mia giovinezza.

[121] "Questa ho amato e ricercato fin dalla mia giovinezza, ho cercato di prendermela come sposa, mi sono innamorato

---

divenne suo e per la convinzione ferma che ormai niente potrà separarlo dall'amore trovato e accolto attraverso Maria in Gesù (Cfr. Rm 8,35). Queste parole scritte alla fine di maggio 1950 – alcuni giorni prima dell'inizio della dispersione dei religiosi da parte del regime comunista incominciata nello giugno dello stesso anno – rispecchiano fedelmente non soltanto quello stato d'animo che Boldizsár Marton provò quando lasciò Lourdes nel 1924, ma anche quei sentimenti e quella convinzione che riempiono il suo cuore immediatamente prima della soppressione degli Ordini religiosi e che lo rendono capace di far fronte in completo abbandono e con una speranza forte anche durante la soppressione degli Ordini religiosi.

[203] Cfr. Sap 8,2.

della sua bellezza" (Sap 8,2). – Precisamente, questa è la vera storia della mia vita. Ed ora la ritrovavo di nuovo, nella sua integrità, nel santo vigore della vocazione religiosa e carmelitana.

«Tenui»... la tenevo stretta; «nec dimittam», e non me la lascerò sfuggire.[204] La tenevo, mi tenevo stretto a Lei… per sempre!

All'alba del giorno del congedo stavo là, sui gradini più alti della scalinata d'accesso alla Basilica di Lourdes. I miei piedi erano come incollati alla pietra. Non riuscivo ad andarmene. Non era la pietra, la scalinata, il luogo o la città che non riuscivo a lasciare. No! Ma era l'Immacolata… Nulla avrebbe potuto separarmi da Lei![205] Ella si era radicata in me. Ha messo radici dentro di me. ("Mitte radices in electis meis."[206]) Stava nascendo proprio l'aurora. Stavo lì, in questa Aurora nascente. Ero in unione fisica e spirituale. Ero tutt'uno con Lei: con l'Aurora.

L'immagine ridiveniva viva in me e tutto riviveva con essa in me. «Quæ est ista quæ progreditur quasi aurora consurgens?» (Ct 6,10) Chi è costei che sorge come l'aurora? – Era allora proprio questo per me l'Immacolata, la Vergine Madre e lo sarebbe stata sempre e per l'eternità: l'Aurora sempre nascente della mia anima…

«Pulchra ut luna, electa ut sol, terribilis ut castrorum acies ordinata» – Bella come la luna, ella è l'eletta, l'unica come il sole e avanza terribile come schiere a vessilli spiegati...[207] **[122]** Sì, allora si presentò così Colei che era per me la Luna nell'Oceano di tutte le grazie, il mio Sole nella sua elezione senza pari, il mio Tabor, il mio esercito schierato a battaglia, che è terribile e temuto da Satana e da tutti i miei nemici!

---

204 Cfr. Ct 3,4c.

205 Cfr. Rm 8,35.

206 Cfr. Sir 24,13 (secondo la *Vulgata*).

207 Cfr. Ct 6,10cd.

«Amator factus sum»... mi sono innamorato della sua bellezza[208] e unicamente della sua bellezza perché so che nulla le manca, cioè che riflette, dona ed offre la bellezza di Dio, di Gesù, della Santissima Trinità e immerge in essa. La bellezza, nei suoi dettagli ormai non mi appagava più; non mi avrebbe reso più schiavo la bellezza delle arti più prestigiose, perché anch'essa come me, doveva onorare Lei: la tutta Integra, la Bellezza assoluta e perfetta. «Tota pulchra es, Maria!» – Tu sei tutta bella[209], o Maria! Comprendevo il Cantico dei Cantici e il Libro della Sapienza, tanto da viverne ancora di più. Capisco perché la Santa Chiesa adatta alla Vergine Madre la poesia celeste dello Spirito Santo. Io so chi è Lei, perché è per me che viene, che sorge («progreditur»!) «l'Aurora consurgens», l'Aurora nascente che sarà per me la Luna, il Sole e il Tabor!...

E ora io finalmente l'avevo trovata per sempre! «Inveni...»[210] gridai senza voce all'Aurora, alle strade della città, alle piazze[211], ai prati, ai sentieri, alle vie, alla vita che stava venendo davanti a me, al Presente, al Futuro... Lo gridai ai Cieli. E l'intero orizzonte si colorava, prendeva il rosa dell'alba e divenne sorridente.

[123] «Tenui...».[212] La tengo, La prendo, non La lascio. Deliberatamente, risolutamente e trionfalmente, come un soldato vittorioso s'impadronisce della preda. Oh, quanto avevo combattuto per Lei! Oh, quanto avevo sofferto per Lei!... Ma adesso Ella è mia, ed io La tengo, «tenui»... Ciò è facile, poiché è Lei stessa a tenermi.[213] Sono diventato io il suo prigioniero, il suo schiavo. Il suo giogo è dolce, oh, tanto dolce e il suo carico è leggero, tanto leggero![214] Io La tengo per sempre. «Nec dimittam». Non lascerò che se vada! Mica La lascerò andare![215]

---

[208] Cfr. Sap 8,2.
[209] Cfr. Ct 4,7.
[210] «Ho trovato» - cfr. Ct 3,4b.
[211] Cfr. Ct 3,2.
[212] Cfr. Ct 3,4c.
[213] Cfr. Is 46,3-4.
[214] Cfr. Mt 11,30.
[215] Cfr. Ct 3,4c.

E lo Spirito di Fortezza e di Coraggio scese su di me, entrò in me e riposava su di me. Ne avevo bisogno. La porta del Carmelo non era ancora aperta davanti a me. Dovevo ancora andare sino alla cittadella e bussare al portone di bronzo... Ma non avevo più né timore né angoscia: la «Mulier Fortis» – la Donna Forte – era mia.

«Omnia possum in Ea» – tutto posso in Lei, con Lei, per mezzo di Lei, poiché Colui – «qui me confortat» – che mi dà forza[216]: Gesù è suo!

«Proposui ergo hanc adducere mihi ad convivendum» – decisi dunque di *prenderla a compagna della mia vita* (Sap 8,9), di prenderla "nella mia casa"[217] per vivere insieme a Lei (mi ricordai di Giovanni, il discepolo amato, che La prese nella sua casa). Sì, poiché "sapevo che Ella mi sarebbe stata consigliera di bene e conforto nelle preoccupazioni e nel dolore. Per Lei avrò gloria fra le folle...[218] Inoltre per Lei otterrò l'immortalità (8,13)... Ritornato a casa riposerò vicino a lei, perché la sua compagnia non dà amarezza, né dolore la sua convivenza, ma *contentezza e gioia*" (Sap 8,16)...

Il mio treno correva veloce nell'oscurità della notte, ma io portavo con me la Regina della Vita, la Luce, lo Splendore, il Calore e il Bell'Amore stesso!

[124] 2.4. *L'ultima prova. L'ammissione*

Al termine delle vacanze di Natale andai a fare gli esercizi spirituali di carattere privato dai gesuiti di Budapest. Eravamo in nove professori. Fu per me la prima vera «manresa». Il corso era tenuto da un padre noto per la sua severità. Feci la mia confessione generale e gli rivelai la storia della mia vocazione chiedendo la sua opinione, anzi il suo giudizio. Durò a lungo per poter arrivare alla fine. Quando ebbi terminato, il padre si

---

216 Cfr. Fil 4,13.

217 Cfr. Gv 19,27.

218 Cfr. Sap 8,9-10.

alzò dalla sedia, si volse verso di me sorridente e disse con gioia: "Congratulazioni, signor professore!".

Eravamo nell'anno 1925. Era un anno santo come quest'anno.[219] Un'inondazione di grazie! La piccola Teresa sarebbe stata canonizzata nel maggio di quell'anno. Che ne sarà della santità nella mia vita? Guardavo al futuro con serenità e illimitata fiducia. E anche con determinazione!

Era il 4 gennaio. Gli esercizi spirituali terminarono nel tardo pomeriggio. Il padre, al quale avevo detto che sarei andato subito al Carmelo per presentarmi, mi consegnò una lettera da dare al p. Provinciale. La lettera conteneva la sua raccomandazione per la mia ammissione.

Presi il tram e mi recai in via Huba.[220] Era giusto il momento della chiusura della chiesa. Il bravo fra' Gyula buon'anima scuoteva le chiavi per incoraggiare i fedeli ad uscire. **[125]** Mi avvicinai a lui e, con fare modesto ma risoluto, gli dissi che *dovevo* parlare subito con il padre Provinciale di un affare molto importante e che avevo anche una lettera per lui. Il caro fratello mi dichiarò con altrettanta determinazione come gli avevo parlato io che la regola era severa: a quell'ora i padri stavano già facendo la loro preghiera personale, quindi non li si poteva disturbare. La risposta s'impose fortemente a me ma, essendo io un uomo determinato, non cedetti. Ciò lo disarmò e mi fece entrare nel parlatorio all'interno del convento, dicendomi di attendere pazientemente. Portò con sé la lettera. Pensai che non avrei avuto molte cose da spiegare al padre Provinciale, una volta giunto da me poiché dalla lettera avrebbe già saputo tutto.

Non dovetti attendere a lungo. Ad un tratto si aprì la porta ed entrò un carmelitano di alta statura e di bell'aspetto: «È Gesù Bambino che l'ha condotta qui, caro signor professore!». Mi incantò con i suoi modi: l'ammissione mi pareva senza ostacoli. Poiché era ormai tardi, convenimmo che sarei tornato l'indomani, il 5 gennaio mattina per raccontare tutto nei par-

---

[219] È nel 1950 quando sta scrivendo l'autobiografia.

[220] La via in cui si trova il convento dei Carmelitani Scalzi.

ticolari. Detto, fatto! Il giorno seguente ascoltò molto attentamente tutto il mio racconto. Mi incoraggiò e mi diede, anche lui una lettera: sarei dovuto andare a Győr e presentarmi al maestro dei novizi.

Partii senza perdere tempo. Correvo con un treno rapido non tanto con la speranza, ma piuttosto **[126]** con la certezza di un esito sicuro ed indubitabile. Un rifiuto mi sembrava impossibile. Arrivai all'imbrunire. Presi una stanza all'albergo «Nave Bianca» e poi andai al Carmelo. Suonai il campanello della sagrestia esterna. Mi aprì la porta un carmelitano dai modi molto semplici. Pensai che fosse un «fratello» e mi meravigliai del fatto che, quando gli avevo detto che volevo parlare con il maestro dei novizi e consegnargli una lettera, egli prese la lettera con un sorriso gentile senza dire nulla, limitandosi a dire che lo avrebbe avvertito e pregandomi di attendere nel parlatorio; e subito dopo mi vi condusse. Soltanto in seguito seppi che era il p. Priore. Mi piacquero questi modi semplici, il comportamento e l'abito. Cominciai ad abbassare il tono, ad abbandonare il mio stile professorale e la mia abituale disinvoltura mondana... Poco dopo arrivò il padre maestro dei novizi.

Era un uomo di una certa età, ne avevo già sentito parlare: era uno studioso famoso e aveva un grande prestigio dentro ed anche fuori dell'Ordine. Appena cominciai a parlare, ad un tratto mi interruppe domandandomi se potevo l'aspettare perché doveva recarsi da un moribondo, un suo penitente molto affezionato e che sarebbe tornato nel giro di una mezz'ora.

Nel frattempo ripensai a ciò che volevo dire e pregai la Vergine Madre. Ora la mia sorte sarebbe stata decisa! Sentivo che avrei ricevuto una severa critica. Era come se avessi intuito sul volto del padre delle nubi infauste. Non mi sentivo perciò a mio agio, ma la mia determinazione e la mia tenacia erano rimaste immutate, come pure la mia illimitata fiducia nella Vergine Madre!...

[127] La mezz'ora non era ancora passata che eravamo nuovamente insieme. Mi sentivo come davanti ad una commissione esaminatrice. Egli non mi chiese nulla, avevo tuttavia l'impressione durante tutto il mio discorso di dover non tanto raccontare, ma piuttosto perorare il mio caso. L'entusiasmo scomparve dalla mia esposizione. Il padre Maestro teneva gli occhi bassi ed il suo volto, fine e molto intelligente, mi lasciava intuire troppe cose. Qui non si trattava più di esercizi spirituali, ma dell'ultima prova. Il mio racconto volgeva al termine. E la mia fiducia? Non sapevo se me ne rimanesse ancora qualcosa. Mi bastava guardare l'uomo tutto cervello seduto davanti a me per sentirmi gelare il sangue nelle vene. Ebbene, dove erano andati a finire il coraggio, l'ardore, la splendida bellezza del mondo soprannaturale?! Ora tutto cominciava a coprirsi di brina. Non vi era la primavera, non l'estate che fa maturare i frutti, né alcun raggio di sole.

Durante l'intera mia esposizione il padre non disse nemmeno una parola. Quando però finii di parlare e misi il punto finale all'ultima frase, risuonò bruscamente la sentenza schiacciante: «Caro professore, torni pure nella sua città, nel mondo, lì potrà convertire qualcuno, ma Dio non la chiama qui. Lei non ha la vocazione!...».[221]

---

[221] Padre Rafael János Áder, O.C.D., ex-novizio di padre Marcello scrive nei suoi ricordi che padre Marcello abbellì certe cose nel racconto de *Il Bell'Amore* e fra queste anche il suo incontro con il padre Maestro: «Abbellì molte cose, cioè mostrò gli altri in una forma più graziosa. Per esempio, padre Ernő lo rimandò non una volta sola, ma più volte. Quando venne per essere accettato la prima volta, padre Ernő gli disse: "Signor professore, noi abbiamo bisogno adesso di un fornaio, e non di un professore perché non vale la pena di comprare il pane fuori quando i confratelli ci portano a casa il frumento". – Padre Marcello era disponibile anche a questo e fu allora che gli disse padre Ernő: "Torni pure per convertire alcuni suoi compagni professori". Quando padre Ernő lo rimandó per la seconda volta, allora padre Marcello disse (questo, ce lo raccontò così): "Me ne andai, ma con l'intenzione di ritornare e se questo piccolo zuccone vorrà rimandarmi ancora, veramente lo picchierò". Così mi ricordo che ce lo raccontò in questo modo, e potrei anche giurare su questo. E ritornò poi, e solo allora fu finalmente ammesso all'Ordine». Anche padre Marcello stesso allude a questo fatto in una nota del suo *Diario*. Le sue parole mettono in evidenza non soltanto la sua ferma risolutezza, ma anche il suo atteggiamento incondizionato di volersi donare nel momento in cui si presentava per chiedere l'ammissione all'Ordine: «Lasciai che potesse agire il mio Signore! Ma come osavo accettare ciò così semplicemente, senza preparativi, in modo di non volere esporre, di non volere delineare che avevo desiderato di diventare sacerdote? Tutto ciò non mi venne neanche in mente. E quando p. E. [pater Ernő] mi disse che l'Ordine aveva bisogno non tanto di un sacerdote, ma di un fornaio, io risposi con gioia, senza commozione: "Ben volentieri, nella speranza di essere capace di imparare questo mestiere». Ebbene, come osai «accettare" la volontà dell'Ordine? – Nella convinzione che essa fu voluta dall'Ordine, cioè da Dio stesso» (11 maggio 1965).

Mi alzai preso da vertigini. Il giudizio ufficiale e competente era stato pronunziato. **[128]** Cosa cercare ancora lì? Non so come mi sia congedato dal padre maestro dei novizi. Mi pare di non aver veduto più alcuna persona e di essermene andato con un unico pensiero, o piuttosto con un'unica domanda che lampeggiava, poi tuonava, più tardi fumava e gemeva, mi lacerava e mi tormentava continuamente: «Dio mi aveva forse ingannato?!... Tutto ciò che mi era accaduto era forse un inganno, una mistificazione?!...» (allora non pensavo ancora che questo sarebbe potuto essere anche un blasfemo!).

Brancolavo per la strada come un ubriaco che fosse stato atrocemente picchiato; come uno che per anni interi era stato sedotto, ingannato, a cui era stato promesso il bel Paradiso ed ora veniva fuori che era tutto una menzogna, una impostura, un fuoco fatuo. Ero andato dietro ad un miraggio. Da bambino volevo afferrare, toccare l'arcobaleno, poi scoprii che era impossibile. Pensavo: «È troppo in alto! Non vi sarei mai arrivato, mai!...». – Ora sarei dovuto ritornare *nel mondo*?! Proprio quando ne ero ormai uscito già da tanto tempo, quando l'avevo abbandonato – spiritualmente – già da lunghissimo tempo. In realtà non era più nel mondo che vivevo. Avevo trovato il regno di Dio nella mia anima e vivevo in quel regno meraviglioso, era lì che mi sentivo a casa, dove era il mio mondo!... E adesso sarei dovuto ritornare?! Avrei dovuto lasciare **[129]** il mio Paradiso?! Mi sembrava che il Carmelo fosse del tutto irraggiungibile per me, come se un dragone a sette teste ne custodisse la porta! Non potevo neanche avvicinarlo: mi avrebbero messo fuori della porta a colpi di bastone!...

Ero come un innamorato deluso! Il suo amore, il suo unico amore, colei che era tutto per lui, il sogno dei suoi sogni lo rifiutava, non voleva neanche rivolgergli più la parola. Chi era la sua Amata? – Non osava neppure aprire gli occhi per la paura che avrebbe potuto vederla. Non osava pronunciare il suo nome, né rivolgere il suo sguardo verso di Lei, né cercarla con i suoi occhi. La amava, la amava infinitamente. Ella era tutto per lui: la sua Madre, la sua Sposa, la sua Fidanzata, la sorella... Avrebbe potuto forse illudersi proprio di Lei?! No! No! Non osava neanche pensarlo. Per questo si domandava in questo modo: «Sarà stato forse Dio a ingannarmi?!».

Attribuiva la cosa a Dio, ma solo così, in forma interrogativa. Nel profondo dell'anima era ben convinto che non era vero. Sapeva bene dove era la verità che lo aveva fatto diventare un uomo di Dio, un innamorato di Maria! Egli non era più l'uomo di una volta, oh già da molto tempo o almeno da Mödling in poi non lo era! Era cambiato, trasformato, come l'Ostia che diventa il Corpo di Cristo. Egli solo era stato Saulo, ma ormai egli era Paolo! No! Non poteva capire: «Non ha la vocazione?! Non l'avrebbe?!» Da allora in poi sarebbe dovuto essere nuovamente un uomo comune, che vive in società? Avrebbe dovuto occuparsi di cose profane che assolutamente non lo interessavano più? Anzi **[130]** avrebbe dovuto insegnarle?!

Andavo errando per strade sconosciute. Cadevano pioggia e neve. Tutto era brutto, freddo e insopportabile. Capitai in viuzze strette, non volevo incontrare nessuno. Ma bisognava pur cenare. Nella sala lussuosa tutto mi era sgradevole, soprattutto la musica zingara. La mia anima era già abituata alla musica di quell'altro mondo, alla compagnia di Gesù e della Vergine Madre. Non potei sopportarlo più. Fuori! Nuovamente in strada!…. Girovagai nel freddo umido, sulle pietre fangose, sull'asfalto.

Dentro di me si faceva sempre più buio. Ricordo bene però che non mi sentivo amareggiato, né in preda alla disperazione; dentro di me c'era solo una enorme, insostenibile confusione: non comprendevo Dio! Come poteva essere che prima avevo potuto vivere in piena luce nella consapevolezza della mia vocazione; avevo fatto di tutto per provare che la mia vocazione proveniva da Dio; tutto e tutti, in cielo e sulla terra lo sostenevano e m'incoraggiavano dicendo che la mia era una vocazione al cento per cento e ora "il soggetto" competente diceva, anzi dichiarava definitivamente: «Non ha la vocazione!...». Non sapevo cosa fare! Da dove cominciare?! Non sapevo, non vedevo alcuna via d'uscita!

Allora, al colmo dello smarrimento, nel fondo di quella situazione senza sbocchi, nell'ora più oscura della notte più oscura arrivò *la Vergine Madre con la voce di Dio*. **[131]** All'improvviso, senza nessun preavviso, come un tempo l'apostolo Giovanni sull'isola di Patmos (Ap 1, 10), anch'io udii una voce potente, come di tromba: *«Non scoraggiarti!»*.

Con la differenza che egli, san Giovanni era colui che aveva riposato sul petto di Gesù, l'immortale modello dello spirito verginale, innocente e filiale, e inoltre l'ardente apostolo dell'Amore. Ma io chi ero?!... In quel momento questo era secondario, è tuttavia vero però che, come egli si voltò "per vedere chi fosse colui che gli parlava" (Ap 1,12), anch'io mi voltai per vedere chi o che cosa fosse quello?! San Giovanni vide, io invece non vedevo nulla, ma continuavo ad udire la voce: «Non scoraggiarti! Non scoraggiarti!».

La «magna vox» – la grande voce – era veramente simile alla voce di una tromba, «tanquam tuba». Ma potrei dire anche che era come un tuono. Non so se la voce, il suono, venisse dall'interno o dall'esterno; se era al di sopra o al di sotto di me che "l'Eternità" si era forse dischiusa? Il suo effetto era veramente come quello della parola di Dio: aveva una *forza creatrice*.

In quel momento svanì ogni dubbio, angoscia, scrupolo, ogni oscurità, il buio, ed entrò in me, nella mia anima e nel mio corpo una tale forza e un tale coraggio che ebbi la sensazione di avere in me la forza di Sansone. Se mi fossi trovato allora in un grande, enorme edificio che avesse due colonne,[222] le avrei afferrate e, se quel palazzo fosse stato costruito così solidamente, con una sola scossa lo avrei fatto crollare, sarebbe caduto e la sua rovina sarebbe stata grande (Mt 7,27).

[132] Quella voce tuonante produsse in me una totale trasformazione. Il mio entusiasmo e il mio coraggio ritornarono e la mia fiducia divenne illimitata. Se non fosse stato così tardi, sarei tornato subito al Carmelo. Dovetti aspettare l'indomani. Andai all'alloggio. La "voce" non tacque, divenne però sempre più fine, anzi completamente spirituale. Continuavo a sentire in rapida successione quelle parole: «Non scoraggiarti!». Non

[222] Cfr. Gdc 16,29.

sentii altre parole. Ne presi però atto per sempre: vietato scoraggiarsi!... Comprendo molto bene il rimprovero di Gesù: «Uomo di poca fede, perché hai dubitato?».[223] Oppure: «Perché avete paura, uomini di poca fede?».[224]

Se allora non fosse venuta in mio aiuto questa voce creatrice, la "magna vox", non credo che ora potrei scrivere queste memorie. Sia benedetto per mille volte e per cento mila volte il Signore, che si degnò di sollevare colui che era il più indegno e la Vergine del Carmelo che implorò per me. Da carmelitano mi fu concessa ancora più volte un simile onore, ma penso che io non debba scrivere di questo. Mi addormentai *dolcemente*. Era come se la Vergine Madre si inchinasse su di me e sussurrasse continuamente quelle parole alle mie orecchie. Era Lei!... Chi altri poteva essere?! – Mi svegliai verso le due, e subito all'istante udii nuovamente la voce: «Non scoraggiarti! Non scoraggiarti!»... Dolcemente, in modo delicato e del tutto spirituale. Continuai a dormire, sorridente. Oh, io devo così tanto alla Vergine Madre! Davvero tutto. *Basta* essere un bambino, piccolo. *Basta* credere, *basta* aver fiducia, *basta* amarLa!

In una stanza di un piano di un albergo, in cui non c'era né un'immagine sacra, né un crocifisso; dove in una brutta stufa di ferro ardeva ancora un debole fuoco – dunque nell'ambiente più prosaico e austero – **[133]** la Madre delle Madri, l'Augusta Madre di Dio, la Regina del Paradiso cullava e accarezzava proprio lì il più miserabile dei suoi figli in questa valle di lacrime. Egli era già un uomo adulto, con un passato tale da avergli già da lungo tempo meritato l'inferno, eppure Ella lo trattava come un piccolo bimbo molto caro. Oh, Madre del Bell'Amore! Prega per noi! Prega affinché noi possiamo apprezzare almeno un po' il tuo amore materno – oh sì, il tuo inaudito amore celeste per i tuoi figli corrotti!

Mi svegliai alle quattro e tre quarti. Non udii più la voce, ma non ne avevo più bisogno. Con freschezza d'aurora, di umore

---

[223] Cfr. Mt 14,31.

[224] Cfr. Mt 8,26.

allegro, pieno di forza nel corpo e nell'anima, con la consapevolezza della vittoria sicura mi recai verso il convento dei carmelitani in via Deák Ferenc. Giusto in quel momento suonò la campanella del campanile. La guerra aveva portato via le campane, era rimasta solo quella piccola. L'hanno suonata per me. La campanella cantava con me: «Ave Maria, Ave Maria!». Non vedevo l'ora di poter incontrare il buon p. maestro dei novizi e dirgli così – in modo crudo, ma con gioiosa gratitudine – *perché era soltanto una prova:* – «Ma Lei non ha ragione! Perché io la vocazione l'ho davvero!».

Ero sicuro che non mi avrebbe contraddetto. Ma non doveva neanche provarsi a contraddirmi, perché avrebbe avuto a che fare con un "Sansone" – pensavo nel mio stato di buon umore. Dovetti attenderlo a lungo. Nel frattempo approfittai del tempo: parlai a uno a uno con i padri, compreso il Priore. – No, non potevano opporsi!... Si potrebbe resistere alla Vergine Madre?! Era Lei e non io, che parlava mediante di me. Quello che la Vergine Madre vuole, lo realizza anche. *Basta* solo affidarlo a Lei!

[134] Intanto trascorse molto il tempo e dal parlatorio inferiore fui condotto alla piccola sala per gli ospiti del secondo piano. Finalmente giunse il tanto atteso padre. Aprì la porta solo a metà che io gli andavo già incontro sorridendo. Non avevo più paura, poiché colui che stava davanti a me non era più il giudice severo e formale di ieri che mi aveva messo alla prova, ma un padre pieno di benevolenza. Gli dissi tuttavia: «Non ha ragione padre, io ho davvero la vocazione!».

«Ma certo che *ce l'ha*! Il fatto che sia tornato dopo quello che è accaduto ieri ne è la prova più evidente!» – e mi abbracciò sorridendo come, lo posso dire, con l'amabilità di un padre, del migliore degli amici e del più caro dei fratelli. Gli fui molto grato per la prova – per l'*ultima* prova!

Se dovessi raccontare quanto devo al p. E.[225] che fu infatti non solo il mio maestro dei novizi, ma anche il mio maestro

[225] Ernő Szeghy (1872-1952) fu un uomo di grande cultura e di esperienza. Studiò all'Università di Innsbruck in Austria. Entrato nell'Ordine Cisterciense, divenne il loro

degli studenti, non basterebbe neanche un libro a parte. Egli non solo mi considerò degno della sua amicizia e soprattutto della sua fiducia, ma io imparai tutto da lui: le mille sfumature della vita spirituale, la soluzione delle difficoltà fondamentali, una eccellente e coraggiosa ascesi e potevo considerare da vicino tutta la vita interiore di un'anima veramente grande. Egli mi fu sempre vicino per sostenermi, difendermi e aiutarmi. Non saprei essergli abbastanza riconoscente per tutto ciò, ma la Vergine del Carmelo, la dolce Vergine Madre, che amavamo *insieme,* tutti e due in un modo da veri bambini, saprà contraccambiarlo, se non lo ha già ricompensato **[135]** con una vita lunga e donandogli la grazia di poter insegnare ed educare sacerdoti, religiosi e religiose di un intero paese ad un'autentica vita spirituale nello spirito di santa Teresa la grande, di san Giovanni della Croce e della piccola santa Teresa. Era il latte più puro che trasmetteva ai suoi figli. È il ricordo di quell'abbraccio, di cui sento ancora oggi il calore, ad indurmi ad aver fatto questa digressione.

Quel giorno era il 6 gennaio, giusto il mio onomastico. Su mia insistente richiesta, il buon p. Priore si degnò di convocare per farmi un piacere, in un giorno di festa – non è una cosa solita al Carmelo! – il capitolo dei padri e li fece votare partendo dal fatto che avevano parlato con me tutti i padri. Il risultato positivo fu votato all'unanimità: *fui ammesso* ufficialmente aggiungendo che potevo entrare in qualunque momento.

Ci accordammo per il 3 luglio. Sebbene potessi entrare anche subito, ciò avrebbe suscitato grande scalpore e avrebbe creato disagio ai miei colleghi nel corso dell'anno scolastico per la nuova ripartizione[226], le sostituzioni, ecc. Era meglio così! Anche tale pensiero non venne da me. Già da molto tempo non

---

Procuratore Generale a Roma. Nel 1918 passò alla provincia del Carmelo ungherese dove diventò maestro dei novizi e poi maestro degli studenti. Conoscendo molte lingue, lavorò instancabilmente alla traduzione delle opere di santa Teresa di Gesù, di san Giovanni della Croce e di santa Teresa di Lisieux. Morì due anni dopo la soppressione degli Ordini religiosi presso l'ex-eremo dei Carmelitani ad Attyapuszta.

[226] Cioè: la ripartizione delle materie di insegnamento.

ero ormai io a pensare, ma era la mia Madre a pensare al mio posto. Chi non vuole non ci creda! Questo è il grande segreto della vita mariana, che la cara Vergine Madre non comunica a tutti. Per questo ci vuole infatti fede, fiducia e Bell'Amore! In altre parole, bisogna diventare un vero bambino, come il nostro Gesù vuole e insegna nel Vangelo.

Evviva dunque l'infanzia spirituale e il suo duplice motto proveniente dalla piccola Teresa: "La fiducia fa miracoli" e "Solo l'amore conta".[227] E sopra tutto viva *in noi* la Vergine Madre che sola è in grado di renderci *bambini*! Ella è la Vergine Potentissima! Che sia per sempre benedetta!

[136] 2.5. *In attesa davanti alla porta del Carmelo*

Dal 6 gennaio al 3 luglio 1925 vissi a casa nella mia cittadina solo per la mia amata, la «Virgo Carmeli». Era Ella a colmare totalmente la mia anima e a vegliare su di me, svolgendo il suo ruolo di Madre gelosa del Dio geloso, affinché io potessi varcare la soglia del Carmelo al suo braccio, integro e candido come un fiore di ciliegio. Voleva introdurmi Ella stessa personalmente, nella terra del Carmelo, perché io ne mangiassi i frutti, anzi la parte migliore di essi.[228] La mia anima cantava il Cantico dei Cantici. Ma questo è il segreto di noi due…

Accenno alcune cose di quei sei mesi celesti. A casa nessuno era a conoscenza del mio grande affare, tranne una sola persona: il mio parroco con cui avevo fatto il viaggio a Lourdes. (C'era anche un'altra persona a saperlo, ma il segreto di questi

[227] Cfr. Le due citazioni provengono rispettivamente dalla *Lettera* di santa Teresa di Lisieux a Celina, 8 luglio 1891 (citata già anche prima ne *Il Bell'Amore,* 105) e dalle parole di Teresa raccolta da Sr. Genoveffa in *Opere complete,* «Altre parole di Teresa raccolta da Sr. Genoveffa», luglio 1897, Libreria Ed. Vaticana, Ed. OCD, Roma 1997, p. 1164. Padre Marcello con la scelta di questi due motti, che usa con preferenza fino alla fine della sua vita, coglie bene l'essenza della dottrina di santa Teresa di Lisieux sulla «piccola via» che ella stessa riassunse in questo modo: «La mia strada è una strada tutta di fiducia e d'amore» (Lettera a padre Roulland, 9 maggio 1897, LT 226).

[228] Cfr. Ger 2,7.

deve rimanere sepolto!). Egli[229] era una personalità eccezionale. Gli rivelai pienamente il mio segreto. Avevo pure bisogno del suo aiuto. Quando gli raccontai la storia della mia vocazione e della mia ammissione, visibilmente commosso e quasi scosso mi disse soltanto: «Signor professore, lei è un uomo felice!». Gli chiesi una totale discrezione. I miei conoscenti, i miei amici di un tempo e le persone più in vista della città lo tempestavano di domande su cosa mi era accaduto. Erano vere **[137]** le notizie che circolavano su di me? Egli rispondeva semplicemente: «Chiedete a lui stesso!».

Nessuno però osava chiedere a me. Sentivo sempre di portare il Paradiso e che un cherubino stava alla porta con una spada fiammeggiante, dicendo: «Nessuno può entrare!». Era stata la Regina del Paradiso, la sua Padrona a collocare lì l'angelo. La Regina era la *mia Regina*, che vegliava su di me, mi temeva e mi proteggeva. Nessuno osava nemmeno avvicinarsi a me. Non ero neanche allora scontroso, ancor meno burbero e in nessun modo antropofobo o misantropo. Ero soltanto, quasi non oso dirlo, «hortus conclusus» – giardino chiuso, «fons signatus» – una fonte sigillata.[230]

Per evitare malintesi la «Virgo Carmeli» mi copriva, mi celava, mi nascondeva in sé tanto che si poteva vedere solo Lei, «Hortus conclusus», Lei, «Fons signatus». Chi avrebbe osato entrare con la forza nel Giardino e chi avrebbe osato rompere il Sigillo? Chi avrebbe avuto il coraggio di avvicinarsi ad esso?!...

---

[229] Il parroco fu il futuro Cardinale Mindszenty. Il loro rapporto continuò anche dopo l'entrata di padre Marcello al Carmelo. Il cardinale scrisse nelle sue *Memorie,* pubblicate in diverse lingue, che dopo aver ricevuto la sua nomina a primate d'Ungheria, prima di occupare la sua sede a Esztergom, andò da padre Marcello per consultarlo su certe questioni riguardanti la vita spirituale dei fedeli. Padre Marcello divenne il confessore del primate. Anche dopo la sua liberazione dalla prigione, avvenuta nel 1956, lo visitava ordinariamente all'Ambasciata degli Stati Uniti – dove il cardinale si rifugiò dopo la sconfitta della rivoluzione – senza aver paura di eventuali conseguenze. Nel 1973, dopo aver lasciato l'Ungheria, fu il cardinale stesso a chiedere ufficialmente l'introduzione della causa di beatificazione di padre Marcello al Capitolo Generale dei Carmelitani Scalzi.

[230] Cfr. Ct 4,12.

Essi conoscevano solo l'uomo di prima, che non potevano ormai vedere perché egli era scomparso nel Giardino, era caduto o era "annegato" nella Fonte. L'uomo nuovo invece non potevano ancora vederlo. Egli aveva ancora bisogno di cinque anni di formazione nel Regno della Regina e Decoro del Carmelo! Egli sarebbe stato educato e nutrito nella grotta di Elia[231], ma non da un corvo[232], bensì dalla Colomba divina[233], l'Amore in Persona: lo Spirito di Gesù, lo Spirito Santo stesso per farlo diventare un sacerdote consacrato. Allora tutti avrebbero potuto vederlo, sarebbe appartenuto a tutti; e in nome del Sommo Sacerdote avrebbe potuto dire a loro: «Venite a me, voi tutti,... e io vi ristorerò" (Mt 11,28). **[138]** Fino ad allora la Regina del Carmelo avrebbe fatto custodire il Giardino e la Fonte dall'angelo dalla spada di fuoco.

Non so cosa dicesse la gente di me, ma che si parlasse di me dovetti ben convincermene sentendolo con le mie orecchie, anche se una sola volta. Come di consueto, una domenica mattina mi recai alla stazione all'alba per andare a Vasvár, alla Vergine Madre. Mentre camminavo sul marciapiede, dalla parte opposta mi venne incontro una combriccola aristocratica che rincasava da una serata danzante. In passato anch'io avevo fatto parte di tali divertimenti, peraltro assai dignitosi. Li salutai con un sorriso. Essi lo ricambiarono, ma, passando oltre, una giovane signorina fece con ironia e a voce abbastanza alta perché potessi udire, questa osservazione: «Com'è caduto in basso quest'uomo!?». Nel gruppo, un profondo silenzio seguì le sue parole. Ed io come reagii? Il *Candido Raggio di luce* mi illuminò l'anima e il corpo. Dal profondo del cuore mi salì il canto e continuò ad aleggiare sulle mie la labbra... «Illumina *Tu* i sentieri della nostra vita!»... Ella mi custodiva, mi educava per sé.

Già l'anno precedente mi era accaduto un fatto che mi sembra opportuno raccontare qui, perché si adatta benissimo

---

231 Cfr. 1Re 19,9.
232 Cfr. 1Re 17,6.
233 Cfr. Mt 3,16.

a questo contesto. La Lega degli Uomini teneva gli esercizi spirituali. Ne ero membro anch'io e vi presi parte. L'8 dicembre, festa dell'Immacolata Concezione, avevamo la nostra Messa con la comunione alle nove. Alla Messa partecipavano anche gli alunni. Per dare il buon esempio noi uomini fummo ammassati tutti insieme nel presbiterio, a cominciare dal viceprefetto fino a tutte le persone ragguardevoli, affinché la città e soprattutto i giovani potessero vederci!...

[139] La Santa Messa venne celebrata dal nostro parroco. Anch'io stavo fra gli altri uomini nel presbiterio. Abitualmente, durante le Sante Messe e durante la comunione ero molto raccolto. La Vergine Madre chiudeva i miei occhi, tratteneva tutti i miei sensi, quelli esterni allo stesso modo come quelli interni. In tutto questo dunque non avevo assolutamente nessun merito al riguardo. Ma questa volta, più la Messa andava avanti, più io mi sentivo turbato. Non potevo liberarmi dall'influsso della folla. Avevo l'impressione che tutti fermassero l'attenzione su di me, che tutti gli alunni mi guardassero e che i fedeli mi ammirassero. Il grande "pubblico" mi metteva a disagio sempre di più. Ad un tratto venni preso dallo scrupolo: come andare alla Comunione in quello stato, in preda a quella distrazione?! – Passò ormai l'offertorio. Tentavo, mi sforzavo di concentrarmi, di pensare solo a Gesù! Ma non mi riusciva! Anzi, più mi costringevo a pensare a Gesù, più mi sentivo assalito alle spalle dagli sguardi della gente e persino dai loro pensieri. Il turbamento in me era totale. Spaventato, non sapevo cosa fare. Eravamo già all'Elevazione ed io ero incapace di concentrarmi con attenzione sulla Bianca Ostia, adorata altre volte con tanto profondo amore! – Ebbene, mi sarebbe stato impossibile avvicinarmi alla Comunione in questo modo, con una tale preparazione... Non pensavo che ciò fosse peccato mortale! Semplicemente che non potevo andarvi! Anzi, pensavo così: non è permesso andarvi! Eravamo già al "Pater Noster". **[140]** Mi guardai intorno turbato: dove avrei potuto trovare un po' di spazio fra i miei compagni per scappare, senza farmi notare, in sacrestia e poi fuggire, sparire... Ma ero circondato da una folla così compatta che non sarebbe potuto cadere a terra neanche uno spillo.

O, forse non andare a fare la comunione?! Ma anche questo sarebbe stato impossibile! Avrei suscitato l'attenzione generale!... Stavamo ormai arrivando all'«Agnus Dei».[234] Non sapevo dove sbattere la testa. Ad un tratto fu come se "Qualcuno" prendesse la mia mano e la guidasse pian piano alla tasca del mio soprabito. La mano – era la mia mano o la Sua?! – ne trasse fuori il famoso libro – «Das goldene Buch»[235] – di san Luigi Grignon di Montfort.[236] Non l'avevo letto, solo il primo capitolo. Era scritto in caratteri gotici. Le citazioni latine però erano scritte in caratteri latini in quella marea di lettere gotiche. E quelle citazioni mi avevano dato spesso dei suggerimenti. Mi piacevano molto. Aprii il libro a caso e lessi subito la prima citazione che mi cadde sotto gli occhi: «Ne respicias, Domine, peccata mea, sed oculi tui videant æquitates Mariæ» – Non guardare, Signore, i miei peccati, ma i tuoi occhi vedano *i meriti di Maria.*[237]

Tutto il turbamento, la distrazione e gli scrupoli scomparvero di colpo: sarei andato alla comunione con i meriti della Vergine Madre. Da allora faccio la comunione sempre con i meriti di mia Madre. Vado con Lei, accolgo Gesù con Lei e rendo grazie con Lei. Feci del tutto mio il pensiero della piccola santa Teresa:

«Se la Madre è ricca, anche la sua bambina diventa ricca.
E io sono completamente tua, o mia Madre.
Le tue virtù, il tuo amore sono la mia eredità e il mio tesoro!
... se entra da me il Signore dei Cieli
si riposa in me come se fosse da Te!...».[238]

---

[234] «Agnello di Dio»: antifona che immediatamente precede la comunione nella Santa Messa.

[235] Termine in tedesco: il libro d'oro.

[236] San Luigi Maria Grignion de Montfort, *Trattato della vera devozione a Maria*.

[237] *Ibid.*, n. 272.

[238] Citazione a memoria dell'ultima poesia di santa Teresa di Lisieux intitolata *Perchè ti amo, o Maria!* I tre punti inseriti nella quarta riga dimostrano chiaramente che

[141] Sì! La Vergine Madre è tutto! Ella rimedia a tutto, sostituisce in tutto, risolve tutto. I suoi meriti, le sue virtù appartengono ai figli. Possiamo usarli, mostrarli, possiamo vantarcene con Gesù. Non guardare me, o Signore, guarda Lei! Ecco mia Madre! Oh, come presi in seguito l'abitudine di non mostrare che Lei, dicendo: «Ecco la Vergine Madre, o mio Gesù! Ne respicias...».[239] Questa abitudine già da lungo tempo ha sviluppato in me la grande, forte e viva fede nell'Onnipotenza in ginocchio della mia Madre. Posso ottenere tutto con Lei, per mezzo di Lei e in Lei!

***

Ora, durante quei sei mesi "santi" la cara Vergine Madre volle perfezionare la mia fiducia in Lei. Perciò predispose una circostanza che mi condusse ad avere una fiducia completa, illimitata ed assoluta in Lei. Per edificazione come anche per esempio da seguire, e soprattutto per la sua gloria lo racconterò e vi apporrò anche un titolo speciale:

La Vergine Madre provvederà![240]

Erano allora giorni felici, completamente senza nuvole. «*Suavis est Dominus*», quanto è buono il Signore![241] – era questa la "realtà" che mi riempiva, che si rivelava a me, che potevo vivere e di cui potevo godere. Ma un giorno, in modo del tutto inatteso, all'improvviso il Cielo si oscurò. Una spaventosa tem-

---

padre Marcello non ricordava esattamente la strofa citata, ciò nonostante ne richiamò a memoria benissimo il contenuto della strofa.

[239] Allusione alla frase già citata dal libro del *Trattato della vera devozione*.

[240] Incominciando da questo motto padre Marcello espone, in forma narrativa, la sua dottrina sull'infanzia spirituale vissuta in compagnia della Vergine Madre la cui essenza viene poi riassunta anche nelle seguenti affermazioni: «Da allora in poi la mia vita fu *una vita di fiducia nella Vergine Madre*» (*Il Bell'Amore,* 144). «La vita mariana è la via della fiducia. E che cosa è questo se non il completo dono di sé?» (*Il Bell'Amore,* 148).

[241] Cfr. Sal 34,9.

pesta si scatenò nell'anima mia, tanto da credere di non poterla sopportare!...

Evidentemente Satana non poteva vedere di buon occhio la mia vita pura e piena di gioia. Ne era invidioso. Era in tutto il suo discorso quella moltitudine di pensieri, destinati a portarmi alla disperazione che si agitavano **[142]** in me come se dei fulmini si abbattessero nel mio interiore e si susseguissero tuoni su tuoni, l'inferno intero si destasse e tutti i diavoli mi urlassero nelle orecchie: «Non ci riuscirai tu, sciocco che sei! Come ti è venuta pure in mente una simile pazzia?! Metterti di nuovo a studiare a 38 anni, sgobbare, memorizzare i libri in latino parola per parola! Tu che sei abituato a tenere conferenze, ad essere produttivo ed efficiente; adesso, per anni e anni, dovrai semplicemente riprodurre, ripetendo la lezione imparata come uno scolaretto. La tua testa non reggerà più, diventerai matto; la tua memoria è come un setaccio che lascia passare tutto e non vi resterà niente! È una cosa assurda! Sì, è proprio una cosa assurda! Inoltre ogni giorno ti daranno dei voti come a scuola, e il risultato delle tue risposte verrà annotato: riceverai dei voti, dei punti, ma sai! Asino, sciocco che sei! Verrà fuori che tu, professore famoso, sei un asino e uno sciocco! Avrai dei compagni giovani che ti supereranno, oh come lo riusciranno a fare, e tu dovrai vergognarti e vorrai poter sprofondare sotto terra – sedersi nei banchi di scuola a trentotto anni?!...».

Durante la bufera di quegli orribili pensieri, il senso di vergogna divenne così forte in me, e la prospettiva del mio futuro periodo di studente carmelitano mi apparve così spaventosa – soprattutto a causa delle umiliazioni – che fui preso quasi dalla disperazione. E poi tutta la vita carmelitana – i piedi scalzi, la disciplina, il cilicio, il saio, la mancanza di riscaldamento – si profilava davanti a me. E il vitto limitato! Ma Satana mi attaccava soprattutto con la perdita della mia libertà d'oro, dell'indipendenza maschile. Mi raffigurava il convento come la più oscura delle carceri, da cui non c'è più scampo! «Di cosa fatta male il ripentir non vale! Liberati, finché sei in tempo! Suvvia, fallo subito, perché dopo sarà troppo tardi! Adesso è ancora possibile!».

[143] Satana giocò il suo ultimo asso nella manica, con il quale poteva prendermi definitivamente. Mi faceva inorridire il pensiero che una volta entrato e vista la vita difficile, sarei fuggito, scappato, oppure avrei lasciato il convento in silenzio e a testa bassa confessando che sarebbe stato tutto inutile, non ce l'avrei fatta, quella vita non era per me!... «Oppure – ma sai! – saranno essi a metterti fuori, daranno il voto contro di te, ti getteranno fuori, e allora dovrai tornare indietro vergognosamente. Tutti rideranno di te, sarai oggetto di derisione: Mah! Il briccone, gli mancava solo questa! È andato a farsi frate e poi...» etc. etc.

Un pensiero si faceva sempre più insistente, mi sembrava ormai che si impossessasse invincibilmente di me: «Siedi con calma e scrivi! Basterà solo una cartolina postale: non puoi andare, vi hai riflettuto. Chi ti obbliga? Sei ancora un uomo libero, padrone di te stesso. Vigliacco, sciocco, tirati fuori da te stesso: siedi e prendi in mano la penna...». Mentre ero già quasi sul punto di dare soddisfazione al tentatore infernale, come un lampo mi venne in mente il titolo di una commedia: *Vica provvederà!*[242] Ma al tempo stesso, non so in quale frazione dello stesso istante, il titolo della commedia si trasformava così: *La Vergine Madre provvederà!*

Che devo dire? Durante il guizzo dello stesso momento vidi svolgersi quella commedia nella mia anima con una rapidità prodigiosa e, in un modo ancora più prodigioso, percepii il ruolo svolto della dolce Vergine Madre lungo tutta la mia vita futura. L'effetto che ne risultò superava tutto l'immaginabile. **[144]** Sentii il mio viso distendersi e diventare rotondo e sorridente come una luna piena. D'un colpo tutta l'oscurità cessò, tutte le difficoltà furono risolte. «Ma che dovevo preoccuparmi io delle difficoltà: la Vergine Madre provvederà! Abbia solo fiducia in Lei e Lei avrebbe risolto tutto perfettamente».

La teologia? Le interrogazioni? – «La Vergine Madre provvederà!» La vergogna davanti ai giovani? – «La Vergine Madre

---

[242] Vica è il vezzeggiativo di Eva, Evelina.

provvederà!» Poi, il rigore della vita religiosa? – «La Vergine Madre provvederà!» E quando non ne potrai proprio più? – «La Vergine Madre provvederà!...».

La mia fiducia nella Vergine Madre divenne totale, immensa, illimitata e assoluta. D'ora in poi avrei affidato tutto, ma con piena fiducia, alla Vergine Madre: il mio corpo, la mia anima, la mia sorte, il mio futuro e tutti i miei affari piccoli e grandi. Ed anche gli altri! – Lei, la Virgo Potens, l'Onnipotenza Supplicante provvederà! Suo Figlio mutò perfino l'acqua in vino solo perché Lei, sua Madre, aveva detto: «Non hanno più vino»![243] Se anch'io non avrò più vino, né acqua, né pane, né grazia, basterà una sua parola, un suo sguardo e io avrò tutto. Da allora in poi la mia vita fu *una vita di fiducia nella Vergine Madre*. E non sono stato mai deluso.

***

Ma cos'era quella commedia? Ne rimango stupito: la Madre delle Madri quanti espedienti adopera per salvare il suo figlio buono a nulla! Questo è Lei, Madre, Sorella, Sede della Sapienza, Vergine Prudentissima, la Fidanzata idealissima, la Sposa e tutte queste cose messe insieme: la Madre del Bell'Amore, il Bell'Amore!

Già una volta Ella aveva preso il volto della mia madre terrena. Ora assumeva il ruolo e persino il carattere della protagonista di una piccola commedia molto semplice. Nient'altro era *Vica* che una serva! **[145]** Che altro è pure la Vergine Madre che una serva, «ancilla»?! È vero che Ella è l'«ancilla Domini», la serva del Signore, ma è vero anche che Ella è veramente «Ancilla omnium», la serva di tutti!

In quella commedia intitolata "Vica provvederà!" siamo in campagna, dalla famiglia di un proprietario terriero che possiede un piccolo castello e un podere assai grande. Moglie e marito sono abbastanza anziani e hanno figli e figlie da sposare.

[243] Cfr. Gv 2,3.

Sono amati da tutti. Sono persone singolarmente buone, ma hanno un unico difetto: mancano assolutamente di senso pratico. E cosa fa il Signore con coloro che Egli ama? Mise accanto a loro una cameriera di nome Vica – che è l'abilità, la bontà, l'intelligenza, la fedeltà in persona, piena d'affetto, è pronta a dare perfino la vita per la famiglia. I membri della famiglia in effetti sarebbero incapaci di vivere senza di lei. Ella invece fa tutto per loro e al loro posto. Ad esempio un servo della cascina di nome Giovanni appare all'improvviso dal padrone di casa:

- Quando dobbiamo iniziare ad arare? – chiede al suo padrone.

- Va' da Vica, Giovanni! Vica provvederà!

Poco tempo dopo arriva il vignaiolo:

- Tutti i nostri vicini hanno già potato. Cosa comanda Vostra Signoria, cominciamo a potare anche noi?

- Va' da Vica, Vica provvederà – suona la risposta.

La cuoca entra in fretta e furia nella stanza della padrona di casa:

- Signora, lei ha detto che domani verranno ospiti. Quanti tacchini devo ammazzare?

- Va' da Vica! Vica provvederà!...

Gli ospiti sono ormai arrivati. Stanno danzando nel gran salone. I giovani si divertono. In un angolo della sala i signori giocano a carte. È appena **[146]** finita una partita. Guardando le coppie danzare, un signore accende una sigaretta e poi si rivolge al padrone di casa:

- Eh, amico mio, come sono diventati uomini belli i tuoi figli. Tutti hanno ormai compiuto i ventiquattro anni. Perché non li ammogli?

L'interpellato sgrana gli occhi, rimane pensoso, poi come se avesse avuto un'idea buona, risponde entusiasmato:

- Hai ragione! Vica provvederà!..

Nello stesso momento, in un altro angolo della sala delle anziane signore chiacchierano fra loro. Una di loro, osservando con occhio esperto i ballerini, si rivolge alla padrona di casa:

- Come sono graziose le tue figlie! Dimmi, mia cara, perché non le mariti?

Anche lei riceve subito la risposta:

- Hai ragione, tesoro mio. Lo dirò a Vica. Vica provvederà!...

E Vica fa ammogliare i ragazzi e marita le ragazze. Vica risolve tutte le cose che sono sotto il firmamento...

***

Fu questa commedia che mi tornò alla mente in quel momento. In verità dovrei dire così: fu questa commedia che portò davanti alla mia anima l'«Ancilla Omnium», l'Ancella di Tutti, la benedetta Vergine Madre.

Fu una semplice coincidenza? Certamente no. È da notare che avevo visto quella commedia circa diciotto anni prima, quando ero studente universitario, al Teatro Ungherese di Budapest. Da allora non mi era venuta in mente neanche una volta. Quanti drammi classici avevo visto, ma nessuno mi era ritornato in mente se non questa piccola commedia insignificante e senza valore, che era rimasta fedelmente immagazzinata nella mia memoria.

[147] Da allora in poi questa divenne la mia espressione preferita: la Vergine Madre provvederà! Difficilmente si potrebbe imparare o insegnare la fiducia completa e senza riserve con un metodo più pratico: provare per credere!

Molti l'hanno imparato; tantissimi hanno consolidato la loro fede e hanno assimilato la fiducia della piccola Teresa con l'aiuto di esso, e come sono numerosi coloro che così si sono affezionati alla Vergine Madre.

Per vivere la vita del Vangelo non ci vuole molto! – Bisogna diventare bambini! Il bambino a sua volta affida *tutto* alla madre. Proprio per questo è bambino. Noi invece vogliamo diventare adulti ad ogni costo di fronte a Dio, il Padre celeste della provvidenza. Egli però – con il suo Figlio sulla Croce – ci dona come testamento la sua Madre: – Ecco la tua Madre![244]

[244] Cfr. Gv 19,27.

Cosa potremmo fare senza di Lei? Roviniamo tutto, sbagliamo tutto, non raggiungiamo nessun risultato. – Perché? Perché siamo *noi* a fare, a compiere, a sbrigare i nostri affari, i nostri lavori; perché lasciamo la nostra Madre in disparte a casa, spodestiamo la Regina dal trono del nostro cuore.

Possiamo dare due titoli alla povera Vergine Madre:

1. la Regina spodestata; 2. la Madre trascurata.

Eppure è Lei l'«Advocata nostra», la nostra vera avvocata che con tanta commozione sappiamo implorare nella Salve Regina: «Oh, advocata nostra, *illos* tuos misericordes oculos ad nos converte!» – Rivolgi a noi *quegli* occhi tuoi misericordiosi!...

La fiducia fa miracoli, insegnava la piccola santa Teresa. Preghiamo per la grazia della fiducia illimitata. E il successo è sicuro? – Ma sì! La Vergine Madre provvederà!...

[148] Alcuni anni fa trovai lo stesso metodo presso una mistica tedesca: madre Rita Schauer. Era questo il suo modo di parlare: «Die Mutter wird schon sorgen!» – La Madre nostra se ne occuperà! Questo è il suo affare! Cosa altro è questo che dire: la Vergine Madre provvederà! Se ci affidassimo totalmente a Lei, da quante preoccupazioni potremmo essere liberati! Potremmo trovare Lei e con Lei, in Lei e per Lei troveremmo subito la Vita: Gesù. La vita mariana è la via della fiducia. E che cosa è questo se non il completo dono di sé?[245]

D'un tratto si risolverebbero tutte le "combinate e complicate" difficoltà attinenti alla nostra vita spirituale stentata e penosa. Allora saremmo bambini, figli di Dio, sulla cui bocca tanto converrebbe la parola: «Abbà! Pater! Padre!». E renderebbe dolce la vita di questa valle di lacrime la parola più cara e più tenera: «Madre mia!».

***

[245] In questa sua affermazione padre Marcello mette in evidenza il senso profondo della sua devozione mariana: attraverso Maria e in Maria imparare a vivere il vero amore (il «Bell'Amore»): il completo dono di sé che immerge il cristiano nell'atteggiamento fondamentale della figliolanza adottiva in Cristo verso il Padre.

La mia anima era piena dell'Eternità, del Bell'Amore. Era in quel tempo che leggevo il libro dell'Apocalisse, il libro delle Rivelazioni. Finito di leggerlo mi inginocchiai e con lacrime di gioia negli occhi, resi grazie a Gesù per il Nuovo Cielo e la Nuova Terra. **[149]** Col volto raggiante Gli chiesi che venisse al più presto possibile! Ed era Lui, il mio Signore e il mio Tutto, a rispondere: «Etiam venio cito, Amen!» – Vengo presto. Dio solo sa quante volte ho ripetuto: «Veni, Domine Jesu!» – Vieni, Signore Gesù! (Ap 22, 20).

Il firmamento era meravigliosamente puro, sopra di esso vi era il sole splendente. Gesù nella mia mente era il Sole splendente della mia anima. Lo guardavo con gli occhi splendenti della Vergine Madre. Tutto splendeva.

***

Per la Settimana Santa e per Pasqua fui invitato a Mödling. Mi alzavo ogni mattina verso le tre o le quattro. Mi esercitavo per il Carmelo. Ma anche Gesù mi esercitava! Per andare alla comunione dovevo realmente trascinare a stento le gambe. Mi fu tolto il gusto spirituale, il posto della devozione fu preso da una atroce e tormentosa aridità. Più di una volta mi accadde di potermi alzare dai banchi per andare fra coloro che andavano alla comunione solo a prezzo del più grande sforzo, con una violenza fisica. Dovevo venire alle prese con me stesso, nel senso più stretto del termine. Tutto mi tirava indietro, mi tratteneva quasi con forza: «Non andare, non puoi andare!...». – Ma io andavo lo stesso! Mi stancavo di questa lotta, sudavo sette camicie, ma andavo, non cedevo.

[150] Era la lotta di Giacobbe con l'angelo del Signore. – Il combattimento, la lotta durerà e non ti lascerò, finché tu mi avrai benedetto![246] Poi sempre sorgeva il Sole, Gesù, inondando di luce tutto il mio essere. Mi istruiva, mi educava, mi preparava, mi invigoriva e mi nutriva. Dopo veniva sempre il

[246] Gen 32,27.

dolce colloquio, il celeste "appuntamento" con l'Immacolata nella grotta. A volte si mostrava come la Madre più tenera, altre volte come la sorella più amorosa, ma anche come una celeste "Beatrice"...

Era la Settimana Santa. Il Giovedì Santo, dopo una lotta così forte, quando potevo godere ormai del gioioso riposo della Santa Cena, domandai: «Cosa vuoi da me, Signore Gesù? Qual è il tuo proposito?». Aprii il Kempis a caso e lessi subito la risposta nel libro quarto[247]: «Volo te addiscere perfectam tui abnegationem *in voluntate mea*, sine contradictione et quærela!» – Voglio che tu impari il rinnegamento perfetto di te stesso, secondo la mia volontà, senza opporti né lamentarti. Capii che l'accento era messo su questo: «In voluntate mea», secondo la Mia volontà. – Quindi non secondo la mia idea umana, personale, capricciosa, particolare, ma interamente secondo la volontà di Gesù. Sarà Lui a dirigermi, comandarmi, disporre di me in questo.

[151] Il pensiero, il consiglio di san Giovanni della Croce corrisponde perfettamente all'ideale di *questa* ascesi: "*Lasciati* comandare, *lasciati* ammaestrare, *lascia* che gli altri dispongano di te e tu sarai perfetto".[248] – È questo che significa senza opporsi, ne lamentarsi. Dunque, mai più io, ma sempre Gesù! Ecco la volontà del Maestro! Lo compresi perfettamente. E cercai di adempiervi, con il mio semplice metodo: in mezzo la Croce (cioè il santo sacrificio della Messa); a sinistra: «Ave Maria!»; a destra «Sis benedictus!». Si riesce a farlo? – Sì! – Perfettamente? – Cosa potrei rispondere: forse non del tutto. Però: si riesce con una grande fede, con lo slancio della fiducia ed immergendosi sempre di più nel Bell'Amore.

Per tutta la sera del Sabato Santo poi, non cessai di chiedere a Gesù, che è risorto vittoriosamente e che ora dimora nell'Ostia Salutare, di darmi la grazia della perseveranza finale.

---

[247] Indicazione inesatta. La citazione è de *L'imitazione di Cristo,* Libro III, 56,1.

[248] Detto attribuito a san Giovanni della Croce in una traduzione ungherese delle sue *Opere Minori* del 1944, n. 285.

Glielo chiesi insieme alla mia Madre: doveva perciò concedermela! Aprii nuovamente il Kempis[249] e lessi (prima della lettura la forza divina del "Sì!" aveva invaso tutto il mio essere; dopo, mi sembrava di udire ciò che leggevo quasi con una forza creatrice): «Non quia dignus es, sed quia misertus sum tui». – Ricevi questa grazia non perché ne sei degno, ma perché io ti ho usato misericordia.[250]

- Oh Signore, voglio ringraziarti per aver avuto pietà di me con la grazia di una intera vita religiosa e con l'anima di mia Madre, cantante il Magnificat.

[152] Tornai a casa. Sentivo che il mio mondo interiore era forte e saldo come l'acciaio. Fu la Vergine Madre ad esserne garante.

Per la Pentecoste partii per Budapest. Feci una visita ai miei[251], in via Huba. Oh come li amavo e quanto grande era il desiderio dentro di me della compagnia dei fratelli! Sul pulpito era il padre Provinciale a raccontare le sue impressioni sulla canonizzazione della piccola santa Teresa, a cui aveva partecipato il 17 maggio a Roma; ma per me la grande sensazione del giorno fu lo Spirito Santo. Quasi non uscii dalla mia camera d'albergo. Rivissi la prima Pentecoste e tutto si colorò di rosso davanti a me: il Sangue prezioso di Gesù, il Cuore materno della Vergine Madre e il Cuore Immacolato fiammeggiavano! Lo Spirito d'Amore – la Terza Persona Divina – riversò dentro di me come un fiume di fuoco ed io esultai: «Gaudens gaudebo et exultavit spiritus meus»[252], perché «Spiritus Domini replevit orbem terrarum» – lo Spirito del Signore pervade l'universo.[253]

Compresi gli apostoli che erano stati tutti ebbri del "dolce mosto"[254], erano stati pieni, pieni dello Spirito Santo. Compresi in particolar modo che la Pentecoste, l'effusione dello Spirito

---

[249] Cioè: il libro *Imitazione di Cristo*

[250] *L'imitazione di Cristo,* Libro IV, 12,1

[251] Cioè: dai carmelitani.

[252] Cfr. Is 61,10.

[253] L'antifona dell'introito della Messa di Pentecoste (cfr. Sap 1,7).

[254] Cfr. At 2,13.

Santo su di noi e in noi, è il coronamento, il compimento e la perfezione della nostra vita spirituale.[255] Da allora, come allora ne feci proposito, recitavo ogni giorno il maestoso inno del «Veni Creator Spiritus» per onorare lo Spirito Santo.

***

[153] Mi rimaneva ormai soltanto un mese. Presi le mie ultime disposizioni. Distribuii segretamente i miei vestiti alle famiglie povere, servendomi di una persona di fiducia. Tenni solo l'indispensabile su desiderio dei superiori, con i quali mi ero accordato su queste cose, fino ai Voti solenni. Fino a quella data affidai la mia biblioteca e tutte le mie cose al nostro parroco. In seguito, quando con la grazia di Dio avessi pronunciato l'impegno definitivo nel rito dei voti solenni, allora avrebbe potuto disporre liberamente di tutto secondo la sua volontà. Cosa che avvenne infatti quattro anni dopo.

Avevo molti appunti e scritti, anzi alcuni dei miei scritti erano stati pubblicati. Distrussi tutto ciò, alimentandone la stufa: furono gettati nel fuoco uno dopo l'altro. Su uno di questi però mi fermai. Era il testo di una mia conferenza. Era stato giudicato un capolavoro da persone competenti. Vi confrontavo Goethe e Madách, cioè il «Faust» con la «Tragedia dell'uomo».

Tenevo anch'io caro per me quel lavoro perché a suo tempo vi misi tutta la mia anima. In quel momento mi parve un caro ricordo. Cominciai ad esitare: «Forse con questo non ci si dovrebbe!». Non volevo portarlo con me perché sapevo che non era permesso, un religioso non può possedere niente di proprio, ma che restasse almeno per altri, affinché potessero leggerlo e dilettarsi di esso! Gli altri miei scritti, che pure mi erano cari – fra di questi anche un mio libro – li avevo gettati nel fuoco con gioia, ma quel testo mi dispiaceva bruciarlo. Esitai ancora

[255] Come se lo Spirito Santo avesse voluto confermare l'intuizione di padre Marcello con il fatto che egli terminò la sua vita terrena proprio all'alba di Pentecoste, la festa dell'effusione della Spirito Santo per eccellenza.

per qualche minuto, **[154]** poi pensai: «O l'uno o l'altro! Qua non si può scendere a compromessi! Non trattenga niente il mio cuore, che io non sia attaccato neanche al più piccolo ricordo perduto: fuori tutto dal mio cuore! Dare a Gesù un cuore indiviso! Mi aspetta il santo Ordine e mi aspetta – cosa che è determinante per me – mi aspetta la Vergine del Carmelo. Il mio cuore non può amare che *una sola*!...». Quindi gettai nella tomba di fuoco anche quell'ultimo tentatore: Madách insieme a Goethe. Ora non avevo più nulla, potevo andare. San Giovanni della Croce dice che non saremo del tutto felici finché avremo anche un solo desiderio non ordinato a Dio.[256] Io ero del tutto felice. Non avevo alcun desiderio che non fosse ordinato a Dio.

Due anni prima a Seckau gustavo le opere d'arte di Beyron e le mostravo anche agli altri con entusiasmo. Da allora la misericordia di Dio mi aveva concesso la grazia della vocazione religiosa e avevo imparato perfettamente che «Deus solus sufficit» – Dio solo basta!

Compresi perché il regolamento carmelitano prescrive che nella cella non ci può essere non solo alcuna immagine artistica, ma neppure una illustrazione a colori, che il principale ornamento della cella deve essere la nuda croce su una semplice parete imbiancata. Neanche i mobili possono essere artistici o dipinti o lavorati finemente: il cuore non può essere attaccato a niente e nessuno. Bisogna che esso si accontenti solo di Dio.

[155] Compresi il *sovrappiù*, quel grande e santo di più che avevo ricevuto a Mödling dopo Seckau. Compresi che non mi occorrevano più né il Rinascimento, né Goethe, né Madách, ma che Dio solo mi bastava! D'ora in poi il mio ideale sarebbe stato il povero e umile *Gesù Cristo*, il Crocifisso![257]

---

[256] Padre Marcello qui allude probabilmente a quella affermazione di san Giovanni della Croce in cui questi, commentando la strofa 40 del *Cantico spirituale,* scrive così: «...fin quando l'anima non ha rivolto a Dio le sue quattro passioni e non ha mortificato e purificato i suoi appetiti, non è in grado di vedere Dio» (40,4).

[257] La sequela del «povero e umile *Gesù Cristo*, il Crocifisso» non finisce per padre Marcello con l'accettazione cosciente e voluta della povertà esteriore del Carmelo

***

Ma cosa avrei dovuto fare con la medaglia, che tenevo ancora fedelmente nascosta nella tasca del mio abito borghese? Scrissi una lettera urgente al mio piccolo alunno di un tempo, il mio figlioccio di Cresima che ormai frequentava l'Università, dicendogli di venire subito da me perché avevo una cosa importante da dirgli.

- Figlio mio – gli dissi – ecco la medaglia che mi regalasti da piccolo alunno, prima che io partissi per il fronte. Non puoi immaginare quanto te ne sono grato! La medaglia mi ha salvato per la vita eterna!... Avendola io portata fedelmente, la sua padrona, la cara Vergine Madre mi ha premiato con il chiamarmi nel proprio Ordine, tra i suoi figli carmelitani. Non ne avrò più bisogno, te la restituisco. D'ora in poi portala tu con la stessa fedeltà e con lo stesso amore con cui io l'ho portata! Vedrai che tornerà a tuo vantaggio!...

Da allora la medaglia si trova nella sua tasca. E non è invano. Solo noi due sappiamo cosa ha significato il possesso di quella medaglia per lui! È stato orientato verso l'Eternità beata non soltanto il suo destino mediante di essa, ma un intero paese ha potuto sperimentare la forza di quella medaglia che si nascondeva fedelmente appunto nella sua tasca.[258]

---

quando egli lascia il mondo, ma essa gli appare con tutta la sua radicalità soprattutto quando dovrà rinunciare, in seguito alla soppressione degli Ordini religiosi, anche all'ambiente povero nel Carmelo. Sarà allora proprio questo ideale a fargli capire che essere costretto a vivere di nuovo nel mondo gli offre la possibilità dell'identificazione del «povero e umile *Gesù Cristo*, il Crocifisso» ad un livello ancora più profondo.

[258] Il figlioccio di Cresima di padre Marcello fu Dezső Keresztúry (1904-1996), nota personalità: poeta, storico della letteratura, traduttore di letteratura, membro dell'Accademia Ungherese delle Scienze. Fu ministro dell'Istruzione Pubblica e del Culto fra il 1945-1947, quando i membri comunisti del governo volevano ad ogni costo laicizzare le istituzioni della Chiesa. Egli invece, non piegandosi alla volontà dei comunisti, rassegnò le dimissioni. Questo fatto viene ricordato anche nelle *Memorie* del cardinale Mindszenty quando egli scrive: «In quei giorni difficili il ministro della pubblica istruzione Keresztúry prese un atteggiamento degno di ogni riconoscimento e (...) alla fine preferì rinunciare al proprio incarico piuttosto che fare da marionetta nel governo di coalizione» (J. MINDSZENTY, *Memorie*, Rusconi, Milano 1975, p. 94) .

***

[156] Arrivò il 3 luglio. In mattinata terminammo anche gli ultimi esami privati e mi congedai dai miei colleghi. Mi chiesero dove sarei andato per le vacanze. Risposi in modo evasivo. Chiamai il direttore e un mio collega carissimo nell'ufficio della direzione e mi congedai da loro per sempre. Li pregai di dire anche agli altri che non ci saremmo più rivisti. Non mi tradì: nessuno sapeva dove sarei andato.

Correvo ormai con il rapido di mezzogiorno. Arrivai a Győr nel pomeriggio. Mi fermai nella portineria del convento, tirai un respiro, feci ancora un profondo sospiro e poi suonai il campanello. La porta – la pesante porta che non ha maniglia al di fuori, ma solo all'interno – si aprì e subito si richiuse dietro di me. *Mi aveva inghiottito la divina balena: il Carmelo.*

La mattina del 15 luglio 1925, vigilia della Beata Vergine Maria del Monte Carmelo mi fecero prendere l'abito. Mi trovavo lì, disteso a terra, scalzo nei sandali, in un saio di colore bruno che era logoro e macchiato d'olio, coperto di un bianco mantello e si cantava su di me l'inno «Veni Creator Spiritus». Quando poi, terminata la bellissima cerimonia, fui abbracciato da tutti, dai padri e dai fratelli, venne annunciato il mio nome: «Fr. Marcellus a Virgine Carmeli» – fra Marcello della Vergine del Carmelo.[259]

Ormai appartenevo alla Madre del Bell'Amore per sempre!

[259] Nel manoscritto, dopo il nome tradotto in ungherese, qui viene inserito fra parentesi anche il nome più generalmente usato nel Carmelo ungherese riguardo la Vergine del Carmelo: quello «della Beata Signora del Monte Carmelo».

[157] EPILOGO[260]

Madre del Bell'Amore! Madre mia Immacolata! Mia Sposa e mio unico Amore!

Ripongo la penna perché sento che occhio non ha visto, né orecchio ha udito, né lingua umana è in grado di esprimere tutto ciò che tu prepari[261] già quaggiù alle persone da Te amate. No, la mia penna non sarebbe in grado di descrivere ciò che Tu hai fatto da quando hai concluso con me un'alleanza e mi hai introdotto nella terra del Carmelo.[262]

Ricevi dunque queste righe come la confessione del mio amore ardente, espressa in deboli parole umane. Perché ho sempre cercato Te, ho amato Te fin dalla mia giovinezza...[263] sempre, ovunque e in tutto fino a che diventai tuo, prigioniero eterno del tuo amore. Perché, in realtà, sei Tu che mi hai amato per prima.[264] Camminavi davanti a me sempre e in tutto.[265] Splendevi su di me dal firmamento puro: Candido raggio di Luce! Mi sorridevi dalle cime innevate, Maria Candida come neve! Profumavi per me dal giglio delle valli:[266] Giglio dei Gigli!

---

260 Padre Marcello stesso inserisce qui nel manoscritto una nota a piè, aggiungendo al titolo «Epilogo» la seguente spiegazione: «rivolto esclusivamente alla Vergine Madre».

261 Cfr. 1Cor 2,9.

262 Cfr. Ger 2,7.

263 Cfr. Sap 8,2.

264 Cfr. 1Gv 4,19.

265 Cfr. Sap 6,13.16.

266 Cfr. Ct 2,1b.

Correvo dietro al profumo delle tue fragranze, poiché mi avevi attirato[267] e ti ho trovato[268] perché mi hai tenuto stretto a Te. Ti ho scelta come mia Sposa,[269] ma Tu mi avevi già scelto per prima.[270]

Hai ferito il mio cuore,[271] **[158]** perciò ho avuto sete di Te. Il tuo amore è un sigillo sul mio cuore e sulle mie braccia[272] e mi sarebbe impossibile amare un'altra persona. Sei discesa dal celeste Libano,[273] mi hai mostrato il tuo volto, ho udito la tua voce e mi hai nascosto nella caverna del tuo Cuore Immacolato...[274]

Tutto è opera tua, l'opera meravigliosa del tuo amore: grandi cose hai fatto per me.[275] Perciò: «Eructavit cor meum verbum bonum...» – effonde il mio cuore liete parole (Sal 44,2). Mia Regina, mia Madre, mia Sposa, canto a Te il mio poema,[276] il canto che ho imparato da Te: «Magnificat anima mea Dominum...».[277]

E il cantico che cantai a Te in quell'ora celeste in cui udii delle parole misteriose e in cui mi donasti una pietruzza bianca con il nome nuovo che nessuno può conoscere.[278]

---

[267] Cfr. Ct 1,4.

[268] Cfr. Ct 3,4b.

[269] Cfr. Sap 8,2b.

[270] Cfr. Gv 15,16.

[271] Cfr. Ct 4,9a.

[272] Cfr. Ct 8,6ab.

[273] Cfr. Ct 4,8a.

[274] Cfr. Ct 2,14.

[275] Cfr. Lc 1,49.

[276] Cfr. Sal 45 (44),2b.

[277] «L'anima mia magnifica il Signore». - Lc 1,46.

[278] Cfr. Ap 2,17 – Secondo il biografo della vita di padre Marcello e il suo ex-novizio, la poesia qui inserita venne scritta in seguito ad una grazia mistica vissuta con Maria Bambina che egli racconta in questo modo nella sua biografia: «Una volta padre Marcello, pur essendo molto stanco ed esaurito, andò a dettare gli esercizi spirituali alle Dame Inglesi che avevano una bellissima villa a Csopak [un luogo di villeggiatura presso il lago Balaton]. Non aveva la minima idea di cosa potesse predicare alle suore, ma quando il treno si stava avvicinando a Balaton e spuntava il sole e l'immensa massa d'acqua cominciò ad irradiarsi insieme all'intero paesaggio, in questa cascata di luce sentì quasi scendere su di lui la Piccola Vergine Maria che riempiva la sua anima. L'otto di settembre! Allora, anche gli esercizi avrebbero trattato lo stesso argomento! In quella notte dopo il suo arrivo, riferisce di una grazia mistica che gli ispirò

Sei scesa, sei venuta e sei venuta per me.
O Rosa caduta dal Cielo – Ave!
    Ave! Ave! Ave!
Sei diventata mia per sempre,
    in eterno, in eterno, in eterno!
Dimentico tutto e tutti.
Offro tutto e tutti.
Amo tutto e tutti.
    Non faccio *che amare*,
    vivo così,
    non vivo *che per Te*!
[159] Non mi occorre niente e nessuno:
    voglio Te,
Bella, piccolissima Rosa d'Amore,
Goccia di rugiada,
Diamante,
Sposa dello Spirito Santo!
Specchio splendente della Verità:
    in te io mi guardo per sempre.
    Dimora consacrata a Dio,
    Torre d'avorio,
    l'Unica Bellezza di questo mondo:
Mi nascondo in Te, mi perdo in Te.
Sono tutto, tutto, tutto tuo,
e Tu sei mia, oh *tutta mia* per sempre!

***

Cosa posso renderti, Madre mia – quid retribuam pro omnibus – per quanto mi hai dato?[279] Me stesso? Il mio Amore? Oh, Madre del Bell'Amore! Madre mia! Non è più me stesso che dono, né il mio amore, ma il Bell'Amore stesso, Gesù! Gesù che vive in me. Ti amo con Lui, per mezzo di Lui e in Lui così, asso-

una poesia sublime: "…E il cantico che cantai a Te in quell'ora celeste in cui udii delle parole misteriose e in cui mi donasti una pietruzza bianca con il nome nuovo che nessuno può conoscere: sei scesa, sei venuta e sei venuta per me…"». Anche il *Diario* di padre Marcello riporta questa poesia nella nota del 8 settembre 1960 con una sola frase d'introduzione che probabilmente allude alla data precisa della sua composizione: «Nella notte sul 2 settembre 1949».

[279] Cfr. Sal 116,12.

lutamente così come vuole Lui: "Rimanete in me e io in voi" (Gv 15, 4). Come ha pure supplicato il Padre prima della sua agonia: "...perché siano come **[160]** noi una cosa sola; io in loro e tu in me" (Gv 17, 23). E come il tuo cuore materno, Madre mia, non cessa di palpitare: *che io divenga Gesù, il tuo Gesù!* Poiché è a tale fine che tutto si è compiuto. Mi seducevi, mi attiravi a Te perché io trovassi la Vita: Gesù. Sei Tu che me lo hai donato. E la sua volontà, che è anche la volontà del Padre è che tu sia mia Madre e io sia tuo figlio, che io divenga Gesù, il tuo Gesù!

Madre mia, questo è il compimento!

E sei Tu che mi darai anche questo. So che tutto sarà compiuto. Non puoi dare una cosa più grande: Gesù è tutto. E Lui adesso è ormai mio, adesso è interamente mio. È Lui che vive in me. Perciò ti offro il mio cuore affinché esso ti ami come nessuno al mondo ti ha mai amato in questo mondo. Perché è Gesù che ti ama in me, il tuo Gesù![280]

Che io divenga Gesù!

Come diventarlo? – Nella Vergine Madre!
Sia Lei a concepirmi, a portarmi, a darmi alla luce.

---

[280] Il carattere cristiano di un'esperienza spirituale si dimostra nel fatto che, anche se in essa non riemergono tutti i misteri di Cristo, essa ha un riferimento, più o meno esplicito, a Cristo. Succede spesso che i santi o le correnti spirituali si concentrano su un solo mistero di Cristo, attraverso cui abbracciano tutti gli altri suoi misteri e la sua stessa persona. Già nel secolo XIV il teologo carmelitano Giovanni di Hildesheim (1310/20-1375) affermava che gli Ordini religiosi hanno nel mistero della Chiesa un particolare scopo da raggiungere e un modo proprio di imitare Gesù e che l'Ordine del Carmelo ha l'obbligo e la funzione di amare la Madre di Dio e renderle ossequio (*Speculum I,* n. 681). Questo pensiero apre poi a generazioni di carmelitani larghi orizzonti per vivere la loro devozione mariana, nella convinzione che al Carmelo è affidato il compito di continuare e di riprodurre l'amore di Gesù verso sua Madre nella Chiesa, suo Corpo Mistico. In linea diretta con queste affermazioni p. Michele di S. Agostino, carmelitano sollecita le anime ad amare Maria con un «amore purissimo», con lo stesso amore con il quale Ella è amata da Dio (padre Marcello direbbe: con il «Bell'Amore»): «L'anima quindi che ama Maria deve applicarsi con ogni diligenza a purificare a poco a poco e sempre più il suo amore verso di Lei. Deve, cioè, rivolgersi a Lei con quel purissimo amore secondo cui Ella è amabile in Dio con somma nobiltà e perfezione; e così Maria è amata in realtà dai beati, dallo stesso Cristo e da Dio» (*Vita deiforme e marieforme in Maria per Maria,* cap. 9).

Sia Lui che venga concepito, portato e dato alla luce in me.
Sia Lei a nutrirmi, a vestirmi, a fasciarmi,
ad educarmi, ad istruirmi.
Che io la lasci, le permetta tutto ciò come *Gesù Bambino.*
Che sia Lei quella a cui sorrido, con cui gioco e prego,
che sia Lei quella con cui mi rallegro,
che io viva per mezzo di Lei, con Lei, in Lei e per Lei!
Che io non chieda niente e pur tuttavia che io chieda sempre
un'unica cosa e sempre quell'unica cosa:
[161] che io viva per mezzo di Lei, con Lei, in Lei e per Lei!...
Che io lo chieda senza parole, non con le mani giunte
e non con uno sguardo,
ma con un cuore, sì, sì, con un semplice cuore di bambino!

Che io divenga Gesù!

Come diventarlo? – Con la Vergine Madre!
Sia Lei ad accompagnarmi, a prendersi cura di me, a custodirmi gelosamente,
ad aiutarmi; che sia Lei sola ad amarmi.
A Betlemme, in Egitto, a Nazaret,
a Cana, sulla santa via della Croce,
ovunque con Lei, inseparabilmente.
Che non conti più né lo spazio né il tempo.
Che il nostro cuore batta all'unisono,
che la nostra anima abbia il medesimo pensiero,
cioè che Gesù, sempre, sempre, per sempre rimanga in me!

Che io divenga Gesù!

Come diventarlo? – Con la Vergine Madre!
Che sia con Lei che io cammini sul sentiero della vita,
che io tenga la sua mano e non mi separi da Lei.
    Se mi smarrisco, sia Lei a cercarmi,
    a piangere per me e ad amarmi.
    Se mi ritroverà, sia Lei ad abbracciarmi,
    a baciarmi.
Che rimanga Lei la mia Madre per sempre.

[162]
Che io divenga Gesù!

Nella confusione, nell'oscura selva della vita umana:
che io resti Gesù della Vergine Madre, suo Gesù per sempre.
Il suo corpo è lontano, ma la sua anima è con Lei e in Lei,
il suo cuore, gli occhi sono pieni di lacrime.
A casa e fuori, lontano e vicino –
Separati e insieme
Gesù e Maria sono un cuore e un'anima sola ovunque![281]

Che io divenga Gesù!

Sul Monte Tabor! Nella gioia e nella luce,
nella vicinanza di Dio, nella gloria.
Che io divenga Colui nel quale il Padre si compiace,
che non cessa di lodare Dio e benedirlo.
Nelle ore sante, nell'adorazione, nel silenzio,
nella pace della notte e in ogni osanna,
che io divenga Gesù, Gesù, Gesù *in Maria!*
Mai senza di Lei; sempre con Lei, in Lei e per Lei
come Gesù che era sempre *uno* con Lei.
Se La abbandonassi non sarei più Gesù,
camminerei sul monte dell'Orgoglio,
e cadrei nella palude… –
Maria!…
Neppure sul monte Tabor mi occorre un'altra compagnia:
e la Santissima Trinità guarda "suo Gesù" con compiacenza.

---

[281] Padre Marcello non può pensare a Gesù e a Maria separatamente, ma fin dalla sua prima esperienza spirituale avuta durante l'infanzia contempla Maria come unita a Gesù e Gesù come unito a Maria, illustrando in questo modo ciò che p. Michele di sant'Agostino scrive della «contemplazione simultanea di Dio e di Maria»: «Esiste la semplice vita contemplativa, che ha per oggetto l'essenza divina sola e separata da qualunque forma o qualche realtà puramente divina, per esempio la SS.ma Trinità o le sue divine nozioni, i suoi attributi e le sue perfezioni. Esiste un'altra vita contemplativa, il cui oggetto è Cristo, Dio e uomo, Dio nell'umanità assunta e l'umanità nella divinità personalmente unita. Così pure, oltre alla semplice vita contemplativa di Dio e di Gesù Cristo, Dio e uomo, esiste una vita contemplativa di Dio in Maria e di Maria in Dio, che si occupa quasi indivisibilmente di questo duplice oggetto amorosamente inclinandosi verso questi "due" uniti in modo singolare. (…) Similmente l'anima allora contempla e ama Gesù e Maria come Madre e Figlio uniti dal più stretto vincolo: come una sola cosa, oppure come due realtà distinte ma correlative, da non poter conoscere e amare l'una senza l'altra» (*Vita deiforme e marieforme in Maria per Maria,* cap. 7).

[163]
Che io divenga Gesù!

Sul Santo Monte del *Golgota*! Tra i due ladroni,
sul legno dell'infamia, tra Cielo e Terra.
Nel corpo distrutto, nell'anima abbandonata…
Il Padre volle così:
è lì che Ella è divenuta la Regina dei Martiri,
Maria, la Vergine Madre,
e che io son divenuto il suo Gesù,
il Gesù di Maria!

***

Madre mia! È giunta l'ora, glorifica il Figlio tuo!...[282] Poiché Tu gli hai dato potere sopra ogni essere umano, perché egli dia la vita eterna a tutti coloro che gli hai dato. Questa è la vita eterna: che conoscano Te, Madre del Bell'Amore e Colui che Tu hai dato alla luce, Gesù Cristo. Io ti ho glorificato sopra la terra, compiendo l'opera che mi avevi dato da fare…

Ho annunciato il tuo amore. Ho annunciato l'amore eterno che la Santissima Trinità, il Bell'Amore, ha verso di Te: Ave Maria! Chi Ti saluta anche una volta sola così – Ti saluta con il Bell'Amore – costui trova la vita, la vita eterna, poiché la Vita è Gesù, il Frutto benedetto del tuo seno.

Ho fatto conoscere il tuo nome, il tuo amore immacolato, agli uomini che Tu mi hai dato in questo mondo... Ora essi

---

[282] Nelle ultime righe dell'epilogo, padre Marcello si rivolge a Maria con le parole pronunciate da Gesù al Padre nella sua grande preghiera di oblazione e di intercessione prima della sua passione (cfr. Gv 17). In queste righe si ritrova lo stato d'animo di padre Marcello di fronte agli avvenimenti imminenti della soppressione prevedibile degli Ordini religiosi che porrà fine anche alla sua attività sacerdotale svolta per la lode e per l'annuncio della Vergine Madre. Le parole che immediatamente precedono la sua preghiera fanno capire che quando egli prega per la propria glorificazione, pensa allora a quella in cui ebbe parte Gesù sul Golgota: la passione. Prega con quella convinzione che proprio questa gli offrirà una identificazione completa con Gesù, figlio di Maria, morto sulla Croce e che, nonostante l'eventuale proibizione della sua attività sacerdotale, potrà continuare la propria missione: anche se essa verrà ridotta unicamente all'appropriazione mistica dell'amore di Gesù verso Maria e verso le anime a lui affidate.

sanno che tutte le cose che mi hai dato vengono da Te... Ed hanno creduto che *sei Tu che mi hai mandato...*

Io prego per loro..., perché essi sono tuoi **[164]** e tutte le cose mie sono tue e tutte le cose tue sono mie..., perché tutti siano una cosa sola, come Tu, Madre mia sei in me e io in Te, siano anch'essi una cosa sola..., perché il mondo sappia che Tu mi hai mandato e li hai amati come hai amato me. Oh, Madre mia! Dona loro il frutto del Bell'Amore, *la Pace* – che non è altro che il bacio del Padre e del Figlio, lo Spirito Santo stesso.

Ho fatto conoscere loro il tuo Nome e ancora lo farò conoscere... Ti ho cercato sin dalla mia giovinezza, Ti ho amato[283] e Ti amo. Anche con il mio ultimo respiro Ti saluterò ancora: Ave Maria! Ma non sono più io a salutarti, ma il Bell'Amore che è in me: il Bell'Amore, Gesù, che Ti ha dato a me e che Tu mi hai donato, l'Amore in persona, l'eterno Sposo, lo Spirito Santo.[284]

---

[283] Allusione al motto biblico iniziale de *Il Bell'Amore* in cui padre Marcello trova il segreto del dinamismo di tutta la sua vita: «Questa ho amato e ricercato fin dalla mia giovinezza, (...) mi sono innamorato della sua bellezza» (Sap 8, 2). La testimonianza di padre Marcello mette in evidenza che la bellezza invisibile di Maria che egli scoprì progressivamente, nella misura del suo progresso nella fede, invece di distogliere l'uomo da Dio, lo libera da una falsa soddisfazione trovata nelle bellezze delle creature e lo apre al mistero d'amore trinitario. Essa infatti non è altro che il puro riflesso dell'amore trinitario nell'umano. Come padre Marcello scrive a proposito del suo congedo da Lourdes: «"Amator factus sum"... mi sono innamorato della sua bellezza e unicamente della sua bellezza perché so che nulla le manca, cioè che riflette, dona ed offre la bellezza di Dio, di Gesù, della Santissima Trinità e immerge in essa. La bellezza, nei suoi dettagli ormai non mi appagava più; non mi avrebbe reso più schiavo la bellezza delle arti più prestigiose, perché anch'essa come me, doveva onorare Lei: la tutta Integra, la Bellezza assoluta e perfetta» (*Il Bell'Amore,* 122).

[284] Per il fatto che fu attraverso Maria ad essere introdotto nel mistero dell'amore trinitario, chiamato da padre Marcello «Bell'Amore», e non conoscendo un dono più prezioso di esso, egli desidera amarLa con lo stesso amore divino. Il desiderio di padre Marcello diventa comprensibile nella prospettiva in cui San Giovanni della Croce parla dell'anima che vive ormai in unione con Dio: «In questa condizione l'anima constata che Dio è veramente suo, che essa lo possiede come bene ereditario, che ha il diritto di possederlo in quanti figlia adottiva di Dio, a motivo della grazia che Dio le ha concesso donandosi interamente a lei. E ora, per il fatto stesso che Dio è divenuto sua proprietà, l'anima lo può donare e comunicare a chi vuole» (*Fiamma d'amor viva,* 78). La capacità d'interpretazione della propria vita nella luce della fede prova che padre Marcello ha ormai raggiunto una grande maturità spirituale nel momento della composizione de *Il Bell'Amore.* Il suo cammino di fede, di speranza e di carità però continuerà ancora per

Madre mia Immacolata!

È la Trinità tutta intera che Ti glorifica e Ti ama in me; glorifica in me la Santissima Trinità!

Gloria al Padre e al Figlio e allo Spirito Santo in Te, Madre mia, mio Unico Amore, come era nel principio e ora e sempre, nei secoli dei secoli. Amen!

---

ben 16 anni dopo aver terminato di scrivere questa sua opera. La sua testimonianza di vita dimostrata durante questo ultimo periodo della sua esistenza – l'abbandono completo con il quale vivrà tutte le vicissitudine del periodo della persecuzione religiosa, la sua speranza incrollabile e la sua carità con la quale si rivolgerà verso tutti, inclusi i nemici – mette in evidenza che il «Bell'Amore», l'amore di Dio rivelato in Cristo ed effuso con lo Spirito Santo veramente prese in possesso il suo cuore come afferma egli stesso nei suoi appunti del *Diario* o in questa sua breve poesia: «Dio è in me e io sono in Lui / come spugna nell'acqua. / La mia anima è ripiena di Lui! / Questo non finirà più! / Benedetta gioia benedetta e eterna Pace! / Ho lo Spirito Santo di Gesù!» (Nota senza data precisa nel primo quadernetto del suo *Diario*). Quanto alla sua morte avvenuta all'alba di Pentecoste, la commenta in questo modo il suo biografo p. Szeverin Szedő, suo ex-novizio: «Lo Spirito Santo, da parte sua, sigillò la santità di padre Marcello perché lo condusse a casa proprio nel giorno di Pentecoste».

INDICE

Finito di stampare nel mese di settembre 2008
dalla Tipolitografia CSR
Via di Pietralata, 157 - 00158 Roma
Tel. 064182113 (r.a.) - Fax 064506671